भारतेन्दु हरिश्चन्द्र

और हिन्दी नवजागरण की समस्याएँ

भारतेन्दु हरिश्चन्द्र
और
हिन्दी नवजागरण की समस्याएँ

रामविलास शर्मा

राजकमल प्रकाशन
नयी दिल्ली पटना इलाहाबाद कोलकाता

ISBN : 978-81-7178-712-8

मूल्य : ₹ 450

पहला संस्करण : 1953
नौवीं आवृत्ति : 2014

प्रकाशक : राजकमल प्रकाशन प्रा. लि.
1-बी, नेताजी सुभाष मार्ग, दरियागंज
नई दिल्ली-110 002

शाखाएँ : अशोक राजपथ, साइंस कॉलेज के सामने, पटना-800 006
पहली मंजिल, दरबारी बिल्डिंग, महात्मा गांधी मार्ग, इलाहाबाद-211 001
36 ए, शेक्सपियर सरणी, कोलकाता-700 017

वेबसाइट : www.rajkamalprakashan.com
ई-मेल : info@rajkamalprakashan.com

आवरण : राजकमल स्टूडियो

मुद्रक : बी.के. ऑफसेट
नवीन शाहदरा, दिल्ली-110 032

BHARTENDU HARISHCHANDRA AUR
HINDI NAVJAGARAN KI SAMASYAYEN
Criticism by Dr. Ram Bilas Sharma

यशस्वी उपन्यासकार नागार्जुन को

—रामविलास शर्मा

तीसरे संस्करण की भूमिका

इस पुस्तक के पहले संस्करण की भूमिका में मैंने लिखा था, "भारतेन्दु हिन्दी की जातीय परम्परा के संस्थापक हैं।" यह बात साहित्य की साम्राज्य विरोधी धारा के संदर्भ में सही है किन्तु हिन्दी जाति और उसकी संस्कृति अंग्रेजी राज कायम होने से पहले यहाँ विद्यमान थीं। पहले संस्करण में 'नई हिन्दी' शीर्षक अध्याय में मैंने लिखा था, "भारतेन्दु ने कोई नयी भाषा नहीं चलाई। उन्होंने प्रचलित खड़ी बोली को साहित्यिक रूप दिया।" (यह निबन्ध **भारत की भाषा समस्या** पुस्तक में है; देखें पृ० ३०३)। १६७३ में भारतेन्दु से पहले की हिन्दी का अध्ययन करते समय यह बात स्पष्ट हुई कि खड़ी बोली का वह 'साहित्यिक रूप' भी काफी पुराना है; भारतेन्दु कुशल शैलीकार थे, उन्होंने खड़ी बोली के साहित्यिक रूप का कलात्मक प्रयोग किया पर वह उस रूप के आदि निर्माता नहीं हैं। (भारतेन्दु से पहले की हिन्दी का विवेचन **भारतेन्दु युग और हिन्दी भाषा की विकास परम्परा** में है।) **महावीरप्रसाद द्विवेदी और हिन्दी नवजागरण** में मैंने नवजागरण की शुरूआत १८५७ के स्वाधीनता संग्राम से मानी। 'नवजागरण' यह शब्दबंध नया था, धारणा पुरानी थी।

भारतेन्दु युग (१६४३) में मैंने लिखा था, "भारतेन्दु एक विशाल आन्दोलन के केन्द्र थे···वह दूसरों को एक सहकारी की भांति उत्साहित करते थे···उन्होंने वे विषय दिये जिन पर वह ग्रामगीत लिखना आवश्यक समझते थे···इस विषय-सूची से ही पता चलेगा कि भारतेन्दु देश के राजनीतिक आन्दोलन की बहुत सी बातें पहले ही सोच चुके थे। समाज सुधार से लेकर स्वदेशी आन्दोलन तक उनकी दृष्टि गयी थी। वे देश की जनता में एक नयी चेतना जगाना चाहते थे जो प्रत्येक क्षेत्र में उसे सजग रखे।" (**भारतेन्दु युग और हिन्दी भाषा की विकास परम्परा**, पृ० १३-१४)। उस समय के अन्तर्विरोध के बारे में लिखा था, "भारतेन्दु युग के एक ओर मध्यकालीन दरबारी संस्कृति थी तो दूसरी ओर आम जनता में एक सामाजिक और राजनीतिक आन्दोलन के लिए वातावरण तैयार करना था। साहित्य में देश के एक बढ़ते असन्तोष को प्रकट करना भर न था, सदियों से चले

आते, समाज की हड्डियों में बसे हुए सामन्ती कुसंस्कारों से भी मोर्चा लेना था।" (उप० पृ० १४)। इससे नवजागरण संबंधी धारणा स्पष्ट हो जायेगी।

इस प्रसंग में अनेक समस्याएं सामने आती हैं। हिन्दी साहित्य का आधुनिक काल यदि भारतेन्दु से शुरू होता है तो हिन्दी जाति के निर्माण काल की शुरूआत कब से मानें? यदि हिन्दी जाति का निर्माण भारतेन्दु से पहले होता है तो उसे भी हम आधुनिक क्यों न मानें? पूंजीवाद के बिना जाति का निर्माण होता नहीं है; भारतेन्दु से पहले का पूंजीवाद किस तरह का है? क्या औद्योगिक पूंजीवाद से जातीय निर्माण को जोड़ा जा सकता है? क्या भारत में उन्नीसवीं सदी के उत्तरार्ध में औद्योगिक क्रान्ति हुई जिससे आधुनिक काल शुरू हुआ? भक्ति साहित्य के मुख्य रचनाकार किन वर्गों के हैं? भक्तिकाल और रीतिकाल साहित्य के दो भिन्न कालखंड हैं या वे साहित्य की दो धाराएं हैं जो एक ही काल खंड में मिल सकती हैं? केशवदास और तुलसीदास रीति और भक्ति के प्रतिनिधि हैं, समकालीन हैं; उन्हें किस काल में रखें? जब रीति की धारा प्रधान हुई, तब क्या पूंजीवादी विकास समाप्त हो गया था? क्या जातीय परम्परा जनवादी भी हो सकती है? क्या साहित्य के मुख्य और गौण अन्तर्विरोधों में भेद करना जरूरी है? भारतेन्दु युग से १८५७ के स्वाधीनता संग्राम का संबंध किस तरह का है? इन समस्याओं का विवेचन करते हुए मैंने एक अध्याय और जोड़ दिया है— 'भारतेन्दु हरिश्चन्द्र और हिन्दी नवजागरण की समस्याएं'। इस अध्याय के अनुरूप मैंने पुस्तक के नाम में परिवर्तन कर दिया है।

दिल्ली,
२० मार्च १९८४

—रामविलास शर्मा

दूसरे संस्करण की भूमिका

इस पुस्तक में भारतेन्दु की विचारधारा पर जो नई सामग्री है, वह 'कवि-वचन-सुधा' के अंकों से ली गई है। खड्ग विलास प्रेस में इस सामग्री को लिपिबद्ध करने में बिहार के कवि श्री कन्हैया ने मेरी सहायता की थी। इसके लिए मैं उनका आभारी हूँ।

पुस्तक लिखते समय मेरे सामने 'पूर्णप्रकाश-चन्द्रप्रभा' की जो प्रति थी, उस पर 'भारतभूषण भारतेन्दु श्री हरिश्चन्द्र' छपा है। प्रकाशन का वर्ष १८८९ दिया हुआ है। प्रकाशक श्री रामदीनसिंह, खड्ग विलास प्रेस पटना हैं। 'कवि उपन्यास-कार और आलोचक' नाम के अध्याय में इसे मौलिक उपन्यास मानकर उसकी चर्चा की गई है। मेरे मित्र श्री उदयशंकर शास्त्री ने मुझे एक अन्य प्रति दिखाई है जिसमें अनुवादित छापा है, यद्यपि मूल लेखक का नाम नहीं है। इस प्रकार इस उपन्यास की मौलिकता संदिग्ध है।

प्रथम संस्करण में 'नई हिन्दी' शीर्षक अध्याय था, उसे निकाल दिया है। उसकी जगह 'युगनिर्माता भारतेन्दु' नया अध्याय है जिसमें हिन्दी भाषा और साहित्य के इतिहास से सम्बन्धित समस्याओं पर किंचित् विस्तार से विचार किया गया है।

१२-१२-६५

—रामविलास शर्मा

प्रथम संस्करण की भूमिका

यह पुस्तक मेरी 'भारतेन्दु-युग' नाम की पहली पुस्तक से बिल्कुल भिन्न है। उसमें 'भारतेन्दु-युग' की गतिविधि का रेखाचित्र दिया गया है; इसमें केवल भारतेन्दु के जीवन और उनके साहित्य की चर्चा है।

'भारतेन्दु-युग' में भारतेन्दु और उनके समकालीन लेखकों के विचारों से चौंककर एक श्रद्धेय आलोचक ने लिखा था कि भारतेन्दु-युग को प्रगतिशील सिद्ध करने का प्रयास वैसे ही है, जैसे लिप्टन की चाय को देशी सिद्ध करना। यद्यपि इस तरह के विचार मुझे और जगह सुनने को नहीं मिले, फिर भी यह सही है कि कभी-कभी हम पिछली बातें इतना भूल जाते हैं, या उनसे अपरिचित रहते हैं कि कोई उन्हें दोहराता है, तो उन पर सहसा विश्वास नहीं होता।

मेरा विचार है कि हिन्दी-साहित्य में जो अनेक समस्याओं पर तरह-तरह के विवाद हुआ करते हैं, उनके समाधान के लिए बहुत-सी सामग्री भारतेन्दु के साहित्य में मिलेगी। भारतेन्दु हिन्दी की जातीय परम्परा के संस्थापक हैं; मुख्यतः उनकी बताई हुई दिशा में चलकर ही हमारा साहित्य उन्नति कर सकेगा। इसलिए आपकी सेवा में भारतेन्दु के साहित्य का यह अध्ययन प्रस्तुत है। जहाँ-तहाँ एकाध साहित्यकार के मत पर टीका-टिप्पणी प्रसंगवश ही आ गई है, किसी को नीचा दिखाना अपना उद्देश्य नहीं है।

गोकुलपुरा, आगरा
दिसम्बर, १९५३

—रामविलास शर्मा

सूची

१. भारतेन्दु हरिश्चन्द्र और हिन्दी नवजागरण की समस्याएँ

क. अठारह सौ सत्तावन और भारतेन्दु हरिश्चन्द्र

भारतेन्दु युग उत्तर भारत में जनजागरण का पहला या प्रारंभिक दौर नहीं है; वह जनजागरण की पुरानी परंपरा का एक खास दौर है। जनजागरण की शुरूआत तब होती है जब यहां बोलचाल की भाषाओं में साहित्य रचा जाने लगता है, जब यहां के विभिन्न प्रदेशों में आधुनिक जातियों का गठन होता है। यह सामन्त विरोधी जनजागरण है। भारत में अंग्रेज़ी राज कायम करने के सिलसिले में पलासी की लड़ाई से १८५७ के स्वाधीनता संग्राम तक जो युद्ध हुए, वे जनजागरण के दूसरे दौर के अन्तर्गत हैं। यह दौर पहले से भिन्न है, मुख्य लड़ाई विदेशी शत्रु से है। यह साम्राज्यविरोधी जनजागरण है। भारतेन्दु युग इस जागरण से जुड़ा हुआ है। जो लोग मानते हैं कि १८५७ में कुछ देशी सामंत अपने स्वार्थों के लिए ही लड़े थे, वे अक्सर यह भी मानते हैं कि भारतेन्दु युगीन साहित्य की मुख्य धारा अंग्रेज़ी राज के प्रति भक्तिभाव से प्रेरित थी; ऐसे लोगों के लिए १८५७ से भारतेन्दु युग को जोड़नेवाला कोई सूत्र हो ही नहीं सकता। जिन लोगों का दृष्टिकोण इससे भिन्न है, उनके लिए भी १८५७ से भारतेन्दु युग का संबंध स्पष्ट नहीं है। कारण यह है कि भारतेन्दु कालीन साहित्य में शायद १८५७ के संग्राम का स्पष्ट प्रशंसात्मक उल्लेख नहीं है।

भारतेन्दु हरिश्चन्द्र और उनके समकालीन लेखकों को १८५७ से जोड़ने वाली दो मुख्य चीज़ें हैं: (१) राष्ट्रीय स्वाधीनता का उद्देश्य, और (२) अंग्रेज़ी राज के स्वरूप की पहचान। १८५७ के सैनिक और असैनिक नेताओं का उद्देश्य अंग्रेजों को सारे देश से निकालना था, किसी एक क्षेत्र या रियासत से नहीं। उन्होंने समय समय पर जो इश्तहार जारी किये, उनसे उनके राजनीतिक उद्देश्य समझने में मदद मिलती है। जुलाई १८५७ में अवध में 'फतहे इस्लाम' शीर्षक से इश्तहार निकाला गया। इसका अंग्रेज़ी अनुवाद Freedom Struggle in Uttar Pradesh के दूसरे खंड (पृ० १५०-६२) में प्रकाशित है। इसमें

सिपाहियों से कहा गया है, "तुम्हें कानपुर जैसी जगहों की तरफ बढ़ना चाहिए। कानपुर चलने में कौन सी कठिनाई है? अगर तुम्हें कानपुर के मिट्टी के किले से डर लगता है तो इलाहाबाद और कलकत्ते के किले जीतने का भार तुमने किसे सौंपा है?" आगे कहा गया है कि अंग्रेज़ों की निगाह दिल्ली और लखनऊ पर है; इन्हें बचाने के लिए सिपाहियों को सबसे पहले उपाय करना चाहिए। इन शहरों की सुरक्षा के लिए जितने सिपाही दरकार हों, उतने वहां छोड़ने के बाद बाकी को, बादशाह की आज्ञा मिलने पर, पूर्व की ओर जाना चाहिए और फिरंगियों का पीछा कलकत्ते तक करना चाहिए। "ऐसा करने से दिल्ली और लखनऊ की रक्षा हो सकेगी··· यदि सिपाही पूरब को नहीं जाते, तो नतीजा अच्छा न होगा।" हिन्दुओं और मुसलमानों को भाई-भाई की तरह मिलकर लड़ना चाहिए; इस ताकीद के बाद कहा गया है, "हो सके तो बंगाल की जनता और वहां के सिपाहियों के नाम—न हो सके तो इस समय जहां तक बन पड़े—यह इश्तहार निकालना चाहिए कि हर शहर के लोगों को, वे हिन्दू हों या मुसल्मान, एक साथ इस नालायक कौम पर हमला करना चाहिए। (इसके लिए हर शहर में एक नेता नियुक्त करना होगा)।"

इश्तहार में इस बात पर ज़ोर दिया गया है कि विभिन्न स्थानों के सिपाहियों को एक दूसरे की मदद करनी चाहिए। यदि एक जगह के सिपाही हारते हैं तो यह केवल उस जगह के लोगों के लिए नहीं वरन् सारे देश के लोगों के लिए शर्म की बात होगी। "जब किसी एक जगह सिपाही लड़ रहे हों, तब और सभी सिपाहियों को उनकी मदद करना चाहिए, भले ही वे उन्हें पहले से न जानते हों। उन्हें समझना चाहिए कि किसी लड़ाई में सिपाही हारते हैं तो इसकी शर्म सिर्फ उनके लिए नहीं है। इसके विपरीत कोई भी सिपाही हिन्दुस्तान में हार का मुंह देखते हैं तो यह बात वहां के सभी लोगों के लिए शर्मनाक होगी। (···The discomfiture of any troops in India will expose all the people thereof to shame.)" 'इंडिया' शब्द का व्यवहार अंग्रेज़ी अनुवाद में 'हिन्दुस्तान' के लिए हुआ होगा। 'हिन्दुस्तान' सीमित अर्थ में उत्तर भारत अथवा हिन्दी भाषी प्रदेश था, व्यापक अर्थ में वह सारा देश था। इश्तहार में 'हिन्दुस्तान' का अर्थ सारा देश है। इस देश में कहीं भी सिपाही हारते हैं तो यह देश के सभी निवासियों के लिए लज्जा की बात है। शत्रु को सारे देश से निकालना है, किसी एक राज्य से नहीं। उत्तर भारत में अंग्रेजों की हार सुनिश्चित करने के लिए उन्हें पूर्व में बंगाल से निकालना भी जरूरी है।

नवंबर १८५८ में अंग्रेजों ने घोषणापत्र जारी किया, कंपनी का राज समाप्त हुआ, भारत की जनता महारानी विक्टोरिया की प्रजा बन गयी। इसका जवाब अवध की बेगम ने बिर्जिस कदर के नाम से अपना घोषणापत्र जारी करके दिया। यह घोषणापत्र Freedom Struggle in Uttar Pradesh (खंड २, पृ० ५२८-३१) में है और सुरेन्द्रनाथ सेन की पुस्तक Eighteen Fifty Seven

(पृ० ५८२-८४) में भी। बेगम के घोषणापत्र में 'हिन्दुस्तान' शब्द का व्यवहार ध्यान देने योग्य है। अंग्रेज कहते हैं कि "मुल्क हिन्दुस्तान कंपनी के पास अमानत के तौर पर था, उसे अब रानी ने वापस ले लिया है और अब रानी के कानून लागू होंगे।" अवध की बेगम ने भारतीय जनता को सावधान किया कि रानी के कानून वही हैं जो कंपनी के थे। इस मामले में कोई तब्दीली नहीं हुई। अंग्रेज कहते हैं कि कंपनी ने जो भी इकरारनामे किये थे, वे सब रानी को मान्य होंगे। "कंपनी ने सारे हिन्दुस्तान पर कब्ज़ा कर लिया था। यह बंदोबस्त मान लिया जाये तो इसमें नया क्या है?" यहां 'हिन्दुस्तान' का व्यवहार सारे देश के लिए किया गया है। कंपनी ने सारे हिन्दुस्तान पर कब्ज़ा किया था, रानी विक्टोरिया उस कब्ज़े को बहाल रखती है। अंग्रेज़ों ने जिन राजाओं के साथ दगाबाज़ी की, उनमें पेशवा और टीपू सुल्तान हैं, भरतपुर और बनारस के राजा हैं और "बिहार, उड़ीसा और बंगाल के राजाओं के नामनिशान भी उन्होंने मिटा दिये हैं।" घोषणापत्र लिखने वाले की निगाह सारे देश पर है। अंग्रेजों ने जिस तरह रियासतों को हड़पते हुए सारे देश पर अधिकार किया था, वह सारी प्रक्रिया लोगों को याद थी। यह याद राष्ट्रीय एकता का भाव जगाने वाली थी।

अंग्रेज कहते हैं, उन्हें किसी की रियासत न चाहिए, वे किसी का इलाका अपने राज में मिलाना नहीं चाहते। "अगर रानी ने हुकूमत सँभाल ली है तो वह हमारा मुल्क हमें वापस क्यों नहीं कर देती जबकि हमारे लोग ऐसा चाहते हैं? सभी जानते हैं कि कोई भी राजा या रानी बगावत की सज़ा समूची फौज और जनता को नहीं देती। सबको माफ कर दिया जाता है। हिन्दुस्तान की सारी फौज और जनता को सज़ा मिले, कोई भी बुद्धिमान आदमी इस बात का समर्थन नहीं कर सकता। जब तक 'सज़ा' की बात रहेगी, तब तक उपद्रव भी शान्त न होंगे।" पूरा मुल्क वापस मिलना चाहिए; बेगम को अवध का राज मिले और सुलह हो जाये, यह संभव नहीं है। जिस फौज ने बगावत की है, वह किसी रियासत की फौज नहीं है, वह हिन्दुस्तान की फौज है। अंग्रेज हिन्दुस्तान की फौज और जनता को सज़ा देना चाहते हैं. इसे बर्दाश्त नहीं किया जा सकता। अंग्रेज़ों के घोषणापत्र पर विश्वास करते समय इतना याद कर लेना काफी होगा कि "हिन्दुस्तानी शासक अत्यंत दयावान और कृपालु हैं। हजारों ने इसे देखा है, लाखों ने इसे सुना है। अंग्रेज़ किसी का कसूर माफ करते हैं, सपने में भी किसी ने यह नहीं देखा।" अंग्रेज कहते हैं कि जनता की दशा सुधारने के लिए वे सड़कें बनवायेंगे, नहरें खुदवायेंगे। "सोचने की बात है कि उन्होंने सड़कें बनाने और नहरें खोदने से बेहतर किसी धन्धे का वादा हिन्दुस्तानियों से नहीं किया।" अंग्रेजों का वादा सारे देश के लोगों के लिए था। हिन्दुस्तानी शब्द का व्यवहार भारतवासी के अर्थ में किया गया है। अंग्रेजों का घोषणापत्र रानी विक्टोरिया की ओर से था; अवध की बेगम का घोषणापत्र भारतीय जनता की ओर से था।

अप्रैल १८५९ में राम बख्श, मनसाराम और गंगा सहाय नाम के तीन सेना-

नायकों की ओर से संरक्षण पाने के लिए नेपाल के शासक जंगबहादुर के पास एक अर्ज़ी भेजी गयी थी। इसमें कहा गया है, "सौ साल पहले अंग्रेज़ हिन्दुस्तान में आये और धीरे धीरे अपनी सेना में सिपाहियों को भर्ती करने लगे और हर रियासत के मालिक बन गये।...ईश्वर की कृपा से और हमारी सहायता से अंग्रेजों ने जो स्थान भी चाहा, उसे जीत लिया। इसमें हम हजारों हिन्दुस्तानी आदमियों ने जानें दीं।" यहां भी हिन्दुस्तान और हिन्दुस्तानी शब्द भारत तथा भारतवासियों के लिए प्रयुक्त हुए हैं। देशी फौज के सैनिक अपने अनुभव से जानते थे कि उन्होंने अंग्रेजों के लिए एक दो रियासतें नहीं, सारा देश जीता है। वे यह भी जानते थे कि देश के राजा और नवाब उनकी सहायता के बिना अंग्रेजों से न तो लड़ सकते थे, न उन्हें निकाल सकते थे। किसी भी राजा में यह ताकत न थी कि वह निजी हित में सिपाहियों को लड़ने के लिए बाध्य करे। इसके विपरीत सिपाहियों में यह ताकत थी कि वे राजाओं और नवाबों को देशहित में अपने साथ लड़ने के लिए बाध्य कर सकें। यह देशहित का उद्देश्य धर्मरक्षा के आवरण में छिपा रहता है। धर्मरक्षा की जितनी चिन्ता साधारण लोगों को थी, उतनी सामन्तों को नहीं। सामन्तों ने अपवाद रूप में सिपाहियों का साथ दिया; सामान्य नियम यह था कि वे अंग्रेज़ों के ताबेदार बने रहे। उक्त अर्ज़ी में एक बहुत दिलचस्प बात कही गयी है: "किसी हिन्दू या मुसलमान का धर्म चला जाये तो दुनिया में क्या रह जाता है? हमें कोई सहारा न मिला क्योंकि अंग्रेज़ों को सभी राजाओं और सरदारों से मदद मिली (the British received aid from all the Rajahs and Sirdars) और इस कारण अच्छा नतीजा न निकला।" जनसाधारण की तुलना में अंग्रेज़ों से लड़ने वाले सामन्तों का अनुपात बहुत कम था, इसलिए उस समय के राजनीतिक जागरण को जनजागरण कहना उचित है। यह जागरण सेना में विद्रोह करने वाले सिपाहियों तक सीमित न था। एक उदाहरण हैदराबाद से।

अंग्रेज़ों ने हैदराबाद में हिन्दुस्तानी पल्टन रख छोड़ी थी। इसके सिपाहियों ने शहर के लोगों से कहा, बगावत में हमारा साथ दो। शहर के लोगों ने जगह-जगह इश्तहार चिपकाये। इसमें मुसलमानों से अपने धर्म की रक्षा के लिए विद्रोह करने को कहा गया। शहर की सबसे बड़ी मस्जिद में सभा हुई। इसमें ज्यादातर निचले तबके के (mostly of the lower orders) लोग इकट्ठे हुए। मौलवी साहब जब व्याख्यान दे रहे थे, तब दो आदमियों ने उन्हें बोलने से रोका। "क्या औरतों की तरह बकवास कर रहे हो? जेहाद का झंडा उठाने को क्यों नहीं कहते?" कोतवाल वहां मौजूद था। उसने दोनों आदमियों को पकड़ लिया लेकिन तुरत ही वहां खामोश शाह फकीर के शागिर्दों ने उन्हें छुड़ा लिया। लोगों ने 'दीन दीन' के नारे लगाये और कोतवाल तथा मौलवी भाग खड़े हुए। नारे लगाने वाले निचले तबके के (the rabble) थे और भले घरों के लोग शायद ही उनमें कोई रहे हों। मस्जिद से लोगों को हटाने के लिए निज़ाम के अरब

सैनिक भेजे गये। कुछ सिपाहियों ने अरब सैनिकों से कहा, धर्मयुद्ध में हमारा साथ दीजिये। उन्होंने तुरत सिपाहियों का प्रस्ताव ठुकरा दिया और उन्हें सूचित किया, "हम यहां धर्म के लिए लड़ने नहीं आये, पैसा कमाने आये हैं (they had come to India to make money, and not to fight about religion)।" यह घटना जून १८५७ की है और उसका विवरण २७ जून १८५७ के 'इंग्लिशमैन' में प्रकाशित हुआ था। (The Freedom Struggle in Hyderabad, हैदराबाद, खंड १, पृ० २१-२३)।

सत्रहवीं सदी में इंग्लैन्ड का गृहयुद्ध ऊपर से देखने में प्यूरिटन और गैर-प्यूरिटन ईसाइयों का युद्ध था। वास्तव में वह ज़मींदारों से किसानों-कारीगरों-व्यापारियों का युद्ध था। उसका सामन्त विरोधी स्वरूप धार्मिक आवरण में छिपा हुआ था। इसी तरह १८५७ के संग्राम का साम्राज्यविरोधी स्वरूप अक्सर धार्मिक आवरण में छिपा होता था, अक्सर किन्तु हमेशा नहीं। १८३७ के अकाल में भूखे अनाथ बच्चों को ईसाई प्रचारकों ने भोजन दिया, फिर उन्हें ईसाई बना लिया। सर सैयद अहमद खां ने लिखा था कि लोग समझने लगे कि सरकार उन्हें इसलिए मुफ़लिस बना रही है कि आगे चलकर उन्हें धर्म परिवर्तन के लिए राज़ी कर ले। (सुरेन्द्रनाथ सेन, Eighteen Fifty Seven, पृ० ३५)। आज़मगढ़ के बाग़ियों ने इस मुफलिसी को आधार बनाकर विभिन्न वर्गों से युद्ध में शामिल होने की अपील की। ज़मींदारों से ऊंची निर्ख पर मालगुजारी वसूल की जाती है; व्यापारियों से मुनाफे की चीज़ों का व्यापार छीन लिया गया है, नील, कपड़ा जैसी चीज़ों के व्यापार पर अंग्रेज़ों का इजारा है। ज़मींदारों और व्यापारियों, दोनों को स्टाम्प पेपर और कोर्ट फीस के लिए भारी रकमें देनी पड़ती हैं। हुकूमत और फौज के ऊंचे ओहदे सब अंग्रेज़ों के लिए हैं, हिन्दुस्तानी अफसर अधिक से अधिक तरक्की करके सूबेदार और सदर अमीन ही बन सकते हैं। कारीगर जानते हैं कि फिरंगी हर चीज विलायत से मँगाते हैं और उनके पास बहुत थोड़ी चीज़ों का धन्धा रह गया है। मौलवियों और पंडितों को यह न भूलना चाहिए कि अंग्रेज़ उनके धर्म के विरोधी हैं। (उप०, पृ० ३६)।

यही बातें दिल्ली में बहादुरशाह द्वारा जारी किये हुए इश्तहार में कही गयी हैं। आज़मगढ़ और दिल्ली के बीच काफी फासला है। एक ही तरह का इश्तहार इतनी दूर दो स्थानों में जारी हो, यह क्रान्तिकारियों के संगठन कौशल का प्रमाण है। 'दि फ्रेन्ड ऑफ इंडिया' पत्र ने ७ अक्तूबर १८५८ के अंक में बहादुरशाह का घोषणापत्र उद्धृत करते हुए लिखा था, "यूरोपियन अर्थ में यह पहला घोषणापत्र है जो भारत (India) में प्रकाशित हुआ है, शिकायतों की पहली सूची है, जनता को ऐसे वादों से उभारने की पहली कोशिश है जिनका सम्बन्ध धर्म से नहीं है। हिन्दुस्तान के लोगों के नाम इसे दिल्ली के बादशाह ने ऐलान के रूप में २५ अगस्त १८५७ को जारी किया था। हर वर्ग की शिकायतें दर्ज कर दी गयी हैं और लोग पुरानी व्यवस्था के लिए हिम्मत से लड़ें तो उनके इलाज का वादा भी किया गया

है।…भूमिकर से लोग पीड़ित हैं, उसे घटाना चाहिए—ऐसी घोषणा की आशा की जा सकती थी। जैक केड से लेकर मिस्टर कौब्डेन तक जो नेता आम जनता से अपील करते रहे हैं, वे हमेशा सस्ते अनाज और कम लगान का वादा करते आये हैं।" (Freedom Struggle in Uttar Pradesh, खंड १, पृ० ४५५)।

'दि फ्रेन्ड आफ इंडिया' ने उचित ही बहादुरशाह के ऐलान को घोषणापत्र कहा है और प्रत्येक **वर्ग** की स्थिति को ध्यान में रखकर जो वादे किये गये हैं, उन पर ज़ोर दिया है। उसने यह भी लिखा है कि लोग **पुरानी व्यवस्था** (the old regime) के लिए लड़ें तब वादे पूरे किये जायेंगे। लेकिन घोषणापत्र में कहा गया है कि शाही राज कायम होने पर व्यापारियों के प्रति अंग्रेज़ों की धोखाधड़ी खत्म कर दी जायेगी, उन्हें जलथल में हर चीज़ के व्यापार की सुविधा होगी और "माल ढोने के लिए उन्हें भाप से चलने वाले सरकारी वाहनों और जहाज़ों के उपयोग की निःशुल्क सुविधा दी जायेगी; जिन सौदागरों के पास अपनी पूंजी न होगी, उन्हें सार्वजनिक कोश से सहायता मिलेगी।" (उप०, पृ० ४५६)। 'पुरानी व्यवस्था' विशुद्ध सामंती व्यवस्था नहीं है। उसे व्यापार की प्रगति से दिलचस्पी है, वह पूंजी जुटाने में व्यापारियों की मदद को तैयार है। सबसे बड़ी बात यह कि वह भाप से चलने वाले वाहनों और जहाजों का प्रबन्ध करेगी, ये वाहन और जहाज़ सरकारी होंगे, व्यापार की प्रगति के लिए वे आवश्यक हैं और माल ढोने के लिए सौदागर उनका उपयोग करेंगे।

अंग्रेजी राज में भारतीय उद्योग और व्यापार का नाश हुआ, उन्हें बहाल करना है, इस काम में राज्यसत्ता मदद करेगी, दिल्ली और आजमगढ़ के इश्तहारों में ये बातें साफ़ साफ़ कही गयी हैं। इन इश्तहारों के लेखक अंग्रेज़ी राज का स्वरूप पहचानते हैं, वे जानते हैं कि इस राज को खत्म किये बिना देश की आर्थिक प्रगति नहीं हो सकती। बहादुरशाह का घोषणा पत्र २५ अगस्त १८५७ को जारी किया गया था। २२ दिसंबर १८७२ की 'कविवचन-सुधा' में भारतेन्दु हरिश्चन्द्र ने लिखा था कि भारत का व्यापार अंग्रेजों के हाथ में है, ."कपड़ा, झाड़-फानूस, खिलौने, कागज और पुस्तक इत्यादि सब वस्तु विलायत से आवेंगी उसके बदले यहां से द्रव्य जाएगा।" भारत की लूट के बारे में जो बातें १८५७ के इश्तहार लेखक जानते थे, उन्हें १८७२ में हिन्दी पत्रकार भी जानते थे; पन्द्रह साल में लोग उन्हें भूल जायें, यह असंभव था। भारतेन्दु युग को जो कड़ी १८५७ से जोड़ती है, वह साफ दिखाई दे रही है। अंग्रेजी राज में सभी वर्ग त्रस्त हैं, सबसे बुरी दशा किसानों और कारीगरों की है। ९ मार्च १८७४ की 'कविवचन-सुधा' के अनुसार "कपड़ा बनानेवाले, सूत निकालनेवाले, खेती करनेवाले आदि सब भीख मांगते हैं।" भारत को खेतिहार देश बनाये रखने से उसका उद्धार न होगा। जैसे बहादुरशाह के घोषणापत्र में भाप से चलने वाले वाहनों की व्यवस्था है, वैसे ही 'कविवचन-सुधा' के उसी अंक में उद्योगीकरण के लिए कहा गया है कि "जो जो विद्वान् और विचारी मनुष्य हों उनको उचित है कि अपने द्रव्य के वृद्धि

के निमित्त जितने भाफ के यंत्र मँगा सकें मँगावें।"

भारतेन्दु ने अंग्रेजी राज में भारत के आर्थिक ह्रास का जो विश्लेषण किया था, उससे स्वदेशी आन्दोलन की आवश्यकता प्रमाणित होती थी। उन्होंने ऐसी सभा बनाई जिसके सदस्य स्वदेशी वस्तुओं का ही व्यवहार करें। स्वदेशी वस्तुओं के व्यवहार से उद्योगीकरण में सहायता मिलेगी, यह बात वह अच्छी तरह जानते थे। भारत में आधुनिक उद्योग धन्धों का विकास हो, इस उद्देश्य के अनुरूप उनकी शिक्षा संबंधी नीति थी। यहां के युवकों को ऐसी शिक्षा मिलनी चाहिए जिससे वे औद्योगिक विकास में सहायक हो सकें। अंग्रेज़ी राज में महँगाई बराबर बढ़ रही थी। १६ फरवरी १८७४ की 'कविवचन-सुधा' में भारतेन्दु हरिश्चन्द्र ने लिखा, "क्या कारण है कि दिन दिन महँगी बढ़ती जाती है जो अन्न गत वर्ष में १२ सेर का बिकता था सो इस वर्ष ८ सेर बिकने लगा।" महँगाई के कारण का पता लोगों को १८५७ में भी था। बनारस में अन्न इतना महँगा हो गया था जितना दुर्भिक्ष के समय होता था (John William Kaye, A History of the Sepoy War in India, खंड २, पृ० २०३) और महँगाई के लिए लोग हमेशा अंग्रेज़ों को ज़िम्मेदार ठहराते थे (उप०, पृ० २४४)। इससे निष्कर्ष यह निकलता था कि भारत के आर्थिक और सांस्कृतिक विकास के लिए उसका स्वाधीन होना आवश्यक है। भारतेन्दु को विश्वास था कि "जिस प्रकार अमेरिका उपनिवेषित होकर स्वाधीन हुई वैसे ही भारतवर्ष भी स्वाधीनता लाभ कर सकता है।" ('कविवचन-सुधा' ६ जुलाई १८७४)।

भारतेन्दु हरिश्चन्द्र ने और उनके समकालीन लेखकों ने कई जगह अंग्रेज़ों की ओर अंग्रेज़ी राज की प्रशंसा की है। इस संदर्भ में याद रखना चाहिए कि (१) रानी विक्टोरिया के घोषणापत्र से कुछ लोगों के मन में वास्तविक भ्रम पैदा हुआ था कि देश की दशा सुधर जायेगी; (२) राजभक्ति का प्रदर्शन अधिकतर शाही खानदान के लोगों के प्रति होता था और उनसे अंग्रेज़ अधिकारियों को अलगाया जाता था; (३) राजभक्ति की आड़ में जनता की बदहाली पर ध्यान केन्द्रित किया जाता था और अंग्रेज ऐसी राजभक्ति को शक की निगाह से देखते थे; (४) राजभक्ति का स्वर भारतेन्दु युग का मूल स्वर नहीं है, हिन्दी जनता ने राजभक्ति का प्रतिनिधि शिवप्रसाद सितारे हिन्द को माना था, देशभक्ति का प्रतिनिधि भारतेन्दु को; उसकी यह समझ बिल्कुल सही थी; (५) भारतेन्दु युग के लेखक अंग्रेजी राज की आलोचना अंग्रेज़ी कानून की सीमाओं के भीतर ही कर सकते थे, उनके पास गैर कानूनी गुप्त पत्रिकाएं नहीं थीं कि उनमें जो चाहते, वह लिखते; और (६) भारतेन्दु कालीन लोकसाहित्य में १८५७ की चर्चा खुले और ओजस्वी रूप में हुई है क्योंकि यह साहित्य अधिकतर मौखिक था और अधिकारियों की पकड़ के बाहर था।

भारतेन्दु हरिश्चन्द्र ने लिखा था : हिन्दी नई चाल में ढली, सन् १८७३ ई०। उन्होंने उस साल 'हरिश्चन्द्र मैगज़ीन' पत्रिका निकाली थी, इसलिए नयी चाल

की हिन्दी का संबंध १८७३ से जोड़ा था। उनकी उक्ति हिन्दी **साहित्य** के लिए सार्थक है, **भाषा** के लिए नहीं। वह बहुत अच्छे शैलीकार थे, उनके **गद्य** का सौन्दर्य अनूठा है किन्तु यहां बात भाषा की है, शैली की नहीं। हिन्दी भाषा के प्रचार-प्रसार में भारतेन्दु का योगदान अपूर्व था किन्तु वह भाषा काफी पहले से उस रूप में चली आ रही थी। शिवप्रसाद ने **भूगोल हस्तामलक** के 'उपोद्‌घात' में लिखा था, "प्रगट हो कि जब हमने इस ग्रंथ को आरंभ करने के लिए लेखनी उठाई तो मन का यह संकल्प था कि एक छोटी सी पुस्तक ऐसी रचें, जिससे बालकों को यह सारा भूगोल हस्तामलक हो जाय।" इस पुस्तक का दूसरा संस्करण १८५६ में प्रकाशित हुआ था। मानना चाहिए कि उन्नीसवीं सदी के मध्य में ऐसी हिन्दी का व्यवहार होता था; उसे नये सिरे से गढ़ने का सवाल न था। उससे भिन्न हिन्दी के अन्य रूप भी थे और मानक हिन्दी का प्रचार प्रसार आवश्यक था, वह बात अलग है। ग्रियर्सन ने इस मिथ्या धारणा का प्रचार किया था कि हिन्दी गद्य अंग्रेजों की प्रेरणा का फल है, और उसके निमित्त बने लल्लूजी लाल।

लल्लूजी लाल ने प्रचार किया कि सूरति मिश्र ने **बैताल पचीसी** का अनुवाद संस्कृत से ब्रजभाषा में किया और ब्रजभाषा से उसका रूपान्तर खड़ीबोली में लल्लूजी ने किया। ब्रजभाषा वाला अनुवाद न तो किसी ने देखा है, न उसका कोई अंश उद्धृत किया है किन्तु खड़ीबोली में सूरति मिश्र रचित **बैताल पचीसी** की प्रतियां मिली हैं। खोज में उपलब्ध हस्तलिखित ग्रंथों के विवरण (काशी, सं. २०१०) में **बैताल पचीसी** की जिस प्रति से खड़ीबोली गद्य के अंश उद्धृत किये गए हैं, उसके लेखक सूरति मिश्र हैं ("अथ सूरत कवि कृत बैताल पच्चीसी लिष्यते ॥" पृ. ७००); प्रतिलिपि सन् १८२६ में मुनुवा पंडित ने की। उसका गद्य इस तरह का है, "बैताल बोला ए राजा मैं तेरा धीरज और साहस देखकर अति प्रसन्न हुआ परंतु एक बात मैं कहता हूँ सो सुन कि जिसके शरीर के रोम कांटों के समान और देह काठ सी और नाम शांतशील सो तुम्हारे नग्र में आया है सो तुमको उसने मेरे लेने के लिए पठाया है ॥" लल्लूजी लाल की **बैताल पचीसी** (लंदन संस्करण, १८५७) में यह अंश इस प्रकार है, "फिर बैताल खुश हो बोला कि ऐ राजा! मैं तेरा धीरज और साहस देख अति प्रसन्न हुआ पर एक बात मैं तुझसे कहता हूं, सो तू सुन; कि जिसके शरीर के रोम समान कांटों के, और देह काठ-सी, और नाम शांतशील, सो तेरे नगर में आया है और तुझे उनने मेरे लाने को भेजा है"। दोनों अंशों को मिलाने से यही नतीजा निकलेगा कि लल्लूजी लाल जिस गद्य को थोड़े हेरफेर से प्रस्तुत कर रहे थे, वह ब्रजभाषा में नहीं, खड़ी बोली में रचा गया था। नागरी प्रचारिणी सभा काशी के विवरण में सूरति मिश्र की **बैताल पचीसी** की सबसे पुरानी प्रति का लिपिकाल संवत् १८२३ (सन् १७६६) है। इससे अनुमान होता है कि आगरे में १८वीं सदी के उत्तरार्ध में हिन्दी गद्य लिखा जा रहा था। सूरति मिश्र आगरे के थे और उनकी साहित्य संपदा

लल्लूजी को सुलभ थी। जातीय भाषा के रूप में हिन्दी का विकास और प्रसार हिन्दी जाति के निर्माण और उसके गठन से, हिन्दी जनजागरण के विभिन्न चरणों से घनिष्ठ रूप में संबद्ध है।

ख. हिन्दी जाति का निर्माणकाल

जिस सामाजिक इकाई में नवजागरण के कार्य संपन्न होते हैं, उसे हम जाति की संज्ञा देते हैं। भारतीय इतिहास की महत्वपूर्ण समस्या यह है : अंग्रेज़ी राज कायम होने से पहले यहां किसी भी जाति का निर्माण हुआ था या नहीं? यदि हुआ था तो पूंजीवादी विकास भी हुआ था और उस हालत में भारतीय समाज को सामन्ती व्यवस्था से आगे ले चलने का श्रेय अंग्रेजी राज को नहीं दिया जा सकता। यदि नहीं हुआ था तो ऐसा श्रेय अंग्रेजी राज को देना ही होगा, उसने जातीय विकास के लिए चाहे जिस ढंग से मार्ग प्रशस्त किया हो। जातीय भाषा और साहित्य का निर्माणकाल आधुनिककाल है। साहित्य के इतिहास की समस्या यह है : यह आधुनिककाल अंग्रेजी राज कायम हांने से पहले शुरू हुआ या बाद को? काल विभाजन की समस्या विशुद्ध साहित्य के इतिहास लेखन की समस्या नहीं है; उसका सीधा संबन्ध भारत में अंग्रेज़ी राज की भूमिका से है।

हिन्दी साहित्य का इतिहास में रामचंद्र शुक्ल ने खड़ी बोली के प्रसार के बारे में कई महत्वपूर्ण बातें कही हैं। विक्रम की १४वीं शताब्दी में खुसरो ने ब्रजभाषा के साथ "खालिस खड़ी बोली" में रचनाएं कीं। देश के विभिन्न भागों में मुसलमानों के फैलने के साथ "दिल्ली की खड़ी बोली शिष्ट समुदाय की भाषा हो चली थी।" मुगल साम्राज्य के विघटन से यह प्रक्रिया समाप्त नहीं हो गयी। दिल्ली और आगरे की समृद्धि क्षीण हुई तो लखनऊ, पटना, मुर्शिदाबाद आदि नई राजधानियां चमक उठीं। दिल्ली के बहुत से शायर पूरब को चले, दिल्ली के आसपास के प्रदेशों के हिन्दू व्यापारी लखनऊ, फैजाबाद, प्रयाग, काशी, पटना आदि पूरबी शहरों में पहुंचे। पूरब के शहरों में इन पच्छिमी व्यापारियों की प्रधानता हो चली। "इस प्रकार बड़े शहरों के बाज़ार की व्यावहारिक भाषा भी खड़ी बोली हुई।" साहित्य में ब्रजभाषा का प्रभुत्व रहा "पर किसी भाषा का साहित्य में व्यवहार न होना इस बात का प्रमाण नहीं है कि उस भाषा का अस्तित्व ही नहीं था।" (पृ० ४८४-८५)। बाज़ार, व्यापारी, एक जनपद की भाषा का दूसरे जनपदों के नगरों में प्रसार, जातीय निर्माण के ये उपकरण शुक्लजी की स्थापनाओं में मौजूद हैं और जातीय भाषा का प्रसार विक्रम की चौदहवीं सदी से शुरू हो जाता है। यदि भारत और यूरुप की अन्य जातियों के निर्माण का अध्ययन करें तो पता चलेगा कि इससे मिलती जुलती प्रक्रिया अन्यत्र भी घटित होती है। वह बड़े पैमाने के मशीनी उद्योग के चलने से पहले घटित होती है। वह पूंजीवाद का ही युग है किन्तु औद्योगिक पूंजीवाद का नहीं, व्यापारिक पूंजीवाद का युग है। उसे व्यापारिक पूंजीवाद इसलिए कहते हैं कि उद्योग

धन्धों का संचालन अभी व्यापारियों के अधीन होता है। व्यापारिक पूंजीवाद का युग आधुनिक जातियों के निर्माण का युग है, व्यापारिक पूंजीवाद की शुरूआत इन जातियों के इतिहास की शुरूआत है। व्यापारिक पूंजीवाद के युग में जो भी साहित्य रचा जाता है, वह आधुनिक काल में रचा हुआ साहित्य है, उसमें प्रवृत्तियां और धाराएं जो भी हों। शुक्लजी ने आधुनिक काल की शुरूआत संवत् १६०० अर्थात् उन्नीसवीं ईस्वी सदी के मध्य से मानी है। यदि व्यापार के विकास के साथ जाति के निर्माण और उसकी भाषा के प्रसार की ओर ध्यान दें तो आधुनिक काल की शुरूआत उन्नीसवीं सदी के मध्य से और काफी पहले निश्चित करनी होगी। शुक्लजी के चिन्तन की यह तर्क संगति परिणति होगी। यह काम मार्क्सवादियों को करना चाहिए था। कारण यह कि मार्क्सवाद के पास वह सामग्री मौजूद है जिसके आधार पर आधुनिक जातियों के निर्माण का अध्ययन किया जाता है।

मार्क्सवाद की मूल स्थापना यह है कि जातियों का निर्माण पूंजीवाद के युग में होता है। यदि हम यह मान लें कि पूंजीवाद मशीनी उत्पादन से शुरू होता है, उससे पहले नहीं, तो हमें यह बात केवल भारत के संदर्भ में नहीं, यूरुप के संदर्भ में भी कहनी चाहिए; मानना चाहिए कि यूरुप का पुनर्जागरण काल वास्तव में मध्यकाल है, अंग्रेज़ जाति का निर्माण अठारहवीं सदी के उत्तरार्द्ध में होता है। मज़े की बात है कि हिन्दी के जो मार्क्सवादी लेखक शुक्लजी के चिन्तन की असंगतियों के प्रति सचेत होने का दावा करते हैं, वे आधुनिक काल के बारे में उन्हीं की मान्यता को दोहराते हैं। मैनेजर पाण्डेय **साहित्य और इतिहास दृष्टि** में पूंजीवाद की दो अवस्थाएं, सौदागरी और औद्योगिक, स्वीकार करते हैं किन्तु सौदागरी पूंजीवाद से वह लघु जातियों का संबन्ध जोड़ते हैं, आधुनिक जातियों का नहीं। कहते हैं, "पहली अवस्था में लघु जातियों का गठन होता है, दूसरी अवस्था में महाजाति या राष्ट्र का विकास होता है।" (पृ० १७०)। सौदागरी पूंजीवाद सामन्ती व्यवस्था के गर्भ में विकसित होता है, मशीनों का चलन होने पर औद्योगिक पूंजीवाद का विकास होता है, इन स्थापनाओं का हवाला देने के बाद वह प्रश्न करते हैं: क्या इससे यह निष्कर्ष नहीं निकलता कि औद्योगिक पूजीवाद के विकास के साथ ही नये उत्पादन संबंध, समाज-व्यवस्था, संस्कृति, कला और साहित्य के इतिहास का आधुनिक काल प्रारंभ होता है? उत्तर है, "हिन्दी साहित्य के इतिहास में इस तरह का आधुनिक काल उन्नीसवीं सदी से शुरू होता है।" (पृ० १७५)। औद्योगिक पूंजीवाद कब शुरू हुआ? उन्नीसवीं सदी में। किसने शुरू किया? अंग्रेजों ने। यह अंग्रेजी राज की प्रगतिशील भूमिका हुई। इससे निष्कर्ष यह निकलेगा कि भारतेन्दु युग के साहित्य में हमें पूंजीपति वर्ग और औद्योगिक सर्वहारा के संघर्ष का चित्रण खोजना चाहिए। ऐसा चित्रण न मिले तो मानना चाहिए कि आधुनिक काल की शुरूआत तो हो गई पर साहित्य में आधुनिकता का अकाल बना रहा।

अंग्रेज़ी राज में उन्नीसवीं सदी का भारत औद्योगिक क्रान्ति से बहुत दूर था। अर्थतंत्र के मूल सूत्र अंग्रेज़ों के हाथ में थे, बाज़ार पर उनका अधिकार था, अपने कारखानों का माल वे इस बाज़ार में खपाते थे, माल ढोने के लिए उन्होंने रेलें चलाईं, इनमें कच्चा माल हिन्दुस्तान का, पक्का माल बिलायत का ढोया जाता था। उन्होंने उन्नीसवीं सदी के अंतिम चरण में पूंजी का निर्यात शुरू किया, इससे जहां तहां कुछ मिलें चालू हुईं। इन पर नियंत्रण अंग्रेज़ों का था, देशी पूंजीवाद औद्योगिक क्षेत्र में अत्यंत अविकसित था। उत्पादन से—मुख्यत: खेती से—जो धन कमाया जा सकता था, वह इंग्लैन्ड भेज दिया जाता था, अत: पूंजी का संग्रह न हो पाता था। औद्योगिक क्रान्ति से इंग्लैन्ड उद्योग प्रधान देश बना, उसके मुकाबले भारत निपट खेतिहर देश था और उसका खेतिहरपन पहले से और बढ़ गया था क्योंकि उसके उद्योग धन्धों का नाश कर दिया गया था। यदि औद्योगिक क्रान्ति से किसी जाति का निर्माण होता हो तो उन्नीसवीं सदी के भारत में कहीं किसी जाति का निर्माण हो ही न सकता था।

किन्तु औद्योगिक क्रान्ति से अंग्रेज जाति का निर्माण भी न हुआ था; उसका निर्माण उससे पहले हुआ था। **कम्युनिस्ट घोषणापत्र** में मार्क्स और एङ्गेल्स ने पूंजीवाद के विकास की दीर्घ प्रक्रिया और इस विकास की मंज़िलों के बारे में जो कुछ लिखा है, वह जातीय निर्माण की समस्या के विवेचन के लिए अत्यंत महत्वपूर्ण है। उन्होंने लिखा है, "पूंजीपति वर्ग के विकास के हर कदम के साथ उसके अनुरूप इस वर्ग की राजनीतिक प्रगति भी रही है। सामंती अभिजात वर्ग की सत्ता के नीचे वह पीड़ित वर्ग है [नोट करें—मशीनी उत्पादन से पहले पूंजीपति वर्ग का निर्माण हो रहा है], मध्यकालीन कम्यून (नगर) में वह सशस्त्र और स्वायत्त संघ है, कहीं वह स्वाधीन शहरी प्रजातंत्र है (यथा इटली और जर्मनी में), कहीं वह पादशाही के अधीन टैक्स देनेवाला तीसरा 'वर्ण' है (यथा फ्रान्स में), बाद को कारखानेदारी खास के दौर में [यह कारखानेदारी ग़ैर मशीनी है] वह अर्धसामंती अथवा पूर्णसत्तावादी पादशाही की सेवा में रहता है और अभिजात वर्ग के विरोध में संतुलन कायम रखने के काम आता है, आमतौर से वह दरअसल बड़ी पादशाहियों की आधारशिला होता है, और अंत में इस पूंजीपतिवर्ग ने, आधुनिक [मशीनी] उद्योग धन्धों और विश्व बाज़ार की स्थापना के बाद अपने लिए राजनीतिक एकछत्रता आधुनिक प्रतिनिधित्व मूलक राज्यसत्ता [पूंजीवादी जनतंत्र] के रूप में प्राप्त कर ली है।" इस विवरण में औद्योगिक क्रान्ति पूंजीपति वर्ग के विकास की आखिरी मंज़िल है, और उससे पहले दस्तकारी वाले कारखानों की मंज़िल है, और उससे भी पहले की शुरूआती मंजिल में ऐसे कारखानों का अभाव है। इन मंज़िलों में पूंजीवादी विकास से जातीय निर्माण की प्रक्रिया किस तरह जुड़ी होती है, इसकी बहुत स्पष्ट व्याख्या लेनिन ने की है।

१८९४ में लेनिन ने मिखाइलोव्स्की की मार्क्सवाद विरोधी धारणाओं का

खंडन करते हुए लिखा था, "प्राचीन रूस में हम रक्त संबन्धों वाले जीवन की बात कर सकते हैं [यह गण समाजों का युग है] किन्तु इसमें संदेह की गुंजाइश नहीं कि मध्यकाल में, मौस्कोवाले ज़ारों के युग में, ये रक्त संबन्ध नहीं रह गये [यह जनपदों का युग है], अर्थात् राज्यसत्ता का आधार ऐसे संघ थे जो रक्त संबंधों वाले कतई नहीं थे वरन् वे स्थानबद्ध थे [जनपदों में रहते थे]; ज़मींदार और मठ अलग अलग स्थानों से किसान जुटाते थे, इस तरह जो समाज बनते थे, वे विशुद्ध रूप से प्रादेशिक [हमारी शब्दावली में जनपदीय] थे। लेकिन उस समय हम सही अर्थ में जातीय संबंधों की बात नहीं कर सकते [क्योंकि पूंजीवादी युग की महाजातियों से सामंतकाल की लघुजातियां भिन्न हैं]। उस समय राज्य अलग अलग 'क्षेत्रों' में, कभी कभी अमलदारियों में भी, बँटे होते थे। इन 'क्षेत्रों' में भूतपूर्व स्वायत्तता के पुष्ट अवशेष बने रहते हैं, शासन की अपनी विशेषताएं होती हैं, कभी कभी अपनी सेना होती है (स्थानीय ज़मींदार अपने फौजी दस्तों के अगुवा बनकर लड़ने जाते थे), उनकी अपनी चुंगी की सरहदें होती हैं, इत्यादि। रूसी इतिहास के आधुनिक काल में ही (लगभग सत्रहवीं सदी से) [औद्योगिक क्रान्ति उन्नीसवीं सदी में होती है] यह विशेषता पायी जाती है कि ऐसे क्षेत्र, प्रदेश और अमलदारियां संपूर्ण इकाई में यथार्थतः समाहित हों। महासम्मान्य मिख़ाइलोव्स्की महाशय, समाहित होने की यह क्रिया रक्त संबंधों द्वारा संपन्न नहीं होती, उन्हें जारी रखने और व्यापक बनाने से भी संपन्न नहीं होती। वह संपन्न होती है विभिन्न प्रदेशों के बीच विनिमय की बढ़ती से [महाजाति गण समाजों से नहीं बनती, लघुजातियों से बनती हैं, जनपदों को बड़ी इकाई में मिलानेवाली चीज़ है विनिमय], बिकाऊ माल के क्रमशः बढ़ते हुए संचरण से और छोटे स्थानीय बाजारों के एक ही अखिल रूसी बाज़ार में सिमट आने से। इस प्रक्रिया के नेता और स्वामी व्यापारी पूंजीपति (merchant capitalists) थे, इसलिए जातीय संबन्धों का निर्माण पूंजीवादी संबन्धों के निर्माण के अलावा और कुछ नहीं था।" (**संपूर्ण ग्रंथावली,** अंग्रेजी, खंड १, पृ० १५४-५५)। जिस युग में पूंजीवादी विकास के नेता व्यापारी हों, उसे व्यापारिक पूंजीवाद का युग कहना उचित होगा। जाति का निर्माण—मशीनी उद्योग के चलन से पहले—इस व्यापारिक पूंजीवाद के युग में होता है।

लेनिन की उक्त स्थापना से जातीय निर्माण को समझने में कैसे मदद मिलती है, लघुजाति और महाजाति का भेद स्तालिन के लेखों में कहां विद्यमान है, सोवियत इतिहासकार कोस्मिन्स्की ने मध्यकाल के लिए लघुजाति की धारणा कैसे प्रस्तुत की है, इस सबका उल्लेख **भाषा और समाज** (दूसरा संस्करण, पृ० २४०-४१) में है। व्यापारिक पूंजीवाद के युग में जाति का निर्माण होता है, औद्योगिक पूंजीवाद के युग में यह जाति कायम रहती हैं। दोनों युगों की जाति में बहुत बड़ा अन्तर यह है कि दूसरे युग में औद्योगिक सर्वहारा मौजूद है, पहले युग में उसका अभाव है। व्यापारिक पूंजीवाद के युग में मुख्य अन्तर्विरोध किसानों-

कारीगरों तथा ज़मींदारों में होता है, औद्योगिक पूंजीवाद के युग में सर्वहारा और उद्योगपतियों में।

मैनेजर पाण्डेय का विचार है कि हिन्दी जाति के निर्माण काल के बारे में मैंने अपनी धारणा बदल दी है। पहले मैं मानता था कि यह विकास १५वीं, १६वीं, १७वीं सदी से आरंभ होता है, १९७४ से मानने लगा हूं कि शुरूआत १२वीं सदी से होती है। (उप०, पृ० १७०)। यद्यपि मुख्य समस्या १२वीं या १७वीं सदी की नहीं है, अंग्रेजी राज से **पहले** जातीय विकास के शुरू होने की है, फिर भी अपनी पुरानी मान्यताओं को एक बार फिर देख लेना उचित होगा।

१९४९ में प्रकाशित 'भारत की भाषा समस्या' नाम के निबंध में मैंने लिखा था, "प्रश्न यह है कि अवधी, ब्रजभाषा, बुन्देलखंडी आदि बोलियां हैं या भाषाएं; उनके बोलने वाले हिन्दुस्तानी जाति के अन्तर्गत हैं या भिन्न भिन्न स्वतंत्र जातियों के रूप में विकसित होंगे···हिन्दुस्तानी प्रदेश के मज़दूरवर्ग में अवधी, ब्रज आदि बोलने वाले लोग हैं। इनका सामान्य परिवेश और सामान्य आर्थिक संबन्ध उन्हें एक सामान्य भाषा बोलने पर मजबूर करते हैं। यह भाषा खड़ी बोली या हिन्दुस्तानी होती है ··भारतेन्दु भोजपुरी क्षेत्र के थे, प्रतापनारायण मिश्र अवध के, राधाचरण गोस्वामी ब्रज के; इन सबने गद्य के लिए खड़ी बोली को अपनाया। यह विकास उन्नीसवीं सदी में हुआ किन्तु उसका आरंभ पहले हो चुका था। इस विकास का कारण था पूंजीवाद का विकास। भारत में पूंजीवाद उन्नीसवीं सदी से आरंभ नहीं हुआ। व्यापारी पूंजीवाद उन सौदागरों के साथ शुरू हुआ जो अपने साथ खड़ी बोली सुदूर हैदराबाद ले गये। ब्रिटिश पूंजीवाद से टक्कर होने पर भारतीय पूंजीवाद के सहज विकास में बाधा पड़ी लेकिन वह रुक नहीं गया।" (**भारत की भाषा समस्या,** पृ० ८१)। भारत स्वायत्त ग्राम समाजों का देश रहा है, यह स्थापना यहां अस्वीकृत है। औद्योगिक पूंजीवाद से भिन्न व्यापारिक पूंजीवाद की अलग कोटि है, इस कोटि से जातीय निर्माण की प्रक्रिया का संबंध है, भारत में पूंजीवाद का विकास अंग्रेज़ी राज कायम होने से पहले आरंभ होता है, ये धारणाएं इस निबंध में स्पष्ट हैं। आगे यह भी बता दिया गया है कि "यह विकास अभी पूरा नहीं हुआ। सामन्ती संबंध अभी बने हुए हैं। इसीलिए हिन्दुस्तानी प्रदेश में भाषा और बोली का प्रश्न भी हमारे सामने आता है।" (उप०)।

१९५३ में प्रकाशित हिन्दी जाति के गठन पर अपने निबंध में सामंतवाद के ह्रास और पूंजीवाद के अभ्युदय के बारे में मैंने लिखा था, "तेरहवीं-चौदहवीं सदी में सामंती समाज का यह ढांचा ढीला पड़ने लगा था, वर्ण व्यवस्था शिथिल हो रही थी और लोग अपने खानदानी पेशे छोड़कर नये पेशे अपनाने लगे थे··· तुर्क बादशाहों ने बाजार, तौलने के बांट, सिक्कों आदि के बारे में जो सुधार किये, उनसे सौदागरों को फायदा पहुँचा। इस जमाने में नई नई मंडियां और नये नये शहर आबाद हुए।" (उप०, पृ० ८४-८५)। १९४९ वाले लेख में इस

प्रश्न का उत्तर नहीं है कि अंग्रेज़ी राज से पहले भारत में पूंजीवाद का विकास कब शुरू हुआ; इसका उत्तर १९५३ वाले लेख में है। पूंजीवादी विकास की शुरूआत १३वीं १४वीं सदी से मानी गयी है। १९५६ में प्रकाशित **मानव सभ्यता का विकास** में इसी धारणा को दोहराते हुए मैंने लिखा था, "तुर्कों के आक्रमण के समय उत्तर भारत में व्यापार की अनेक मंडियां कायम थीं। आक्रमणकारियों ने थानेसर, कन्नौज, अजमेर, दिल्ली, मेरठ, बयाना, आगरा, कालिंजर, महोबा, अयोध्या आदि को लूटा और इससे यहां के व्यापार के विकास को काफी धक्का लगा। अपने ह्रासकाल में भारत का सामन्त वर्ग न तो अपनी रक्षा कर सका, न व्यापारियों और शेष जनता की।" (दूसरा संस्करण, पृ० १०४-०५)।

१९६१ में प्रकाशित **भाषा और समाज** में भी मूल स्थापना वही है, "भारत पर तुर्कों के आक्रमण से पहले ही यहां अनेक विनिमय केन्द्रों का विकास हो चुका था। आक्रमणकारी शहरों को लूटने पर ज्यादा ध्यान देते थे क्योंकि व्यापार द्वारा यहां संपत्ति सिमट कर इकट्ठा हो रही थी।" (दूसरा संस्करण, पृ० २७३)। क० मुं० विद्यापीठ की पत्रिका 'भारतीय साहित्य' में प्रकाशित अपने लेख 'भारतीय साहित्य का इतिहास : साहित्य में देशी भाषाओं की प्रतिष्ठा' में मैंने लिखा था, "भारत में जातीय गठन की प्रक्रिया सब जगह एक ही समय संपन्न नहीं होती, फिर भी मोटे रूप से १२वीं सदी को नई जातियों के निर्माण का प्रारंभिक काल मान सकते हैं।" (पृ० ११३)। यह बात समस्त भारतीय भाषाओं को ध्यान में रखकर कही गयी है; भारत की अनेक भाषाओं में, हिन्दी (ब्रज, अवधी, मैथिली) से पहले, साहित्य रचना आरंभ होती है। हिन्दी जाति के विशेष संदर्भ में भी १३वीं सदी से १२वीं सदी उतनी दूर नहीं है जितनी १७वीं सदी से। जो प्रक्रिया १२वीं सदी से आरंभ होती है, वह १६वीं १७वीं सदियों में अपने उत्कर्ष पर दिखाई देती है।

मैनेजर पाण्डेय के अनुसार "१९५५ के आसपास उनके (रा०वि० के) चिन्तन में एक महत्वपूर्ण मोड़ आता है।" (**साहित्य और इतिहास दृष्टि**, पृ० २०१)। वह इस प्रकार : "१९५५ के पहले वे मानते हैं कि जातीय निर्माण और जातीय भाषा का विकास पूंजीवाद के विकास के साथ ही होता है, १९५५ के बाद उन्होंने जातीय निर्माण और जातीय भाषा के विकास में सामंतवाद की महत्वपूर्ण भूमिका स्वीकार की है। इसके साथ ही उन्होंने सामाजिक विकास में उत्पादन पद्धति के बदले व्यापार और बाज़ार की भूमिका को निर्णायक माना है।" (उप०)। व्यापार और बाज़ार की भूमिका को निर्णायक तो मैं १९४९ में भी मानता था, वर्ना अंग्रेज़ी राज से पहले भारत में पूंजीवाद के विकास और हिन्दी जाति के गठन की बात न करता। १९५३ वाले लेख में भी व्यापार, बाजार और मंडियों पर ज़ोर है। लेकिन बिकाऊ माल के उत्पादन के बिना व्यापार का विकास नहीं हो सकता। सामंती व्यापार सीमित होता है, खाने खरचने से जो माल बच रहे, उसी का उपयोग विनिमय के लिए होता है। पूंजीवादी व्यापार

तब संभव होता है जब मुनाफा कमाने के उद्देश्य से व्यापारी बिकाऊ माल तैयार कराते हैं। उत्पादन के औजार अभी पुराने ही होते हैं, केवल इस अर्थ में उत्पादन अपरिवर्तनशील बना रहता है, वर्ना उसमें भी महत्वपूर्ण परिवर्तन होते हैं। १९५३ वाले लेख में ही मैंने उत्पादन के बारे में लिखा था, "फ्रांसीसी यात्री बर्नियर ने जिन मुगल कारखानों का ज़िक्र किया है, मुमकिन है कि वे पूंजीवादी पैदावार की पहली मंज़िल रहे हों। बहरहाल जुलाहों को सौदागर पेशगी रुपया देते थे और उनसे तैयार माल लेते थे। पेशगी लेने पर जुलाहा अपने माल पर अधिकार खो देता था। पेशगी के ज़रिये सौदागर उसकी श्रम शक्ति खरीद लेता था। यह पैदावार का पूंजीवादी तरीका था।" (**भारत की भाषा समस्या**, पृ० ८६)।

१९५६ में प्रकाशित **मानव सभ्यता का विकास** में उक्त पद्धति की व्याख्या के लिए मैंने अर्थशास्त्री मोरलैन्ड का यह कथन उद्धृत किया है, "एक अर्थ में कारीगर अपने लिए काम करता था, दूसरे अर्थ में वह पूंजीपति के अधीन था। पूंजीपति उसे पेशगी धन देता था जिससे कि वह सामान खरीद सके और काम करते समय अपनी जीविका चला सके। व्यापारियों द्वारा पेशगी रकम देने की पद्धति इतनी सुपरिचित है कि उसकी और व्याख्या करना जरूरी नहीं है। डच और अंग्रेज़ ग्राहकों ने उसे यहां दृढ़ता से स्थापित पाया और आवश्यक माल खरीदने के लिए उसे उन्हें स्वीकार करना पड़ा।" (**मानव सभ्यता०**, पृ. १०७)। अंग्रेजों के आने के पहले यहां इस प्रथा का चलन था, यह बात ध्यान देने योग्य है। **भाषा और समाज** में मैंने पूंजीवाद की उस व्याख्या को एकाङ्गी कहा है जिसमें केवल उत्पादन पर ध्यान केन्द्रित किया जाता है। "उत्पादन के अलावा सामाजिक व्यवस्था का नियमन करने वाली एक शक्ति और है, वह है वितरण।" (पृ० २५९)। इसका यह अर्थ नहीं है कि व्यापारिक पूंजीवाद के युग में उत्पादन की भूमिका पर ध्यान ही न देना चाहिए। **भाषा और समाज** में उस युग के उत्पादन की निम्नलिखित विशेषताएं बताई गयी हैं : (१) "कारीगर जो माल तैयार करता है, उसका उपयोग मूल्य कम हो जाता है, विनिमय मूल्य बढ़ जाता है"; (२) "कुछ विशेष प्रदेशों और नगरों में खास चीजों का उत्पादन बढ़ जाता है; अन्य प्रदेश और नगर अपने यहां वे चीज़ें तैयार न करके उन प्रसिद्ध केन्द्रों से वे चीज़ें मँगाते हैं"; (पृ. २६१) (३) "सौदागर से कच्चा माल या रुपया उधार लेने के कारण कारीगर जो माल तैयार करता है, उसका मालिक वह स्वयं नहीं होता; सौदागर के प्रभुत्व के कारण उसका माल पहले ही बिक चुका होता है यह स्थिति अंग्रेज़ों के आने से पहले हिन्दुस्तान में भी थी··· इंग्लैंड की औद्योगिक क्रान्ति से पहले भारत और वहां की उत्पादन पद्धति में बुनियादी भेद न था।" (पृ. २६२)।

इन बातों की चर्चा विस्तार से **भारत में अंग्रेजी राज और मार्क्सवाद** (खंड २) में है। उत्पादन संबन्धी मूल बात वही है : "पेशगी पैसा देने की प्रथा को 'ददनी' कहते थे··· व्यापारी जो पेशगी पैसा देता था, उसे पूंजी कहना उचित है··· पूंजी-वादी उत्पादन का यह आदिम तरीका था और भारत में अंग्रेज़ों के आने के पहले

से कायम था।" (पृ. २९७)। १९५३ से १९८२ तक भारत के आर्थिक विकास के सन्दर्भ में मैंने बराबर उत्पादन का उल्लेख किया है; यही नहीं मैंने इस उत्पादन के प्रारंभिक पूंजीवादी स्वरूप का विवरण भी दिया है। मैंने सामन्ती व्यवस्था के उत्पादन और विनिमय से पूंजीवादी उत्पादन और विनिमय का भेद भी बताया है। सामाजिक विकास से संबंधित सामान्य नियम निर्धारित करने के लिए मैंने भारत के साथ इंग्लैन्ड में पूंजीवादी उत्पादन की जो प्रारंभिक पद्धति चालू थी, उसका हवाला भी दिया है। अधिकांश मार्क्सवादी लेखक पूंजीवादी उत्पादन पद्धति के उस प्रारंभिक रूप की ओर ध्यान नहीं देते, इसलिए उन्हें यह भ्रम हो जाता है कि मैं उत्पादन की उपेक्षा करता हूँ। वे एङ्गेल्स की इस स्थापना से भी अक्सर अपरिचित होते हैं कि अर्थशास्त्र उत्पादन और विनिमय का विज्ञान है, इनमें कब किसकी भूमिका कितनी महत्वपूर्ण होती है, यह सामाजिक परिस्थितियों पर निर्भर है।

व्यापारिक पूँजीवाद सामन्ती व्यवस्था के गर्भ में पनपता है। प्रश्न है कि उसके विकास में सामन्ती राज्य सत्ता का योगदान हो सकता है या नहीं। मैनेजर पाण्डेय ने लिखा है, "लेनिन और स्तालिन की मान्यता है कि जातियों का निर्माण और जातीय भाषाओं का विकास पूँजीवाद के उदय के साथ होता है लेकिन रामविलास शर्मा के अनुसार महाजाति के गठन और उसकी भाषा के विकास में सामन्ती राजसत्ता का भी योगदान होता है।" (उप० १६९)। इस सिलसिले में एक स्थापना एङ्गेल्स की देखें। सामन्ती कलह से पीड़ित यूरुप में दसवीं सदी से पादशाही की जो भूमिका रही, उस पर उन्होंने विचार करते हुए लिखा था, हर तरफ हत्या, दगाबाज़ी, मक्कारी और फरेब का बोलबाला था। "स्पष्ट है कि इस व्यापक अराजकता में पादशाही प्रगतिशील तत्व थी। इस व्यवस्थाहीनता में वह व्यवस्था की हामी थी, बागी मातहत राज्यों में विघटित होने के खिलाफ़ उभरती हुई जाति (या उभरते हुए राष्ट्र—the emerging nation) की हामी थी। सामंती सतह के नीचे जितने भी क्रान्तिकारी तत्व उभरे, वे पादशाही पर उतना ही निर्भर थे जितना पादशाही उन पर निर्भर थी। पादशाही और नागरिकों के गठबंधन की शुरूआत दसवीं सदी से होती है।" (Marx Engels, Pre-Capitalist Socio-Economic Formations, मौस्को, १९७९, पृ. ४६६)। यह गँठबंधन मध्यकाल के हर दौर में समानरूप से सुदृढ़ नहीं रहा पर निश्चय ही उससे सामंती राज्यसत्ता और व्यापारीवर्ग दोनों को लाभ था। यूरुप में पादशाही की भूमिका और जातीय गठन के संबंध के बारे में एङ्गेल्स ने आगे लिखा है, "रूस तक में तातारी दासता से मुक्ति के साथ साथ स्थानीय सामन्तों का पराभव हुआ; अंत में इवान तृतीय ने (१५वीं सदी में) उसे पूरा किया। समूचे यूरुप में इटली और जर्मनी ही दो ऐसे देश थे जिनमें पादशाही और जातीय एकता—उस समय पादशाही के बिना जातीय एकता कायम न की जा सकती थी—का नितान्त अभाव था या उनका अस्तित्व था तो केवल कागज़ पर।" (उप०,

पृ. ४७१) । एङ्गेल्स का विवेचन इस बात का बहुत अच्छा उदाहरण है कि आर्थिक के अलावा अन्य उपकरण जाति के निर्माण में कैसे सहायक होते हैं। पादशाही के रूप में सामंती राज्य सत्ता एक ऐसा ही महत्वपूर्ण उपकरण थी।

हिन्दी जाति के विकास संदर्भ में स्मरणीय है कि राज्यसत्ता का स्वरूप सदा विशुद्ध सामंती नहीं रहा। १९५३ के निबंध में : "मुगल राज्यसत्ता की आमदनी का ज़रिया सिर्फ ज़मीन न थी, बल्कि व्यापार भी था।" (**भारत की भाषा समस्या**, पृ. ८५) । **मानव सभ्यता का विकास** में : "डा. पंत के शब्दों में 'उन दिनों राज्य-सत्ता सबसे बड़ा सौदागर थी'।" (पृ० १०५)। **भाषा और समाज** में : "अलाउद्दीन खिलजी ने गावों के मुखियों के अधिकार सीमित कर दिये थे। तुगलकों के शासन में राजकर्मचारी स्वयं जाकर भूमिकर निश्चित करते थे।" (पृ० २७३)। पुनः—"राज्यसत्ता के जिस स्वरूप को निरंकुश कहा जाता है, वह १३वीं सदी में अलाउद्दीन खिलजी का चलाया हुआ था।···अलाउद्दीन के समय में राज्य-सत्ता की एक विशेषता हुई सामंतों पर उसका नियंत्रण, दूसरी विशेषता हुई नौकरशाही का प्रसार, तीसरी विशेषता हुई स्थायी सेना, चौथी विशेषता हुई उत्पादकों से सीधा संपर्क। इस चौथी विशेषता के साथ शासनतंत्र में वित्त की प्रधानता हुई।···अलाउद्दीन की वित्तीय नीति बिखरे हुए सामन्तों के हित में नहीं थी, वह व्यापारिक पूंजीवाद के हित में थी जो अर्थतंत्र में वित्त की प्रधानता का कारण था।" (**भारत में अंग्रेजी राज और मार्क्सवाद**, खंड २, पृ. २७६-८७)। यह तो हुई राज्यसत्ता की भूमिका।

अब हिन्दी साहित्य का आधुनिककाल १२वीं, १३वीं या १४वीं सदी से मानें तो "सवाल यह है कि हिन्दी साहित्य के लगभग नौ सौ वर्षों के इतिहास के विभिन्न परिवर्तनों, मोड़ों और विकास की अवस्थाओं का अध्ययन कैसे होगा ? नौ सौ वर्षों के इतिहास को केवल आधुनिककाल का अखंड प्रवाह बना देना तो हिन्दी साहित्य के काल विभाजन की समस्या का कोई समाधान नहीं हुआ।" (**साहित्य और इतिहास दृष्टि**, पृ. १७४) । यदि काल को अखंड प्रवाह बना दें और उसमें प्रवृत्तियों के अनुसार विभाग न करें तो समस्या का समाधान न होगा, वह कालखंड चाहे दस साल का ही हो। शुक्लजी ने मध्यकाल को अखंड प्रवाह न मानकर पूर्व और उत्तर उसके दो खंड किये। फिर पूर्व मध्यकाल में अनेक शाखाओं और धाराओं के विभाग बनाये, उत्तर मध्यकाल में लक्षण ग्रंथकारों, शृंगारी कवियों, सूक्तिकारों आदि का विवेचन किया। इसी तरह आधुनिककाल को पूर्व और उत्तर में बांटा जा सकता है। पाण्डेयजी ने यह विभाजन कर भी दिया है : "भक्ति आन्दोलन और १९वीं शताब्दी से आरंभ होने वाले नवजागरण का मुख्य अन्तर यह है कि पहला जातीय निर्माण को व्यक्त करनेवाला सांस्कृतिक आन्दोलन है, जिसका मुख्य स्वर सामंतवाद विरोधी तथा मानवतावादी है, दूसरा राष्ट्रीय स्वाधीनता का सामाजिक, राजनीतिक और सांस्कृतिक आन्दोलन है, जिसका मुख्य स्वर साम्राज्यवाद विरोधी तथा सामंतवाद विरोधी है।" (उप०,

पृ० १६०)। इन दो खंडों के अन्तर्गत प्रवृत्तियों के अनुसार यथावश्यक विभाग बनाये जा सकते हैं।

ग. साहित्य के मुख्य और गौण अन्तर्विरोध

व्यापारिक पूंजीवाद के युग में सामन्त विरोधी क्रान्ति पूरी नहीं हो जाती, मुख्य अन्तर्विरोध सामंतों तथा किसानों-कारीगरों के बीच बना रहता है। व्यापारी वर्ग या तो किसानों-कारीगरों का साथ देता है या सामन्तों का। किसी भी देश की संस्कृति इस समय पूंजीवादी और सर्वहारा भागों में बांटी नहीं जा सकती। इस तरह का बँटवारा संस्कृति पर आरोपित किया जाये तो उसका परिणाम होगा सामन्त विरोधी संस्कृति की उपेक्षा अथवा उसका अवमूल्यन। हिन्दी साहित्य की सामंत विरोधी परंपरा के विशेष संदर्भ में मैनेजर पाण्डेय कहते हैं, "लेनिन ने लिखा है कि प्रत्येक जाति के भीतर दो जातियों का अस्तित्व होता है, प्रत्येक जातीय संस्कृति में दो जातीय संस्कृतियां होती हैं।...लेनिन ने जातीय संस्कृति के वर्गीय आधार और वर्गीय स्वरूप को स्पष्ट करते हुए लिखा है कि प्रत्येक जातीय संस्कृति में जनवादी और समाजवादी संस्कृति के तत्व मौजूद होते हैं, भले ही वे अल्प विकसित रूप में हों, क्योंकि प्रत्येक जाति में श्रमजीवी और शोषित जनता होती है, जिसके जीवन की परिस्थितियों से जनवाद और समाजवाद की विचारधारा पैदा होती है।" (उप०, पृ. १८०)। समाजवादी संस्कृति और समाजवादी विचारधारा के उल्लेख से ज़ाहिर है कि मैनेजर पाण्डेय भक्ति साहित्य के रचनाकाल में समाज के भीतर सर्वहारा और पूंजीपतियों का विरोध देख रहे हैं। सामन्तों और किसानों-कारीगरों का अन्तर्विरोध कहीं खो गया है, इसलिए रीति और भक्ति का अन्तर्विरोध भी धुँधला पड़ गया है।

लिखा है, "रामविलास शर्मा ने हिन्दी जाति की संस्कृति और उसके जातीय साहित्य की जो व्याख्या की है, उसमें कहीं कहीं वर्गीय आधार और विचारधारात्मक प्रभावों की ओर संकेत है, लेकिन कई बार उसकी उपेक्षा भी हुई है, वे भक्ति आन्दोलन को जातीय उत्थान का सांस्कृतिक प्रतिबिंब कहते हैं, उसके काव्य के कुछ पक्षों के वर्गीय आधार को भी स्पष्ट करते हैं, लेकिन उसके भीतर के विचारधारात्मक अन्तर्विरोधों की उपेक्षा करते हैं। कई बार परंपरा की रक्षा की भावना के कारण अन्तर्विरोधों को तर्कजाल से ढकने की भी कोशिश करते हैं।" (उप०, पृ. १८१)। यदि मैंने रीति साहित्य को भक्ति साहित्य के ही समान प्रगतिशील माना हो, दोनों के अन्तर्विरोध की अनदेखी की हो, तो यह आलोचना सही होगी। किन्तु मैनेजर पाण्डेय के सामने यह अन्तर्विरोध है ही नहीं। उनके लिए वर्गीय अन्तर्विरोध जिस एक ही धारा में व्यक्त होने चाहिए—वह है भक्ति साहित्य की धारा। उनकी मान्यता यह भी है कि "अधिकांश जातियों में प्रतिक्रियावादी तथा पुरोहिती संस्कृति भी होती है, जो केवल 'तत्व' के रूप में ही नहीं बल्कि प्रभुत्व-

शाली संस्कृति के रूप में भी होती है।" (उप०, पृ. १८०)। यदि इस स्थापना को हिन्दी जाति पर लागू करें तो कहना पड़ेगा कि भक्ति-साहित्य में प्रभुत्व प्रतिक्रियावादी तथा पुरोहिती संस्कृति का है। तब प्रगतिशील लेखकों के प्रथम घोषणापत्र में क्या गलत कहा गया था कि "पिछली दो सदियों में विशेषकर इसी तरह का साहित्य [भक्ति और वैराग्य का साहित्य] रचा गया है जो हमारे साहित्य का लज्जास्पद काल है।" (रेखा अवस्थी, **प्रगतिवाद और समानांतर साहित्य,** पृ. ३१५)। मैनेजर पाण्डेय उसे लज्जास्पद काल नहीं मानते किन्तु जिस स्थापना के आधार पर उसे लज्जास्पद कहा जा सकता है, वह उनकी पुस्तक में विद्यमान है।

शुक्लजी ने भक्तिकाल और रीतिकाल नाम से दो काल स्थापित करके अनेक आलोचकों के लिए अनावश्यक कठिनाइयां पैदा कर दी हैं। ये कठिनाइयां स्वयं उनके लिए नहीं थीं। वह बहुत अच्छी तरह जानते थे कि रीतिवाद के आचार्य केशवदास और भक्त शिरोमणि तुलसीदास समकालीन थे, एक ही काल के कवि थे। केशवदास का निधन सं. १६७४ में, गोस्वामीजी का सं. १६८० में हुआ। भक्ति को उस समय की प्रधान साहित्यिक धारा मान कर उन्होंने उसे भक्तिकाल का नाम दिया। किन्तु परवर्ती आलोचक भक्ति और रीति के दो नितान्त पृथक् कालखंड मानने लगे। शुक्लजी ने केशवदास को भक्तिकाल के अध्याय से निकाल-कर 'फुटकल' में डाल दिया; इससे उनका ऐतिहासिक काल थोड़े ही बदल गया। जो भी तुलसीदास के साहित्य में अन्तर्विरोध खोजता है, वह केशवदास का नाम लेना भूल जाता है, हिन्दी साहित्य में रीतिभक्ति का जो अन्तर्विरोध एक ही समय में विद्यमान है, वह उसकी आंखों से ओझल रहता है। व्यापारिक पूंजीवाद से जातीय निर्माण के संबन्ध की व्याख्या करते हुए मैनेजर पाण्डेय ने लिखा है, "भारत में १२वीं सदी से आरंभ होनेवाले पूंजीवाद का विकास सफल नहीं हुआ, बाद में अवरुद्ध होकर निष्फल हो गया। समाज का सामंती आधार और उससे निर्मित सांस्कृतिक ढांचा एक बार कमज़ोर होने के बावजूद कायम रहा। यही कारण है कि भक्तिकाल के बाद रीतिकाल आया। भक्ति-आन्दोलन सामन्ती समाज में विकसित सौदागरी पूंजीवाद और जातीय निर्माण के फलस्वरूप उत्पन्न सामाजिक संबंधों की सांस्कृतिक अभिव्यक्ति है, रीतिकाल का साहित्य सामन्त विरोधी सामाजिक संबंध [संबंधों] और सांस्कृतिक चेतना के अवरुद्ध होने का परिणाम तथा प्रमाण है।" (**साहित्य और इतिहास दृष्टि,** पृ. १७५)। यहां साहित्य की दो समानान्तर प्रवृत्तियों को निरपेक्ष रूप से विभक्त दो भिन्न कालखंडों से बांध दिया गया है; भक्तिकाल के बाद रीतिकाल तभी आ सकता है जब पूंजीवादी विकास अवरुद्ध होकर निष्फल हो जाये। दरअसल पूंजीवादी विकास के दौरान पूंजीपतियों और जमींदारों में शक्ति और प्रभाव का संतुलन एक सा नहीं रहता। भारत में मुगल साम्राज्य के विघटन के बाद, इंग्लैन्ड में पादशाही की बहाली के बाद, सामन्तों को अपनी स्थिति को सुदृढ़ करने का मौका मिला। इसका यह

अर्थ नहीं कि इंग्लैन्ड या भारत में पूंजीवादी विकास अवरुद्ध होकर निष्फल हो गया था। "बारहवीं सदी से हिंदी साहित्य के आधुनिक काल का आरंभ मानने की धारणा के लिए सबसे बड़ी चुनौती रीतिकाल है।" (उप., पृ. १७४)। यह चुनौती केवल हिन्दी के लिए नहीं है। चौसर या शेक्सपियर से अंग्रेजी का आधुनिक काल शुरू होता है, यह माननेवालों के लिए रेस्टोरेशन काल का साहित्य, अठारहवीं सदी का निओक्लासिकल साहित्य भी चुनौती है। इन पर दरबारी संस्कृति की छाप है किन्तु इसका यह अर्थ नहीं कि पूंजीवाद का विकास अवरुद्ध और निष्फल हो गया था। "भक्तिकाल के बाद रीतिकाल का आगमन हिन्दी साहित्य के इतिहास की एक ट्रैजेडी है" (उप.)। छोटी ट्रैजेडी है। असली और बड़ी ट्रैजेडी है भारत में अंग्रेजी राज की स्थापना। भारतीय पूंजीवाद का सहज वास्तविक विकास अवरुद्ध होता है अंग्रेजी राज में। जो लोग १९वीं सदी में औद्योगिक क्रान्ति से शुरू होनेवाले अधुनिक काल की कल्पना करते हैं, वे स्वभावतः उस बड़ी ट्रैजेडी को भूल जाते हैं।

भक्तिकाल और रीतिकाल में 'काल' शब्द के व्यवहार के कारण ही रीति और भक्ति का अन्तर्विरोध भुला दिया गया हो, ऐसा नहीं है। मैनेजर पाण्डेय के विवेचन में एक निश्चित पद्धति उभर कर सामने आती है। यह पद्धति है मुख्य अन्तर्विरोध के स्थान पर गौण अन्तर्विरोध को प्रतिष्ठित करने की। उन्होंने मेरे लिए ठीक लिखा है, "उनका मुख्य ध्यान प्रगतिशील और प्रगतिविरोधी प्रवृत्तियों के अन्तर्विरोध पर रहा है, लेकिन प्रगतिशील परंपरा के भीतरी अन्तर्विरोधों पर भी उनकी नज़र रही है।" (पृ. १९३)। मेरी समझ में प्रगतिशील और प्रगति-विरोधी प्रवृत्तियों के अन्तर्विरोध पर ध्यान केन्द्रित करना सही है। प्रगतिशील परंपरा के अन्तर्विरोधों पर मुख्यरूप से ध्यान तभी केन्द्रित किया जायेगा जब गौण अन्तर्विरोध को मुख्य अन्तर्विरोध मान लिया जाये। "उन्होंने भक्तिसाहित्य के सामंतवाद विरोधी स्वरूप को महत्व देते हुए भी उसमें प्रकट मायावाद और निष्क्रियतावाद की ओर संकेत किया है।" (उप.)। मैनेजर पाण्डेय के लिए इतना काफी नहीं है। वे मेरी नुक्ताचीनी इसलिए करते हैं कि "रामविलास शर्मा हिन्दी की प्रगतिशील परंपरा के अन्तर्विरोधों को देखते हैं लेकिन वे उनकी ओर सिर्फ़ इशारा करके रह जाते हैं, विस्तृत विश्लेषण नहीं करते।" (उप., पृ. १९४)। भक्ति साहित्य की तरह भारतेन्दु युग के अन्तर्विरोध भी दिखाई दिये थे; "वे भारतेन्दु युग के साहित्य में देशभक्ति के साथ राजभक्ति और स्वच्छंद प्रवृत्ति के साथ रीतिकालीन प्रभावों की मौजूदगी स्पष्ट करते हैं।" (उप., पृ. १९३)। जिस धारा में राजभक्ति और रीतिवाद की प्रधानता है, उससे उदीयमान राष्ट्रीय और ज़नवादी साहित्य की टक्कर होती है। मैनेजर पाण्डेय इस टक्कर के चित्रण से संतुष्ट नहीं है, वह चाहते हैं कि उस साहित्य के अन्तर्विरोधों का विशद चित्रण हो जिसमें राजभक्ति और रीतिवाद की प्रवृत्तियां क्षीण रूप में ही विद्यमान हैं। "आचार्य शुक्ल की आलोचना तथा इतिहास दृष्टि

में मौजूद वस्तुवाद और भाववाद के द्वंद्व की ओर उन्होंने कई बार संकेत किया है। वे छायावाद के प्रबल समर्थक माने जाते हैं, लेकिन उन्होंने छायावादी रहस्यवाद की आलोचना की है।" (उप., पृ. १९३-९४)। फिर भी आरोप यह है कि "हिन्दी नवजागरण और उसके साहित्य की प्रगतिशीलता सिद्ध करने की चिन्ता के कारण वर्गीय आधार और विचारधारात्मक अन्तर्विरोध पर विशेष ध्यान नहीं दिया गया है।" (उप., पृ. १८१)। यह बात गुलाबराय ने **भारतेन्दु युग** की समीक्षा करते हुए **साहित्य संदेश** में बहुत पहले दूसरे ढंग से कही थी।

भारतेन्दु हरिश्चन्द्र के पहले संस्करण की भूमिका में उस समीक्षा का उल्लेख इस प्रकार है : "**भारतेन्दु युग** में भारतेन्दु और उनके समकालीन लेखकों के विचारों से चौंककर एक श्रद्धेय आलोचक ने लिखा था कि भारतेन्दु युग को प्रगतिशील सिद्ध करने का प्रयास वैसे ही है, जैसे लिप्टन की चाय को देशी सिद्ध करना।" गुलाबराय का कहना था, भारतेन्दु युग उतना प्रगतिशील नहीं है जितना उसे सिद्ध किया गया है। मैनेजर पाण्डेय ने मानों इस आलोचना की व्याख्या की : वर्गीय आधार और विचारधारात्मक अन्तर्विरोध पर ध्यान नहीं दिया, इसलिए प्रगतिशीलता बढ़ा चढ़ाकर दिखाई गयी है। अब मान लीजिये मैं कहता हूं कि भारतेन्दु युग के काम को आगे बढ़ाने की ज़रूरत है, तो प्रगतिशीलता की बात से चौंक कर हिन्दी लेखक कहता है, तुम्हें मालूम नहीं, हम कितना आगे बढ़े हुए हैं; प्रगतिशीलता की बातें करके हमें पुराने ज़माने की तरफ लौटाना चाहते हो? १९४३ में प्रकाशित **भारतेन्दु युग** में मैंने लिखा था, "हिन्दी में भारतेन्दु युग को फिर से लाने की जरूरत नहीं है। हम ऐसे युग में रह रहे हैं जिसकी समस्याएं उसी ढंग की होने पर भी अधिक पेचीदा हैं। परंतु आज की समस्याएं उसी ढंग की हैं, इसलिए ऐतिहासिक दृष्टि से हमें इस बात को जानना चाहिए कि तब के लोगों ने उन्हें किस तरह सुलझाया था। जनता की भाषा में जनता के लिए साहित्य लिखने की समस्या हमारे सामने आज भी है। उसी समस्या को भारतेन्दु युग के लेखकों ने बड़ी अच्छी तरह हल किया था। हम उनसे बहुत कुछ सीख सकते हैं। प्रगति तभी संभव है जब हम अतीत की गति समझ लें। जहां तक वह बढ़ चुका है, उससे आगे बढ़ने में प्रगति है। भारतेन्दु युग को फिर लौटाने की आवश्यकता इसीलिए नहीं है; हमें उससे आगे बढ़ना है।" (**भारतेन्दु युग और हिन्दी भाषा की विकास परंपरा** पृ. १२५)। मैनेजर पाण्डेय मानते हैं कि वर्तमान संकीर्णता और जड़ता से लड़ने में परंपरा के क्रान्तिकारी पक्षों की समझ से मदद मिलती है किन्तु सावधान करते हैं, "अतीत के सांचे में वर्तमान और भविष्य को ढालने की कोशिश से जड़ता के फैलने का खतरा होता है।" (**साहित्य और इतिहास दृष्टि** पृ. १९५)। स्पष्ट है, वह सीखने और आगे बढ़ने की बात यों समझे हैं कि वर्तमान और भविष्य को अतीत के सांचे में ढाला जायेगा।

मैनेजर पाण्डेय ने संस्कृति की आर्थिक बुनियाद—अधिरचना—और साहित्य के वर्ग आधार पर बहुत जोर दिया है पर उन्होंने कहीं भी हिन्दी के

आदिकाल या मध्यकाल से लेकर स्वतंत्रता प्राप्ति से पहले और बाद के आधुनिक काल तक की बदलती हुई अधिरचना और साहित्यकारों के वर्ग आधार का ठोस विश्लेषण नहीं किया। केवल अधिरचना और वर्ग आधार के उल्लेख से साहित्य के विवेचन में कोई सहायता नहीं मिलती। भक्ति आन्दोलन के बारे में वे मेरी कुछ बातें दोहराते हैं, कुछ छोड़ जाते हैं। व्यापारिक पूँजीवाद के विकास से जो प्रक्रिया घटित हुई, वह यह थी कि जनपदों का अलगाव दूर हुआ और एक जातीय प्रदेश का निर्माण हुआ। यह प्रक्रिया किसी एक बिन्दु पर पहुँचकर रुक नहीं जाती; वह निरन्तर विकासमान प्रक्रिया है। औद्योगिक और इजारेदार पूंजीवाद के दौरान ही नहीं, समाजवादी व्यवस्था में भी जातीय गठन में महत्वपूर्ण परिवर्तन होते हैं। जनपदों के अलगाव का दूर होना वह ऐतिहासिक परिस्थिति है जिसमें भक्ति आन्दोलन का प्रसार होता है। यह बात मैंने १९४९ और १९५३ के लेखों में कही है और बाद की पुस्तकों में उसे मैंने दोहराया भी है। मैनेजर पाण्डेय व्यापारिक पूंजीवाद का उल्लेख करते हैं किन्तु उसके महत्वपूर्ण सामाजिक परिणाम के बारे में चुप रहते हैं। कारण यह है कि उनके लिए व्यापारिक पूंजीवाद की मंज़िल में लघु जातियों का गठन होता है। यदि वह जनपदों के अलगाव के दूर होने की धारणा स्वीकार करें तो लघुजातियों के गठन के बदले महाजाति में उनके विलयन की बात उन्हें मंजूर करनी पड़े। व्यापारिक पूंजीवाद के विकास से जनपदों की स्थिति में जो परिवर्तन हुआ, उसे स्वीकार न करने से भक्ति आन्दोलन में व्यापारी और गैर व्यापारी वर्गों की भूमिका भी नहीं पहचानी जा सकती।

मैनेजर पाण्डेय ने लिखा है, "भक्ति आन्दोलन सामंती समाज में विकसित सौदागरी पूंजीवाद और जातीय निर्माण के फलस्वरूप उत्पन्न सामाजिक संबन्धों की सांस्कृतिक अभिव्यक्ति हैं।" (उप०, पृ० १७५) यह स्थापना नाकाफी है, भ्रामक भी। जातीय निर्माण यहां पहले हैं, सामाजिक संबन्धों की उत्पत्ति बाद को है। वास्तव में सामाजिक संबन्ध बदलते हैं—व्यापारी कारीगर को पेशगी धन देकर उसकी श्रम शक्ति खरीदता है, उत्पादक अपनी बनाई वस्तु का मालिक नहीं रह जाता; वित्त के चलन से मनुष्यों के पुराने प्रत्यक्ष सामाजिक संबंध बदलते हैं, उनकी जगह नये आर्थिक संबन्धों का चलन होता है, इत्यादि—तब लघु जातियों की पृथकता टूटती है और महाजाति का निर्माण होता है। इस प्रक्रिया से जहां व्यापारी वर्ग को लाभ होता है, वहां किसानों और कारीगरों में असंतोष बढ़ता है। इस असंतोष का मूल कारण है किसानों और कारीगरों के शोषण में वृद्धि। वित्त के चलन से यह वृद्धि संभव होती है। व्यापारी वर्ग को भक्ति आन्दोलन से सहानुभूति हो सकती है क्योंकि किसानों और कारीगरों का विरोध मुख्यत: सामन्तों से है। ये उत्पादक वर्ग वित्त की प्रधानता, लेनदेन, ख़रीद फ़रोख़्त के नये संबन्धों से क्षुब्ध होते हैं; व्यापारी उनके क्षोभ से अक्सर बच जाता है क्योंकि सारी प्रक्रिया अभी धर्म के लोप और कलियुग के आगमन

का परिणाम जान पड़ती है। भक्ति साहित्य की **रचना** में व्यापारी वर्ग की भूमिका नगण्य है, इस साहित्य के रचनाकार किसान और कारीगर हैं या जिस सांस्कृतिक आन्दोलन से इनका घनिष्ठ संबन्ध है, उसके संचालक हैं। ज़मींदारों की भक्ति वैसी है जैसी रीतिवादी कवियों में अक्सर देखी जाती है—उनके बुढ़ापे के दौर में। जहां पशुचारण सभ्यता की प्रधानता रही थी, सामन्ती संबन्धों का विकास कम हुआ था, वहां की भक्ति में स्वच्छन्द शृंगार भाव की अभिव्यक्ति अधिक हुई। पुरोहित वर्ग संस्कृत, पालि, प्राकृत या अरबी को धार्मिक कर्मकाण्ड की भाषा बनाये हुए था; वह सामाजिक रूढ़ियों का समर्थक और लोकभाषाओं का विरोधी था। उत्तर भारत में राज्य सत्ता द्वारा फारसी का व्यवहार जातीय संस्कृति के विकास में बाधक था। फारसी का व्यवहार जिस दायरे में ज्ञानप्रसार के लिए हुआ, वह दायरा सीमित था। फारसीदां राजकर्मचारियों का एक मध्यवर्ग भी निर्मित हो चुका था; इनके परिवारों में पुरुषों और स्त्रियों की संस्कृति में काफी भेद था। वेश्याएं इस परिवेश का अभिन्न अंग थीं। इस अनेक वर्गों, अनेक सामाजिक स्तरों वाले परिवेश में भक्ति आन्दोलन का विकास हुआ।

१९५३ वाले निबंध में मैंने लिखा था, "जुलाहे और किसान इस आन्दोलन को शक्ति देने वाले हैं। सौदागर उसके सहायक हैं, हिन्दू और मुसलमान, सूफी और संत दोनों उसमें शामिल हैं। भक्ति आन्दोलन एक जातीय और जनवादी आन्दोलन है।" (**भारत की भाषा समस्या**, पृ० ८७)। दो वर्ष बाद लिखा था, "सैकड़ों वर्षों से कायम भारतीय सामन्तवाद कभी का अपनी ऐतिहासिक भूमिका खत्म कर चुका था। उसे समाप्त करने वाली शक्तियां उसी के गर्भ में पुष्ट हो रही थीं। ये शक्तियां व्यापारियों, जुलाहों, कारीगरों, गरीब क़िसानों की थीं जिनके सांस्कृतिक विकास और सुखी जीवन में सबसे बड़ी बाधा थी—सामन्तवाद।··· सन्तों ने धर्म पर से पुरोहितों का यह इजारा तोड़ा। खासतौर से जुलाहों, कारीगरों, गरीब किसानों और अछूतों को सांस लेने का मौका मिला, यह विश्वास मिला कि पुरोहितों और शास्त्रों के बिना भी उनका काम चल सकता है।" (**परंपरा का मूल्यांकन**, पृ० ४६-४८)। भक्ति साहित्य जातीय ही नहीं है, वह जनवादी भी है। पूंजीवादी विकास के बिना जाति का निर्माण नहीं होता, पूंजीवादी विकास के नेता होते हैं पूंजीपति; इसलिए यह धारणा आसानी से बन जाती है कि जातीय आन्दोलन विशुद्ध पूंजीवादी प्रपंच है। इस धारणा के प्रभाव से इस आन्दोलन में किसानों और कारीगरों की भूमिका उपेक्षित रहती है, जातीय संस्कृति के जनवादी स्वरूप की अनदेखी की जाती है।

जब दो वर्गों में तनाव बढ़े, तब यह बिल्कुल संभव है कि इनके तनाव से लाभ उठाकर तीसरा वर्ग उभरने का प्रयत्न करे। जमींदार की प्रभुसत्ता खत्म नहीं हुई, व्यापारी को प्रभुसत्ता कायम नहीं हुई, ऐसी स्थिति में किसानों और कारीगरों को करवँट लेने का मौका मिल सकता है। एङ्गेल्स ने यूरुप के पुनर्जागरण-काल के लिए लिखा था, "सामन्ती अभिजात वर्ग और शहरी व्यवसाइयों के

संघर्ष की पृष्ठभूमि में इस युग ने दिखाया कि किसान विद्रोह कर रहा है और किसान के पीछे आधुनिक सर्वहारा की शुरूआत है, उसके हाथ में अभी भी लाल झंडा है और ओठों पर साम्यवाद है।" (Dialectics of Nature, मौस्को, १९७६, पृष्ठ १९३)। आधुनिक सर्वहारा की शुरूआत अर्थात् शहरी कारीगर; वह अभी कारखाने में काम नहीं करता, घर पर माल तैयार करता है। किसान और कारीगर दोनों मिलकर सामंतों से लड़ रहे हैं। एङ्गेल्स ने **जर्मनी में किसान युद्ध** पुस्तक में जर्मन किसानों के सामन्त विरोधी संघर्ष का विस्तृत विवेचन किया है। ऐसे संघर्ष इंग्लैन्ड में भी हुए। सत्रहवीं सदी में व्यापारी, किसान, कारीगर मिलकर सामन्तों से लड़े; ब्रिटेन के इस गृह युद्ध में गरीब किसान और कारीगर व्यापारियों से भिन्न अपनी नीति अलग घोषित कर रहे थे। संपत्ति का नये सिरे से बँटवारा हो, यह उनकी नीति का सारतत्व था। ब्रिटेन और जर्मनी दोनों देशों में किसानों-कारीगरों की विचारधारा पर सामूहिक संपत्तिवाले वहां के ग्राम समाजों के जीवन की छाप थी। फिर भी इनका साम्यवाद १९वीं सदी के जर्मन कम्युनिस्टों के लिए महत्वपूर्ण था। १९वीं सदी के मध्य में जर्मन कम्युनिस्टों की विचारधारा से मुएन्त्सर के चिन्तन की तुलना करते हुए एङ्गेल्स ने लिखा था, "फर्वरी क्रान्ति की पूर्व वेला में भी आज के अनेक कम्युनिस्ट गुटों के पास वैसा भरापूरा सैद्धान्तिक अस्त्रागार नहीं था जैसा सोलहवीं सदी में 'मुएन्त्सर' के पास था।" (Engels, The Peasant War in Germany, मौस्को, १९७७, पृ० ५६)।

जर्मन और अंग्रेजी साहित्य की तुलना में हमारी भाषाओं के साहित्य में किसानों और कारीगरों का योगदान अधिक व्यापक है, गुण और परिमाण के विचार से उत्कृष्ट है। यहां के भक्त कवि न केवल पड़ोसी जनपदों को एक ही सांस्कृतिक भूमि पर संगठित कर रहे थे, वे यहां जातीय प्रदेशों को भी एक ही राष्ट्र के अन्तर्गत परस्पर संबद्ध कर रहे थे। भक्ति साहित्य का यह गहरा जनवादी स्वरूप आज भी प्रत्यक्ष है। १९७६ के एक निबंध में मैंने लिखा था, "यदि जातीय निर्माण की प्रक्रिया में केवल व्यापारियों, जमींदारों, शहरों के शिक्षित जनों पर ही ध्यान केन्द्रित न रखा जाय, जाति के बहुसंख्यक भाग किसानों के एकीकरण की ओर भी ध्यान दिया जाय तो यह तथ्य असंदिग्ध प्रतीत होगा कि जातीय निर्माण में तथाकथित पुरानी मराठी, पुरानी बँगला आदि की भूमिका आधुनिक भाषा की अपेक्षा अधिक महत्वपूर्ण है।...आश्चर्य की बात है कि जो साहित्य दूर दूर के जनपदों को एकता के सूत्र में बांधता आया है, लाखों किसानों को आन्दोलित करता रहा है, उसे लोग मध्यकालीन कहते हैं!" (**भारतीय साहित्य,** आगरा, १९/१-२, १९७६, पृ० ३९)। जर्मनी और ब्रिटेन से भिन्न हमारे यहां एक विदेशी भाषा—फ़ारसी—राजभाषा थी। अंग्रेजी और जर्मन भाषाओं में गद्य के विकास की जैसी सुविधा थी, वैसी हमारी यहां नहीं थी। लैटिन का दबाव वहां भी था, फिर भी राजकाज में देशी भाषाओं का व्यवहार होता था। हमारे

यहां गद्य का विकास विषम गति से हुआ। पुनर्जागरण काल में यूरुप के लेखकों ने ज्ञान विज्ञान के प्रसार के लिए अधिकतर जातीय भाषाओं का व्यवहार किया। इस पुनर्जागरण के बारे में एङ्गेल्स ने लिखा था, "मानवजाति के अब तक के अनुभव में यह सबसे बड़ी प्रगतिशील क्रान्ति थी। युग को विराट पुरुषों की जरूरत थी और उसने विराट पुरुष पैदा किये। भाव, विचार और चरित्र की शक्ति में, विश्वजनीनता और विद्वत्ता में, वे विराट थे। जिन लोगों ने पूंजीपति वर्ग के आधुनिक शासन की नींव डाली, वे पूंजीवादी सीमाओं से कतई बँधे हुए न थे। (The men who founded the modern rule of the bourgeoisie had anything but bourgeois limitations.)" (Dialectics of Nature पृ० २१)। आप चाहें तो कह सकते हैं कि पूंजीवादी शासन की नींव डालने वालों को पूंजीवाद की सीमाओं से मुक्त करके एङ्गेल्स ने मार्क्सवाद को त्याग दिया है; चाहें तो अधिरचना और विचारधारा, साहित्य और वर्ग आधार के बारे में अपनी यांत्रिक समझ से मुक्ति पा सकते हैं।

मैनेजर पाण्डेय को शिकायत है कि "रामविलास शर्मा हिंदी नवजागरण का विश्लेषण करते समय छायावाद तक पहुँचकर ठहर जाते हैं। हिन्दी नवजारण से प्रगतिवादी आन्दोलन तथा उसके साहित्य के संबंध के बारे में वे विशेष कुछ नहीं कहते हैं। क्या प्रगतिवाद का हिन्दी नवजागरण से कोई संबन्ध न था?" (उप०, पृ० १९२)। मैनेजर पाण्डेय जानते हैं कि यह बात सही नहीं है। अगले पृष्ठ पर कहते हैं, "प्रगतिशील साहित्य की समस्याओं पर विचार करते समय भी उनका मुख्य ध्यान हिंदी साहित्य की जातीय विशेषताओं की रक्षा पर ही रहा है।" उप०, पृ० १९३)। इसमें बुरा क्या है? क्या ये जातीय विशेषताएं ऐसी हैं कि उन्हें छोड़े बिना नवजागरण का काम पूरा नहीं हो सकता? "स्वतंत्रता के बाद के साहित्य का मूल्यांकन करते समय परंपरा की रक्षा का भाव इतना प्रबल है कि वे एक दो अपवादों को छोड़कर प्रायः वर्तमान साहित्य के प्रति आक्रामक रवैया अपनाते दिखाई देते हैं।" (उप०)। इससे कम से कम इतना तो स्पष्ट है कि मैं छायावाद तक पहुँचकर ठहर नहीं जाता। यदि अधिकांश वर्तमान साहित्य के प्रति मेरा रवैया आक्रामक है तो दो एक अपवाद भी हैं। इन्हें नवजागरण से जोड़ लेना चाहिए। लेकिन वह परंपरा कौन सी है जिसकी रक्षा के प्रबल भाव के कारण मैंने वर्तमान साहित्य की गलत आलोचना की है? हिन्दी नवजागरण और उसके साहित्य की जिन प्रमुख विशेषताओं के लिए मेरा आग्रह है, वे मैनेजर पाण्डेय के अनुसार इस प्रकार हैं: "सामंतवाद विरोधी और साम्राज्यवाद विरोधी चेतना, इतिहास और परंपरा का नया मूल्यांङ्कन, रूढ़िवाद का विरोध, अभिव्यक्ति की स्वतंत्रता के लिए संघर्ष, खड़ी बोली हिन्दी का जातीय भाषा के रूप में विकास, आधुनिक बुद्धिवादी दृष्टिकोण का विकास, वैज्ञानिक चेतना का प्रसार, साहित्य में रीतिवाद का विरोध, वस्तुवादी चिन्तन का विकास, स्वच्छन्दतावादी और यथार्थवादी रचनाप्रवृत्तियों का विकास आदि।" (उप०, पृ० १९१)।

मैनेजर पाण्डेय को बताना चाहिए कि इनमें कौन सी विशेषता ऐसी है जिसकी रक्षा के लिए आग्रह करना अनुचित है, वर्तमानकाल के वे कौन से लेखक हैं जो बुद्धिवादी दृष्टिकोण, वैज्ञानिक चेतना, वस्तुवादी चिन्तन का विकास करते रहे हैं, फिर भी मैंने उनका विरोध किया है। यदि मैंने ऐसे लेखकों की आलोचना की है तो स्वयं प्रगतिशील परंपरा का खंडन किया है, यह परंपरा की रक्षा का आग्रह तो हो नहीं सकता।

असली बात दूसरी है। तुलसीदास से लेकर निराला तक पुराने साहित्यकारों की तुलना में हम अपनी जैसी भव्य छवि देखना चाहते हैं, वह मेरी आलोचना में नहीं है। भारतेन्दु, रामचंद्र शुक्ल, निराला के अन्तर्विरोधों की चर्चा जितनी श्रुतिसुखद है, उतनी मार्क्सवादी लेखकों के अन्तर्विरोधों की नहीं। शुक्ल जी पर मेरी पुस्तक के तीसरे संस्करण (१९७३) की भूमिका में जिन समाजवादी लेखकों की चर्चा है, उससे "लगता है कि हिंदी में बहुमत गलत समाजवादियों का है, सही समाजवादी अल्पमत में हैं।" (उप., पृ. १९५)। भारतीय राजनीति में वामपक्ष की वर्तमान स्थिति पर विचार करें। क्या यह स्थिति संतोषजनक है, ऐतिहासिक आवश्यकताओं के अनुरूप है? क्या राजनीति में सही समाजवादी बहुमत में हैं, गलत समाजवादी अल्पमत में हैं? मैनेजर पाण्डेय ने प्रश्न किया है, "क्या देश की राजनीति और हिंदी की मार्क्सवादी आलोचना में बड़े पैमाने पर फैले संशोधनवाद, संकीर्णतावाद और जड़ता के विरुद्ध संघर्ष नहीं होना चाहिए?" (उप., पृ. १९५)। अवश्य होना चाहिए। आप स्वयं विचार करें, यदि राजनीति और आलोचना में बड़े पैमाने पर संशोधनवाद और संकीर्णतावाद के साथ जड़ता भी फैली हुई है तो नवजागरण में मार्क्सवादी लेखकों का योगदान किस कोटि का रहा होगा। मार्क्सवाद पूर्वसंचित ज्ञान का विकास है। लेनिन ने 'कार्ल मार्क्स' शीर्षक निबंध में लिखा था कि जर्मनी का क्लासिकल दर्शन, इंग्लैन्ड का क्लासिकल अर्थशास्त्र और फ्रान्स के सामान्य क्रान्तिकारी सिद्धान्तों के साथ साथ वहां का समाजवाद, इन तीन धाराओं को मार्क्स की प्रतिभा ने "जारी रखा और पूरा किया (continued and completed)।" मार्क्सवादी विचारधारा ज्ञान की प्रगतिशील परंपरा को जारी रखती है, उसे आगे बढ़ाती है। भारतीय साहित्य की प्रगतिशील परंपरा से मार्क्सवादी लेखकों का संबंध इसी ढंग का होना चाहिए।

घ. बहुजातीय राष्ट्र और हिन्दी जाति

भारत बहुजातीय देश है। यहां किसी जाति की अपनी विशेषताओं के साथ सामान्य राष्ट्रीय विशेषताओं पर ध्यान देना उचित है। किन्तु राष्ट्रीय एकता का अर्थ जातीय विशेषताओं का लोप नहीं होता। अभी तो हिन्दी जाति का अस्तित्व स्वीकार करने वाले भी ढूंढ़ने से मिलते हैं। अपनी जाति के साथ दूसरी जातियों की विशेषताओं का उल्लेख भी जरूरी है, भले ही वह संक्षेप में हो। इस संबंध

में मेरी धारणा यह है, "हिन्दी जाति की संस्कृति भारतीय संस्कृति का ही एक अंग है और उसके संदर्भ में ही उसका विकास और महत्व समझा जा सकता है। जब वेद मंत्र रचे गये, तब उस युग के आस पास सिन्धु घाटी की महान् सभ्यता विकसित हुई थी। संस्कृत के विशाल वाङ्मय के एक छोर पर तक्षशिला में पाणिनि हैं और दूसरे छोर पर केरल में शंकराचार्य हैं। आधुनिक भाषाओं में लगभग चौथी ईस्वी शताब्दी से अब तक तमिल साहित्य की अटूट गौरवशाली परंपरा है। जातीय चेतना का प्रसार महाराष्ट्र में सन्तों के द्वारा हुआ और समर्थ गुरु रामदास ने समस्त मराठी भाषियों से एक झंडे के नीचे संगठित होने को कहा। जन साधारण को अपना आधार बनाकर शिवाजी ने भारतीय युद्ध कौशल में क्रान्तिकारी परिवर्तन किया और उन्होंने संसार में सबसे पहले छापेमार लड़ाई का विकास किया। महाराष्ट्र में उन्होंने मराठीभाषी जाति की जातीय राज्यसत्ता स्थापित की। रामकृष्ण परेमहंस, स्वामी विवेकानंद और रवीन्द्रनाथ ठाकुर के बंगाल ने भारतीय नवजागरण में महत्वपूर्ण भूमिका निबाही। खजुराहो के मंदिरों के साथ एलोरा और अजंता की शिल्प-चित्र-स्थापत्य कलाएं स्मरणीय हैं।" (**परंपरा का मूल्यांकन**, पृ. २८)।

राष्ट्रीय एकता की स्थापना के लिये यह आवश्यक नहीं है कि हम कल्पना करें कि वेदमंत्र कृष्णा और गोदावरी के किनारे भी रचे गये थे अथवा एक पाणिनि केरल में थे और एक शंकराचार्य तक्षशिला में। किसी भी बहुजातीय देश के सामाजिक सांस्कृतिक इतिहास में सभी जातियों का योगदान एक सा नहीं होता यद्यपि वे एक दूसरे को प्रभावित करती रहती हैं। १८५७ के स्वाधीनता संग्राम का केन्द्र हिन्दी प्रदेश था, इससे मैंने यह सिद्ध नहीं किया कि उसका राष्ट्रीय महत्व नहीं था या दूसरे प्रदेशों में उसके प्रति सहानुभूति नहीं थी या वहां साम्राज्य विरोधी संघर्ष न हुए थे। **सन् सत्तावन की राज्य क्रान्ति** (१९५७) में मैंने लिखा था, "सन् सत्तावन की राज्यक्रान्ति में पंजाब, सीमान्त प्रदेश, राजस्थान, महाराष्ट्र, कर्णाटक, हैदराबाद और विशाल हिन्दी भाषी प्रदेश की जनता ने भाग लिया। इन प्रदेशों में क्रान्ति का विकास एक सा नहीं था, न हो सकता था।" (पृ. ३३३)। और—"जातियों के विचार से स्वाधीनता संग्राम में हिन्दुस्तानियों की भूमिका प्रमुख थी।" (पृ. ३४३)। हिन्दी प्रदेश में नवजागरण १८५७ के स्वाधीनता संग्राम से शुरू होता है, यह कहने से उसके व्यापक प्रभाव की अवहेलना नहीं होती।

मैनेजर पाण्डेय को विशेष आपत्ति मेरी इस बात पर हैं कि "हिन्दी नव-जागरण मूलतः बुद्धिवादी और रहस्यवाद विरोधी है। हिन्दी के नए रहस्यवाद का स्रोत बंगाल है। उद्योगीकरण और आधुनिक विज्ञान का विरोध करनेवाली विचारधारा का स्रोत गुजरात है।" पहले रहस्यवाद को लें। बात नये रहस्यवाद की है, पुराने रहस्यवाद की नहीं। पाण्डेय जी बतायें कि हिन्दी प्रदेश में नये रहस्यवाद के संस्थापक कौन से लेखक थे। बहुत पहले शुक्ल जी ने नये रहस्यवाद को अभारतीय कहकर उसका विरोध किया था (**साहित्य और इतिहास दृष्टि**

पृ. १६१) और वह छायावादी रहस्यवाद को बंगाल से आया हुआ कहते थे (पृ. १६२)। अतः "हिन्दी नवजागरण के साहित्य में रहस्यवाद और गांधीवाद के होने का दोष बंगाल और गुजरात के मत्थे मढ़कर हिन्दी नवजागरण को निर्दोष साबित करना उचित नहीं लगता।" (उप.)। गांधीजी के बिना गांधीवाद की कल्पना नहीं की जा सकती और उनका जन्म हिन्दी प्रदेश में नहीं गुजरात में हुआ था। गांधीवाद हिन्दी प्रदेश में गुजरात से आया, इसका यह अर्थ नहीं कि वह अभारतीय था। जिस तरह गांधीजी से गांधीवाद का संबंध है, उसी तरह रवीन्द्रनाथ से नये रहस्यवाद का संबंध है। गांधीवादी नेताओं की अहिंसा अंग्रेजों के लिए थी, मजदूरों और किसानों के खिलाफ उन्होंने हिंसा के व्यवहार में कभी कोताही नहीं की। रवीन्द्रनाथ के रहस्यवाद से अंग्रेजी राज के विरुद्ध संघर्ष की समस्या गौण प्रतीत होने लगती थी, विरोध के बदले पूर्व (भारत) और पश्चिम (ब्रिटेन) के सांस्कृतिक मिलन के द्वार खुल जाते थे। यह मिलन बंगाल के जमींदारों के लिए बहुत सुविधा-जनक था। रवीन्द्रसाहित्य में रहस्यवाद के अलावा और बहुत कुछ है, इसीलिए ऊपर नवजागरण में उनके योगदान का उल्लेख है। गान्धीजी के चिन्तन और कार्यों में विज्ञान और उद्योगीकरण के विरोध के अलावा और बहुत कुछ है। उसका उल्लेख **प्रेमचंद और उनका युग** के 'समस्याएं' शीर्षक अध्याय में है। **महावीर प्रसाद द्विवेदी और हिन्दी नवजागरण** में कई जगह मैंने द्विवेदी जी और गान्धी जी की विचारधारा के साम्य का, द्विवेदी जी द्वारा गांधी जी के समर्थन का उल्लेख किया है। यथा "उन दिनों भारत में दो ही व्यक्ति थे जो अंग्रेजी की जगह···अखिल भारतीय व्यवहार के लिए हिन्दी का समर्थन कर रहे थे और इसके साथ साथ प्रादेशिक स्तर पर अंग्रेजी के विरुद्ध भारतीय भाषाओं के व्यवहार का समर्थन कर रहे थे।" (पृ. १८२)।

मैंने केवल उद्योगीकरण और विज्ञान के विरोध की बात कही थी; पाण्डेय जी ने उसे विस्तार दिया, उसमें गांधी जी के समस्त चिन्तन और कार्यवाही को समेट लिया। मैंने केवल नए रहस्यवाद की बात कही थी, उन्होंने उसे शुक्ल जी के छायावाद विरोध से जोड़ दिया। मान लीजिए, हिन्दी लेखकों ने अपनी वर्गीय विचारधारा के कारण गांधीवाद और अभिनव रहस्यवाद को अपनाया; इससे यह कैसे सिद्ध हुआ कि ये हिन्दी प्रदेश की उपज थे? पिछले तीन दशकों में ढेरों हिन्दी कवियों ने अस्तित्ववाद को अपनाया है; इससे यह कैसे सिद्ध होता है कि यह वाद भारत में बाहर से नहीं आया? द्विवेदी जी ने "सबसे ज्यादा लेख डार्विन और विकासवाद पर छापे।" (**महावीर प्रसाद द्विवेदी** पृ. १२६)। कोई चीज अभारतीय होने से द्विवेदी जी के लिए (या मेरे लिये) त्याज्य नहीं हो जाती, यह कथन उसका प्रमाण है।

मैनेजर पाण्डेय ने लिखा है, "रामविलास शर्मा हिंदी नवजागरण की विचारधारा का विवेचन करते समय कहते हैं कि इसमें जो कमजोरियां हैं वे बाहर से आई हुई हैं।" (**साहित्य** पृ. १६१)। तथा: "रामविलास शर्मा की राय है कि

हिन्दी नवजागरण पूरी तरह क्रान्तिकारी था। स्वतंत्रता के बाद हिन्दीभाषी क्षेत्र की राजनीतिक चेतना का पिछड़ापन और हिन्दी साहित्य में यथार्थवाद विरोधी प्रवृत्तियों का प्रसार साबित करता है कि हिन्दी नवजागरण वैसा क्रान्तिकारी न था जैसा उसे सिद्ध किया जाता है।" (उप०, पृ० १६२)। अतः नेक सलाह है : "इतिहास का अध्ययन और मूल्यांकन करते समय केवल उसकी शक्ति पर ध्यान देना और सीमाओं की उपेक्षा करना उचित नहीं है, क्योंकि मनुष्य अपने इतिहास की शक्ति से ही लाभ नहीं उठाता, वह इतिहास की कमजोरियों से भी बहुत कुछ सीखता है।" (उप., पृ. १६१-६२)। कुछ कमजोरियां तो मुझे भी दिखाई दी हैं। उनसे हम कुछ सीख सकते हैं या नहीं, मैं नहीं कह सकता पर वे बाहर से आयी हुई नहीं हैं। उनकी जड़ें हिन्दी प्रदेश में बड़े गहरे पैठी हुई हैं। १९७२ में मैंने लिखा था, "हिन्दी भाषी प्रदेश सामाजिक रूढ़िवाद का गढ़ है। वहां नये विचारों का प्रकाश फैलाना अत्यन्त दुष्कर है। हर कदम पर क्रान्तिकारी साहित्यकार को विरोध का सामना करना पड़ता है। 'हिन्दी का मौलिक साहित्य सब प्रकार तिरस्कृत होकर, ऐसे पीड़न के भीतर से भी बचता, बढ़ता जा रहा है।' (सुधा, जून' ३५; संपा. टि.—१)। हिन्दी प्रदेश के शिक्षितजन हिन्दी का अनादर करते हैं, हिन्दी साहित्य के पाठकों की संख्या बहुत ही कम है।...औद्योगिक विकास में पीछे, निरक्षरता में आगे, छोटे बड़े प्रान्तों में विभाजित, ताल्लुकेदारों-जमींदारों का गढ़, भारत का अकेला भाषाक्षेत्र जिसमें एक मुस्लिम विश्वविद्यालय, एक हिंदू विश्वविद्यालय, भारत का वह भाषाक्षेत्र जिसमें सबसे ज्यादा बोलियां हैं, जिसमें जातीय चेतना का सबसे ज्यादा अभाव है, जिस पर अंग्रेजी का प्रभुत्व सबसे ज्यादा है—ऐसा है हमारा हिन्दी भाषी प्रदेश। अंग्रेजों के जाने के बाद उसकी इस स्थिति में कोई मौलिक परिवर्तन नहीं हुआ।" (**निराला की साहित्य साधना,** खंड २, १९७२, पृ. ७१-७२)।

नवजागरण का कार्य किसी भी जाति में एक दो दशकों में समाप्त नहीं होता। हिन्दी जाति की विशेष परिस्थितियों में यह कार्य दीर्घकालीन हो, रुक-रुक कर हो, सांस्कृतिक आन्दोलन के नेताओं को भारी कठिनाइयों का सामना करना पड़े, यह स्वाभाविक है। १९५३ में प्रकाशित **भारतेन्दु हरिश्चन्द्र** के पहले अध्याय में मैंने लिखा था, "तीन शताब्दी पहले जैसे काशी के पुरोहित वर्ग ने तुलसीदास को कष्ट दिया था, उसी तरह हिन्दी साहित्य के नये अभ्युदयकाल में उसने भारतेन्दु को 'लोक बहिष्कृत' किया था। जिस तरह तुलसीदास ने 'धूत कहौ अवधूत कहौ रजपूत कहौ जुलहा कहौ कोऊ' लिखकर दुष्ट विरोधियों को मुँह-तोड़ जवाब दिया था, उसी तरह भारतेन्दु ने घोषणा की थी कि वे विरोधी कीड़ों के सिर पर पांव रखकर आगे निकल जायेंगे।" इसी प्रकार महावीर प्रसाद द्विवेदी को अनेक कठिनाइयों का सामना करना पड़ा था। "हिन्दी प्रदेश के सोते हुए लोगों को जगाना पत्थर की शिला को अपने सिर से तोड़ने का सा प्रयत्न था...श्यामसुंदरदास का सरस्वती से अलग होना साधारण घटना नहीं थी। पहले

वह हटे, फिर सभा द्वारा सरस्वती का अनुमोदन हटा। द्विवेदी जी की अस्वस्थता, उनके उन्निद्र रोग का मूल कारण हिन्दी लेखकों द्वारा सरस्वती का बहिष्कार था, यह बात खूब अच्छी तरह समझ लेनी चाहिए। सरस्वती ने अपने लिए जो स्थान बनाया, उसे वह विकट आन्तरिक संघर्ष के बाद ही बना सकी, अनायास उसे वह प्रतिष्ठा प्राप्त न हो गई थी। जिस उत्सर्ग की भावना से द्विवेदी जी प्रेरित थे, उसे समझने में स्वाधीन भारत के लेखकों को कुछ कठिनाई हो सकती है।" (**महावीर प्रसाद द्विवेदी और हिन्दी नवजागरण**, १९७७, पृ. ३७१)।

भारतेन्दु युग में हिन्दी गद्य का अभूतपूर्व विकास हुआ। इस गद्य की भाषा अपवाद रूप में संस्कृत गर्भित है, समकालीन बँगला गद्य की भाषा से वह काफी भिन्न है। भक्ति साहित्य की भाषा लोक मुखी है, अधिकांश रीति साहित्य भी सरल, सहज भाषा में लिखा गया है। भारतेन्दु युग के लेखकों की निगाह शहरी मध्यवर्ग के अलावा गांव के लोगों की ओर भी है। भारतेन्दु हरिश्चन्द्र, बालकृष्ण भट्ट, प्रतापनारायण मिश्र, बालमुकुन्द गुप्त के जीवंत गद्य की परंपरा निराला और शिवपूजन सहाय के गद्य में है। अनेक हिंदी लेखक किसान परिवारों के थे, कुछ ऐसे लेखक थे जो मजदूरों का संगठन कर रहे थे। गणेशशंकर विद्यार्थी, राधामोहन गोकुलजी, सत्यभक्त, रमाशंकर अवस्थी आदि ने समाजवादी विचार-धारा के प्रसार के लिए जो काम किया, वह हिन्दी जाति के नवजागरण का अंग है। राहुल सांकृत्यायन और यशपाल ने मार्क्सवाद पर जो कुछ लिखा, वह लोकप्रिय हुआ। उसमें कई तरह की गलतियां हैं पर वह नवजागरण के अन्तर्गत है। रामचन्द्र शुक्ल ने **विश्व प्रपंच** की भूमिका लिख कर दिखाया कि प्राचीन दर्शन और आधुनिक विज्ञान का अध्ययन और विवेचन नवजागरण के लिए क्यों ज़रूरी है और उसे कैसे संपन्न किया जा सकता है। पिछले तीस साल के हिंदी गद्य पर मध्य वर्गीयता की जैसी गहरी छाप है वैसी पहले कभी न थी। लेखक के सामने मध्यवर्ग (अक्सर केवल मध्यवर्गीय लेखक समुदाय) रहता है; किसानों और मजदूरों से अलग अपनी भाषा सँवारने में उसे गर्व होता है। निस्सन्देह इसके अनेक बहुत महत्त्वपूर्ण अपवाद हैं।

मार्क्सवादी लेखकों से अपेक्षा है कि वे साहित्य के दायरे से बाहर भी देखें, ज्ञान विज्ञान के प्रसार में सहायता करें, अपने गद्य के जातीय स्वरूप को निखारें, इस तरह नवजागरण के काम को आगे बढ़ायें। कम्युनिस्ट पार्टियों के अखबारों में छपे हुए लेख आमतौर से अंग्रेजी से अनुवादित होते हैं। हिन्दी के पूँजीवादी अखबारों का भी यही हाल है। हिन्दी को अनुवाद की भाषा की स्थिति से मुक्त करना कठिन काम है। पर इसके बिना नवजागरण का काम भी अधूरा रहेगा। भारत में मध्यवर्ग की स्थिति निरंतर बदलती रही है। खास बात यह कि सन् ४७ से पहले यह वर्ग साम्राज्यवादी विचारधारा के प्रभाव में जितना था, उससे कहीं ज्यादा आज है। बड़े पूँजीपतियों के अखबार अंग्रेजी में निकलते हैं; उनकी विचारधारा की अपनी पूँजी बहुत कम है; विचारधारा ही नहीं, विभिन्न

समस्याओं पर अपने विचार भी वे बाहर से प्राप्त करते हैं। भारत में पूँजीवादी विचारधारा से मुक्त होने का मतलब है सबसे पहले ऐंग्लो अमरीकी पूंजीवाद की विचारधारा से मुक्ति। ब्रिटेन, अमरीका, पश्चिमी यूरुप की संस्कृति में बहुत से उपयोगी और प्रगतिशील तत्व हैं, किन्तु वे विश्वविद्यालयों के अध्यापकों और हमारे लेखकों तक कम पहुँचते हैं। मार्क्सवाद के नाम पर ब्रिटेन और अमरीका में इतिहास, राजनीति, अर्थशास्त्र आदि के क्षेत्रों में त्रोत्स्कीवादी साहित्य का उत्पादन ज़ोरों पर है। ऐसी स्थिति में मार्क्स, एङ्गेल्स, लेनिन, स्तालिन की रचनाओं का अध्ययन व्यापक रूप से आवश्यक है। कुछ समस्याएं ऐसी हैं जिन पर मार्क्सवादियों ने कम लिखा है या लिखा ही नहीं है। गणव्यवस्था टूटने पर लघु जातियों का निर्माण, समाजवादी क्रान्ति से पहले बहुजातीय राष्ट्रों का निर्माण ऐसी ही समस्याएं हैं। इसलिए मार्क्सवाद की विश्लेषण पद्धति समझ कर स्वयं सामग्री संग्रह करते हुए भारत से संबद्ध सामाजिक सांस्कृतिक समस्याओं का समाधान ढूँढ़ना चाहिए। साम्राज्यवादी देशों के समाज की वर्ग संरचना पराधीन देशों के समाज की वर्ग संरचना से भिन्न है। वहां की वर्ग संरचना को यहां के समाज पर आरोपित न करना चाहिए। स्वाधीनता प्राप्ति से साम्राज्य विरोधी, सामंत विरोधी क्रान्ति के कार्य केवल अंशतः पूरे हुए हैं, कुछ नये कार्य पैदा हो गये हैं जैसे कि पंजाबी जाति की एकता का सवाल। साम्राज्यवाद से भारत के अंतर्विरोध में परिवर्तन हुआ है, वह विरोध समाप्त नहीं हो गया। यहां प्रश्न सर्वहारा संस्कृति के विकास का नहीं है; साम्राज्यवाद, उससे समझौता करने वाले देशी पूँजीवाद तथा सामंती अवशेषों ने जातीय एवं राष्ट्रीय संस्कृति के विकास में बाधा डाली है। इस बाधा को हटाकर इस संस्कृति को विकसित करने का प्रश्न है। देश की वस्तुगत स्थिति के अनुरूप लेखक अपने कार्य पूरे करने की ओर जितना ही आगे बढ़ेंगे, जातीय साहित्य की जनवादी परंपरा का महत्व उनके सामने उतना ही उजागर होगा।

जर्मन फौजों से घिरे हुए मौस्को में अक्तूबर क्रान्ति के २४वें वार्षिक समारोह के अवसर पर जर्मन आतताइयों को लक्ष्य करके स्तालिन ने कहा था, "सम्मान और सच्चाई की भावना से खारिज, नैतिकता में पशुओं के समान, ये लोग हैं जो यह कहने की जुर्रत करते हैं कि वे महान् रूसी जाति का—प्लेखानोव और लेनिन, बेलिन्स्की और चर्निशेव्स्की, पुश्किन और तोल्स्तोय, ग्लिङ्का और चाइकोव्स्की, गोर्की और चेखोव, सेचेनेव और पावलोव, रेपिन और सुरिकोव, सुवोरोवऔर कुतुज़ोव की जाति का—नामोनिशान मिटा देंगे।" बहुजातीय सोवियत देश में स्तालिन ने विशेष उल्लेख के लिए रूसी जाति को चुना। पूँजीवादी और सर्वहारा संस्कृति का भेद न करके उन्होंने रूसी जाति की एक ही अटूट सांस्कृतिक परंपरा पर ज़ोर दिया। इस परंपरा के महापुरुषों के नाम गिनाते हुए वह गोर्की तक आकर रुक गये; समकालीन सोवियत रूस के एक भी व्यक्ति का नाम उन्होंने नहीं लिया। उनका यह कार्य सोवियत देश की वस्तुगत परिस्थितियों तथा मार्क्सवाद-लेनिनवाद के अनुरूप था।

२. जीवन-परिचय

इतिहास-विख्यात अमीचन्द के घराने में देशभक्त साहित्यकार भारतेन्दु हरिश्चन्द्र का जन्म हुआ था।

अंग्रेज़ी व्यापार की बढ़ती के साथ सेठ अमीचन्द भी कलकत्ता आ बसे थे। "अंग्रेज़ों ने अपरिचित देश में आंतरिक व्यापार बढ़ाने के लिए इन्हीं अमीचन्द पर पहले-पहल विश्वास किया था और इन्हीं के सहयोग से गाँव-गाँव में दादनी (अगाऊ) बाँटकर कपास और कपड़े क्रय करते थे।"[1]

इससे मालूम होता है कि अमीचन्द उस व्यापारी-वर्ग से थे जिसकी आमदनी अंग्रेज़ों की लूट-खसोट से जुड़ी हुई थी। इनके तीन बेटों को राजा और एक को रायबहादुर की उपाधि मिली थी। विश्वासघात में साथ देने वाले अमीचन्द को ब्रिटिश सभ्यता के प्रतिनिधि क्लाइव ने धोखा देकर लूट का माल पाने से वंचित रखा। अमीचन्द पागल हो गए और इसी हालत में उनके प्राण निकले। उनके साथ मुसलमानों में ग़द्दारों के सिरताज मीर जाफ़र ने संयुक्त मोर्चा बनाया था। कहा जाता है कि वह कोढ़ी होकर मरा और भारत में अंग्रेज़ी सभ्यता का चिराग़ जलाने वाला क्लाइव आत्महत्या करके मरा।

सेठ अमीचन्द के जीवन से इस बात का पक्का सबूत मिलता है कि देशभक्ति या देशद्रोह हिन्दुओं या मुसलमानों के हिस्से ही न पड़ा था; इस या उस राह पर चलने वाले दोनों धर्मों के मानने वालों में मौजूद थे।

अमीचन्द के बेटे फतेहचन्द काशी में आकर बसे। जब बनारस के राजा चेतसिंह को हटाकर उनका राज्य अंग्रेज़ों के अधिकार में आ गया तब "बाबू फतेहचन्द ने इसके प्रबन्ध में अंग्रेज़ अफ़सरों की बहुत सहायता की थी।"[2]

फतेहचन्द के लिए गवर्नर जनरल की तरफ़ से यह प्रशस्ति लिखी जाती थी—"बा० फतेहचन्द साहू—बाबू साहेब मेहरबान दोस्तान-सलामत—खातमा-कागज़

१. श्रीयुत ब्रजरत्नदास 'भारतेन्दु हरिश्चन्द्र', १९३५, पृ० ५।
२. उप०, पृ० १९।

अफशाँ (चमकता हुआ)---मुहर खुर्द (मुहर छोटी) !"[१]

फतेहचन्द काशी के बहुत बड़े महाजन थे। काशी के राजा की अशर्फियाँ इनके यहाँ सुरक्षित रखी जाती थीं। इनके यहाँ लेन-देन भी होता था।

फतेहचन्द के बेटे हर्षचन्द हुए। इन पर भी अंग्रेज़ों को कम भरोसा नहीं था। "काशी में भारत सरकार ने इनकम-टैक्स के सवा लाख रुपये वसूल करने को समिति बनाई थी, इसका प्रबन्ध इन्हीं के हाथ में था।"[२] लेकिन अंग्रेज़ी राज में इस वर्ग के अमीरों को भी कष्ट था। सन् १८३४ में कम्पनी की तरफ़ से काशी में व्यापार की हालत के बारे में जो पूछताछ हुई थी, उसके जवाब में इन्होंने "अब चारों ओर दरिद्रता फैल गई है···विलायत से असबाब आने और सस्ता बिकने के कारण यहाँ के कारीगरों का सब काम बन्द और तबाह हो गया"[३] आदि बातें लिखी थीं। इससे ज़ाहिर होता है कि सन् '५७ से पहले भी—कम्पनी राज में ही—अंग्रेज़ों के हितैषी देशी व्यापारी और महाजन भी यह देख रहे थे कि अंग्रेज़ी राज में देश के उद्योग-धन्धे तबाह हो रहे हैं और चारों तरफ़ दरिद्रता फैल रही है। हर्षचन्द ने कम्पनी के सवालों का जवाब १८३४ में दिया था। लगभग ४६ साल बाद उनके नाती ने लिखा था :

"अँगरेज राज सुख साज सजे सब भारी।
पै धन बिदेस चलि जात इहै अति ख्वारी।।"

हर्षचन्द के बेटे गोपालचन्द सन् '५७ के स्वाधीनता-संग्राम के समय अंग्रेज़ों की पाली में रहे। "यह गवर्नमेंट के विश्वासपात्र थे, इसी से बड़े बलवे के समय बनारस रेज़ीडेंसी का क़ीमती सामान इन्हीं के यहाँ रखा गया था।"[४] मानना होगा कि बाबू गोपालचन्द्र ने सेठ अमीचन्द की परम्परा निबाही थी।

जैसे कीचड़ में कमल खिलता है, वैसे ही इस अंग्रेज़-भक्त महाजन परिवार में भारतेन्दु का जन्म हुआ। ९ सितम्बर १८५० को १९वीं शताब्दी के मध्याह्न-काल में श्री पार्वती देवी की कोख से हरिश्चन्द्र ने जन्म लिया, जिन्होंने आगे चलकर प्रतिज्ञा की—"इस धन ने मेरे पूर्वजों को खाया है, अब मैं इसे खाऊँगा।"

हरिश्चन्द्र पाँच वर्ष की अवस्था में मातृहीन और दस वर्ष की अवस्था में पितृहीन हो गए। निराला की तरह एक प्रतिभाशाली बालक को संसार में अपना रास्ता खुद ही बनाना पड़ा। प्रेमचन्द की तरह हरिश्चन्द्र ने विमाता के व्यवहार का भी सुख देखा।

हरिश्चन्द्र जब तक बालिग़ न हुए, तब तक संपत्ति की देख-रेख विमाता आदि के हाथ में थी। बालिग़ होने के लगभग साल-भर बाद जायदाद का बँटवारा

१. श्रीयुत ब्रजरत्नदास, 'भारतेन्दु हरिश्चन्द्र', पृ० १९,
२. उप०, पृ० २७।
३. उप०, पृ० २८-२९।
४. उप०, पृ० ३४।

हो गया। उनके भाई बाबू गोकुलचन्द्र निश्चय ही धन खाकर पूर्वजों का बदला न चुकाना चाहते थे। हरिश्चन्द्र को अपने हिस्से में कई गाँव, मकान, दूकानें, ज़मीन और खेत मिले। वह चाहते तो आराम से ज़मींदारी और सूदख़ोरी करके जीवन बिता सकते थे।

बालिग़ होने तक और कुछ बाद के दिन अमीरों की तरह बीते। लेकिन बहुत जल्दी संसार के अनेक महान् साहित्यकारों की तरह उन्होंने भी कर्ज़ का भार ढोने का स्वाद चखा।

'कुछ आपबीती कुछ जगबीती' में भारतेन्दु ने अपनी जवानी के वातावरण का बहुत सजीव चित्र खींचा है। मुफ्तखोरे सिफारिशी मुसाहिबों के बारे में लिखा है—"कोई कहता था आपसे सुन्दर संसार में नहीं, कोई कसम खाता था, आपसा पंडित मैंने नहीं देखा, कोई पैग़ाम देता था, चमेली जान आप पर मरती हैं, आपके देखे बिना तड़प रही हैं, कोई बोला, हाय! आपकी फलानी कविता पढ़कर रात-भर रोते रहे···।"

एक दिलचस्प बात है कि हरिश्चन्द्र के इन खुशामदी मुसाहिबों में हिन्दू-मुसलमान दोनों थे। उन्हीं में से एक के बारे में लिखा है, "एक मीर साहब चिड़िया वाले ने चोंच खोली, बेपर की उड़ाई, बोले कि आपके कबूतर किस से कम हैं···।"

इन मुसाहिबों में एक "इस बात पर चूर है कि मालिक का हमसे बढ़कर कोई भेदी नहीं, जो रुपया कर्ज आता है हमारी मार्फत आता है।"

'सत्य हरिश्चन्द्र' में राजा हरिश्चन्द्र को कर्ज़दार बनाकर भारतेन्दु ने अपनी ही व्यथा का चित्रण किया है। यही नहीं, कर्ज़ चुकाने में राजा हरिश्चन्द्र की प्रतिज्ञा में भी उन्होंने अपनी दृढ़ता का परिचय दिया है। भारतेन्दु जब इस संसार से विदा हुए, तब सब महाजनों को उचित और अनुचित ऋण चुकाकर विदा हुए थे।

भारतेन्दु की जन्म-शती के अवसर पर 'नवजीवन' (लखनऊ) में एक मित्र ने लिखा था, "उन्होंने अपना लाखों रुपया रंडी-भड़ुओं और मुसाहिबों के फेर में फेंक दिया। यहाँ तक कि कर्ज़ ले-लेकर भी यह अपनी वासनाओं का पोषण करते रहे। अपने को मिटाने की भावना ने ही इन्हें साहित्य और समाज के क्षेत्रों में क्रांति की भावना दी, ऐसा मुझे लगता है।"

भारतेन्दु जिस वर्ग में पैदा हुए थे, जिस वातावरण में पले थे, उसे वह एक आलोचना की निगाह से देख सकते थे। अपनी जवानी और उस समय के मुसाहिबों का उन्होंने जो व्यंग्यपूर्ण चित्र 'कुछ आपबीती और कुछ जगबीती' में खींचा है, वह इस बात का प्रमाण है। भोग-विलास में अपने को मिटा देने की भावना से न तो साहित्य और समाज में क्रांति हो सकती है, न बालमुकुन्दगुप्त, बालकृष्ण भट्ट, राधाचरण गोस्वामी, प्रतापनारायण मिश्र जैसे साहित्य-महारथियों का हृदय जीता जा सकता है। भारतेन्दु के चरित्र की सीमाएँ अवश्य थीं, लेकिन यह

निःसंकोच कहा जा सकता है कि वह एक अत्यन्त दृढ़ चरित्र वाले व्यक्ति थे।

उनके चरित्र की दृढ़ता इस बात से ज़ाहिर होती है कि वे अपनी कमज़ोरियाँ छिपाकर लोगों का आदर न पाना चाहते थे। उन्होंने सारी बातें खुद ही जनता के सामने प्रकट कर दी थीं।

बचपन में उनका ब्याह हुआ था और वह अपनी स्त्री से प्यार न करते थे। यह बात भी वह छिपाते न थे।

माधवी और मल्लिका से उन्हें आजीवन स्नेह रहा और इसे छिपाना तो दूर, उन्होंने उनके बनाये पदों को अपने संग्रहों में जगह दी।

मुख्य बात यह कि गरीबों और मुफलिसों के लिए उन्होंने अत्यन्त उदार हृदय पाया था। निराला की तरह किसी को दुखी और परेशान देखकर उसे तन के वस्त्र उतारकर दे देना भारतेन्दु ही का काम था। धनहीन होने पर उन्हें सबसे ज़्यादा अफसोस इसी बात का था कि वह निर्धनों की सहायता न कर सकते थे। 'सती प्रताप' में राजा द्युमत्सेन के मुँह से उन्होंने अपनी ही बात कही है, "मुझको अपनी निर्धनता केवल उस समय अति गढ़ाती है जब किसी सत्पुरुष कुलीन को द्रव्य के अभाव में दुःखी देखता हूँ। उस समय मुझको निःसंदेह यह हाय होती है कि आज द्रव्य होता तो मैं उसकी सहायता करता।"

भारतेन्दु के दान की बहुत-सी कहानियाँ प्रसिद्ध हैं। जाड़े की रात में बाहर घूमते हुए उन्हें एक दरिद्र सोता हुआ मिला। उसे सर्दी से ठिठुरता देखकर उन्होंने उसे अपना दुशाला ओढ़ा दिया। एक बार नीचे फकीर को ओढ़ना माँगते देखकर ऊपर से ही उसे दुशाला भेंट किया। किसी गरीब को फूलों का गजरा उतारकर उसमें पाँच का नोट छिपाकर दे दिया, किसी को बेटी ब्याहने के लिए पेटी में दो सौ रुपये और साड़ियाँ भेंट कीं। गदाधर प्रसादसिंह को व्यापार के लिए उन्होंने एक हज़ार रुपये की सहायता दी। किसी मित्र के बच्चे को अपने पान के डिब्बे से झाँझ का काम लेते देखकर उन्होंने वह दस तोले सोने का डिब्बा ही उसे दे दिया। और कुछ न रहने पर एक निर्धन को लड़कियाँ ब्याहने के लिए उन्होंने हाथ की अँगूठी उतारकर दे दी और अपनी असमर्थता प्रकट करते हुए कहा, "मेरे यहाँ आप ही धन का अभाव है। यह अँगूठी आप ही के भाग्य से बच रही थी, इसे लीजिये।"

यह भी जानी-बूझी बात है कि पुस्तकें और पत्रिकाएँ छापने के लिए उन्होंने अपनी बहुत-सी व्यक्तिगत पूँजी लगा दी। प्रेमचन्द्र की तरह उन्हें साहित्यसेवा से कर्ज़ और गरीबी ही मिली, दूसरों ने उनका साहित्य बेचकर जो भी कमाया हो। पुस्तकों के लिए पुरस्कार देने, दूसरों को पुस्तकें देने, साहित्यकारों की आर्थिक सहायता करने में उनका कितना धन व्यय हुआ, इसका कोई हिसाब नहीं है।

भारतेन्दु के व्यक्तिगत दान से भी बढ़कर उनका सार्वजनिक कामों में भाग लेना महत्त्वपूर्ण है। सन् १८७२ में खान देश के बाढ़-पीड़ितों के लिए उन्होंने अपनी सहायता के अलावा काशी में घूम-घूमकर उनके लिए चन्दा इकट्ठा किया।

२ अक्तूबर १८७२ की 'कविवचन-सुधा' में एक विज्ञापन छपा है जो हिन्दी साहित्य के इतिहास में एक स्मरणीय घटना है। इस विज्ञापन में भारतेन्दु हरिश्चन्द्र ने एक सार्वजनिक कार्यकर्त्ता की हैसियत से लोगों से बाढ़-पीड़ितों की सहायता करने की अपील की है। वह विज्ञापन इस प्रकार है :—

इश्तिहार
'दैव कोप'

"हम अपने दयालु ग्राहकों की दृष्टि इधर दिखलाया चाहते हैं वरंच विनय करते हैं कि वे लोग इस भारतवर्ष की परम विपत्ति के यथाशक्ति सहायक हों।

दक्षिण में खानदेश नामक प्रान्त और कई गाँव में ऐसी वर्षा हुई कि गाँव का गाँव वरंच देश का देश बह गया है और वहाँ के लोग अन्न, वस्त्र और सब वस्तुओं से हीन होकर परम दीन हो गये हैं और उनकी दशा स्मरण करते नेत्रों में जल भर आता है, कई सहस्र मनुष्य एक संग नाश हो गये, घर गिर पड़े, अन्न वस्त्र धन सब बह गया, केवल ईश्वर ने कृपा करके जिनके प्राण बचाये हैं वे निरवलंब अनाथों की भांति रोते फिरते हैं। इससे हम आशा करते हैं कि आप लोग इस पत्र के पढ़ते ही उन लोगों की यथाशक्ति सहायता करें, द्रव्य चाहे क० व० सुधा सम्पादक के पास भेज दीजिये वा बंबई में इन्दुप्रकाश के संपादक के पास भेज दीजिये वा अपने किसी दक्षिणी मित्र द्वारा भेज दीजिये। उन लोगों की सहायता के चन्दे में पहुँच जायगा।"

साहित्य, पत्रकार-कला और देशसेवा—ये भारतेन्दु के लिए तीन अलग-अलग चीज़ें नहीं थीं। इनका आपस में घनिष्ठ सम्बन्ध था। भारतेन्दु शुद्ध कला के उपासक न थे; वह सोद्देश्य साहित्य के हामी थे। इसीलिए उनका व्यक्तित्व भी शुद्ध साहित्यकार का न होकर एक समाजसेवी कार्यकर्त्ता का था।

खानदेश के बाढ़-पीड़ितों की सहायता करके भारतेन्दु ने सिद्ध किया कि वह संकीर्ण प्रान्तीयता के भावों से परे हैं और देश की विभिन्न जातियों में परस्पर मित्रता और भाईचारे के समर्थक हैं।

यही नहीं, भारत से दूर फ्रांस के दुखियों की सहायता के लिए भी उन्होंने धन भेजा था जो उनकी अन्तर्राष्ट्रीय भाईचारे की भावना का प्रमाण है। श्री ब्रजरत्नदास ने उस समय की एक पत्रिका से यह सूचना उद्धृत की है, "बा० हरिश्चन्द्र के प्रयत्न से फ्रांस की दुखियाओं के हेतु एक चन्दा हुआ है, निश्चय है कि हमारे ग्राहक लोग भी यथाशक्ति इच्छानुसार इस चन्दे में सहायता करेंगे। यह चंदा प्रोफ़ेसर गारसाँ द तासी द्वारा फ्रांस भेजा जायेगा।"[1]

हिन्दुस्तान पर फ्रांसिसियों का राज्य होता तो कहा जा सकता था कि भारतेन्दु ने यह चन्दा शासकों को खुश करने के लिए इकट्ठा किया था। उसके अभाव में

१. 'भारतेन्दु हरिश्चन्द्र', पृ० १५१-५२।

मानना होगा कि चन्दा इकट्ठा करने का कारण मानव-मात्र के लिए भारतेन्दु की सहानुभूति थी जो देश, वर्ण और जाति का भेद न करती थी।

संपत्ति-रक्षा के विचार से हरिश्चन्द्र का सबसे बड़ा दुर्गुण उनकी सहृदयता थी। सूदखोरी और ज़मींदारी चलाने के लिए जिस तरह का हृदय चाहिये, वह उन्हें मिला न था। यही मुख्य कारण था कि वह न तो सम्पत्ति की रक्षा कर सके, न उसे बढ़ा सके। उन्होंने ठीक ही कहा था कि धन ने उनके पूर्वजों को खाया है। धन ने उनके पूर्वजों की सहृदयता, राष्ट्रीय आत्मसम्मान और मानव-सुलभ-सहृदयता को ही खा डाला था।

भारतेन्दु के मिलने वालों और साथियों में बहुत-से बड़े-बड़े आदमी थे। उनके मित्रों में राजाओं, महाजनों और ज़मींदारों की कमी न थी। स्वयं काशिराज उन पर बड़ी कृपा करते थे। कर्ज़ और खर्चीलेपन की शिकायतें सुनकर उन्होंने प्रस्ताव किया कि वह उन्हीं के पास रहा करें और हाथखर्च के लिए बीस रुपए रोज़ ले लिया करें। भारतेन्दु काशिराज के यहाँ तो न गए पर अपने एक महाराष्ट्री मित्र के यहाँ लिखने-पढ़ने का सामान लेकर चले गये और कुछ दिन तक वहीं दुर्गाघाट पर रहते रहे।[1] ऐसे थे अभिमानी हरिश्चन्द्र जिन्हें किसी के आसरे रहना मंज़ूर न था।

भारतेन्दु कुछ दिन तक ऑनरेरी मजिस्ट्रेट रहे और बाद में म्युनिसिपल कमिश्नर भी बना दिये गए। उनकी 'हरिश्चन्द्र-चन्द्रिका' और 'बाल-बोधिनी' पत्रिकाओं की सौ-सौ प्रतियाँ सरकार लेती थी लेकिन भारतेन्दु की रचनाओं में राजद्रोह की गन्ध आने से वह प्रतियाँ लेना बंद कर दिया गया।

१८८२ में जो शिक्षा कमीशन बैठा था, उसके एक सदस्य भारतेन्दु भी थे। इसमें उन्होंने आगरा के एक साहब बहादुर के बारे में जो राय ज़ाहिर की, उसे निकाल देने की सिफारिश दूसरे साहब बहादुर ने की। भारतेन्दु की राय सच निकली और उन्होंने उसे वापस न लिया। इल्बर्ट बिल के सिलसिले में भारतेन्दु के मित्र पिनकौट ने जब उनके ख़त के आधार पर गलत प्रचार किया, तब भारतेन्दु ने मित्रता की परवाह न करके अपना स्पष्ट मत प्रकाशित किया।

भारतेन्दु ने उत्तर भारत की अच्छी तरह यात्रा की थी। उन्होंने शहर ही नहीं देखे, गाँव में साधारण जनता को भी देखा। निःसन्देह बंगाल की यात्रा का गहरा असर उन पर पड़ा होगा और वहाँ के नवजागरण और साहित्यिक प्रगति से उन्हें कम प्रेरणा न मिली होगी।

भारतेन्दु ने अपनी पहली यात्रा पन्द्रह साल की अवस्था में आरम्भ की। जगन्नाथपुरी की यह यात्रा उन्होंने परिवार के लोगों के आग्रह से की थी। श्री ब्रजरत्नदास ने लिखा है कि पुरी में भोग लगाने के समय भैरव की मूर्त्ति का बैठावा देखकर उन्होंने उसका विरोध किया और मूर्त्ति हटवा दी। उनके

१. भारतेन्दु हरिश्चन्द्र, पृ० १२१।

इस कार्य के विरोध में किसी ने 'तहकीकात पुरी' लिखी और उसके विरोध में उन्होंने 'तहकीकात पुरी की तहकीकात लिखी। इस घटना से पता चलता है कि लड़कपन से ही उन्हें धार्मिक अन्धविश्वासों की खुली आलोचना का चस्का लग चुका था।

अगले साल उन्होंने बुलन्दशहर की यात्रा की। इस तरह सोलह साल की उम्र में ही उन्होंने हिन्दीभाषी प्रदेश या हिन्द प्रदेश के पूर्वी और पश्चिमी भागों को देख लिया था।

बीस साल की अवस्था में उन्होंने कानपुर, लखनऊ, सहारनपुर, मसूरी, लाहौर, अमृतसर, दिल्ली, आगरा आदि स्थानों की यात्रा की जिसमें तैंतीस दिन लगे। छः साल बाद वह अजमेर गये और इसके दो साल बाद अयोध्या आये। अयोध्या से उन्होंने बस्ती और गोरखपुर का भ्रमण किया, जहाँ हिंद प्रदेश के बहुत ही पिछड़े हुए भाग उन्हें देखने को मिले। अगले साल उन्होंने वैद्यनाथ की यात्रा की और तीस साल की उम्र में उदयपुर गये। सन् १८८४ में उन्हें व्याख्यान देने बलिया बुलाया गया। इसके सिवा उन्होंने कलकत्ता की यात्रा भी की थी।

भारतेन्दु की यात्रा सिर्फ़ शौकीनों की यात्रा न थी। यह उनकी शिक्षा का आवश्यक अंग था। यात्रा में उन्हें काफी कष्ट उठाने पड़ते थे। उनके यात्रा-सम्बन्धी निबन्धों में कहीं हम उन्हें पानी न मिलने की शिकायत करते देखते हैं, कहीं 'पैदल धूप में गर्म रेती पर सरजू के किनारे'[1] चलते देखते हैं। कहीं गुड़ जैसी बर्फ़ी, भूर के लड्डू और काठ के टुकड़े जैसी बालूशाही की तारीफ करते पाते हैं। कहीं मेले में, कहीं रामलीला में, कहीं अलाव के पास हम उन्हें अपने देशवासियों के चरित्र का अध्ययन करते देखते हैं। बस्ती की यात्रा के सिलसिले में उन्होंने लिखा है, "चूल्हे जल रहे हैं, सैकड़ों अहरे लगे हुए हैं, कोई गाता है, कोई बजाता है, कोई गप हाँकता है। रामलीला में अवध प्रान्त के लोगों का स्वभाव, रेल, अयोध्या और इधर राह में मिलने से खूब मालूम हुआ।"[2]

इन थोड़े-से वाक्यों से मालूम हो जाता है कि भारतेन्दु की यात्रा कितनी सोद्देश्य होती थी। वन, प्रकृति, पुरातत्व---इन सबसे बढ़कर उनके अध्ययन का विषय था--मनुष्य। हर जगह वह लोगों की अशिक्षा और कुसंस्कार देखकर कुढ़ते थे और देशोन्नति के लिए नये-नये उपाय सोचते थे। हाँ, उनकी यात्रा में भटियारखाने और भटियारिनें भी छूटने न पाई थीं। उस समय के नब्बे फीसदी यात्रियों की तरह भारतेन्दु ने भी "सराय के खाट के खटमल और भटियारियों का लड़ना" क्या है, अपने अनुभव से जाना था।

भारतेन्दु की प्रकृति मस्त सैलानियों-जैसी थी। थोड़ी सुविधा होने पर भी वह यात्रा को सरस बना सकते थे। हरिद्वार में अपने-जैसे एक मित्र का हवाला

१. भारतेन्दु के निबन्ध, सं० डा० केसरीनारायण शुक्ल, बनारस, सं० २००८ पृ० ५३।
२. उप०, पृ० ५४।

देते हुए लिखते हैं, "वैसे ही मेरे संग कन्नू जी मित्र भी परमानन्दी थे, निदान इस उत्तम क्षेत्र में जितना समय बीता बड़े आनन्द से बीता। एक दिन मैंने श्री गंगाजी के तट पर रसोई करके पत्थर ही पर जल के अत्यन्त निकट परोसकर भोजन किया, जल के छलके पास ही ठंढे-ठंढे आते थे, उस समय पत्थर पर का भोजन का सुख सोने के थाल के भोजन से कहीं बढ़ के था।"[1]

भारतेन्दु के दुखी पारिवारिक जीवन में ये सुख के क्षण बहुत ही मूल्यवान् थे। यात्रा करने से उन्होंने अंग्रेज़ी राज्य की न्यामतें अपनी आँखों देखीं। जनता की निरक्षरता और गरीबी दूर करने के लिए उनका विचार और भी दृढ़ हुआ। उन्होंने यही न देखा कि हिन्दुस्तानी अंग्रेज़ों के मुकाबले में आर्थिक और वैज्ञानिक प्रगति में पिछड़े हुए हैं बल्कि यह भी देखा कि भारत की ही दूसरी जातियों के मुकाबले में हिन्द प्रदेश के लोग पिछड़े हुए हैं। उन्होंने विशेष रूप से बंगाल की तुलना में हिन्दी जनता को कला और साहित्य में पिछड़ा हुआ पाया। निःसंदेह यात्राओं से उनमें जातीयता का भाव पैदा हुआ। देश-भक्ति के साथ अपने प्रदेश के लोगों की उन्नति का विचार उनमें विकसित होता रहा। वह अच्छी तरह जानते थे कि भारतवर्ष बहुभाषी देश है और उन्हें यह इच्छा नहीं थी कि हिन्दी दूसरी भाषाओं की जगह ले। लेकिन हिन्दी के माध्यम से हिन्द प्रदेश की जनता फिर उठ खड़ी हो, यह भाव उनमें ज़रूर था और इस भाव को जन्म देने और पुष्ट करने में उनकी यात्राओं का बहुत बड़ा हाथ था।

भारतेन्दु साहित्यिक होने के साथ-साथ साहित्यकारों के अच्छे संगठनकर्ता भी थे। बीस साल की उम्र में उन्होंने 'कवितावर्द्धिनी' सभा चलाई जिसमें सरदार, सेवक, दीनदयाल गिरि आदि कवि भाग लेते थे। तीन साल बाद उन्होंने 'पेनी रीडिंग क्लब' स्थापित किया जिसमें लेख वगैरह पढ़े जाते थे। उसी साल उन्होंने 'तदीय समाज' कायम की जो एक धार्मिक संस्था थी। इसके सदस्यों ने देशी वस्तुओं के व्यवहार की प्रतिज्ञा की थी। इसका एक नियम यह भी था—"वैष्णव में हम जाति के बुद्धि न करेंगे।" इसके सिवा उन्होंने 'यंगमैन्स एसोसियेशन' और 'डिबेटिंग क्लब' की स्थापना की थी। अनेक दूसरी सभाओं में उन्होंने सक्रिय भाग भी लिया था।

अठारह वर्ष की अवस्था में उन्होंने 'विद्यासुन्दर' नाटक प्रकाशित किया और 'कविवचनसुधा' निकालना आरम्भ किया। 'कविवचनसुधा' पहले पद्य की मासिक पत्रिका थी, आगे चलकर उसमें गद्य भी छपने लगा। फिर वह पाक्षिक और साप्ताहिक रूप में निकली।

'कविवचनसुधा' निकालने के पाँच साल बाद उन्होंने 'हरिश्चन्द्र मैगज़ीन' का प्रकाशन आरम्भ किया, आगे चलकर इसका नाम 'हरिश्चन्द्र चन्द्रिका' कर दिया गया।

१. भारतेन्दु के निबन्ध, सं० डा० केसरीनारायण शुक्ल, बनारस, सं० २००८, पृ० ७०।

'हरिश्चन्द्र मैगज़ीन' निकालने के दूसरे वर्ष उन्होंने स्त्रियों के लिए 'बालबोधिनी' पत्रिका निकाली। 'हरिश्चन्द्र चन्द्रिका' का सम्पादन उन्होंने छह साल तक किया; 'बालबोधिनी' चार साल तक चलाई।

भारतेन्दु जन्म-शती के अवसर पर 'नवजीवन' (लखनऊ) के विशेषांक में 'पत्रकार भारतेन्दु' नाम से श्री विनोदशंकर व्यास का एक दिलचस्प लेख निकला है। इसमें उन्होंने अक्तूबर १८७७ की 'हरिश्चन्द्र चन्द्रिका' से यह विज्ञापन उद्धृत किया है—'मेरी बहुत दिनों से इच्छा है कि एक हास्यरस का हिन्दी भाषा में 'पंच' पत्र प्रचलित करूँ, सब हिन्दी रसिकों से सहायता की प्रार्थना है। अभी केवल १३ ग्राहक हुए हैं और १०० ग्राहक होने पर पत्र छपेगा।"

ग्राहकों के अभाव में भारतेन्दु का हास्यरस-प्रधान पत्र 'पंच' अप्रकाशित ही रह गया।

श्री रामशंकर शर्मा व्यास ने भारतेन्दु की संक्षिप्त जीवनी में उनकी चार अपूर्ण इच्छाओं का उल्लेख किया है।

"बाबू साहिब ने बहुत-सा द्रव्य व्यय किया, परन्तु कुछ शोच न था, कदाचित शोच होता भी तो दो अवसर पर, एक जब किसी निज आश्रित को या किसी शुद्ध सज्जन को बिना द्रव्य कष्ट पाते देखते थे, दूसरे जब कोई छोटे-मोटे काम देशोपकारी द्रव्याभाव से रुक जाते थे।

"हा! जिस समय हमको बाबू साहिब की यह करुणा की बात याद आ जाती है तो प्राण कंठ में आता है। वह प्रायः कहते थे कि अभी तक मेरे पास पूर्ववत् बहुत धन होता तो मैं चार काम करता: (१) श्री ठाकुरजी को बगीचे में पधराकर धूमधाम से षट्ऋतु का मनोरथ करता, (२) विलायत, फरासीस और अमेरिका जाता, (३) अपने उद्योग से एक शुद्धि हिन्दी की यूनीवर्सिटी की स्थापना करता, (हाय रे! हतभागिनी हिन्दी अब तेरा इतना ध्यान किसको रहेगा), (४) एक शिल्पकला का पश्चिमोत्तर देश में कालेज स्थापित करता।

भारतेन्दु की व्यक्तिगत इच्छाएँ देश और समाज की इच्छाओं से घुल-मिल गई थीं। वे रुपया चाहते थे, धार्मिक उत्सव के लिए, विदेश-यात्रा के लिए, हिन्दी यूनीवर्सिटी कायम करने के लिए और उद्योग-धन्धों की उन्नति के लिए, कॉलेज खोलने के लिए। इसीलिए भारतेन्दु का व्यक्तित्व, उनका निजी जीवन, उनकी इच्छाएँ और अभाव, उनका कर्ज व्यक्तिगत न होकर बहुत-कुछ समाज की वस्तु हो गए थे।

'सारसुधानिधि' ने इनके ऋण के बारे में लिखा था, "यद्यपि बहुत से लोग इनका द्रव्य खा गये और यह नहीं कि इनको उसका ज्ञान न हो, तब भी उन्होंने उपेक्षा की और यद्यपि अनेक कार्यों में इन्होंने विशेष व्यय किया, परन्तु हम मुक्त कंठ से कहते हैं कि इनका समधिक द्रव्य सज्जनों की उपस्थित चिन्ता के निवारणार्थ देशहितार्थ धर्म और मातृभाषा की समुन्नति के अर्थ व्यय हुआ··· आप यद्यपि धीर हैं; इनको कुछ भी मानसिक खेद नहीं, परन्तु इनके इस दिशा

में पड़ने से और स्वस्थ चित्त न रहने से देश की बड़ी हानि हुई। वह सुमधुर शारदा की वीना की कोमल झंकार अब तादृश कर्णगोचर नहीं होती और वह उत्तमोत्तम लेखक (लेख ?) अब कविवचनसुधा को अपने सुधा-प्रवाह से नहीं प्लावित करते।···जहाँ तक हम जानते हैं आजकल वह अत्यन्त असुविधा में हैं। इससे मेरी लोगों से यही प्रार्थना है कि इसके पूर्व कि यह अमृतमय तरु कलियुग में प्रचंड दुख वायु से कुम्हला जाय, लोगों को इसका सम्हालना अत्यन्त आवश्यक है और इस विषय में क्षणमात्र अब विलम्ब न हो।"[१]

"सारसुधानिधि' के 'सज्जन दुःख दुःखी' ने अनेक राजाओं से सहायता की अपील की थी और यद्यपि उसने सन्देह प्रकट किया था कि भारतेन्दु इस तरह की सहायता स्वीकार करेंगे भी या नहीं, फ़िर भी आत्मीयता प्रकट करते हुए उसने दावा किया था कि सहायता मिली तो "हम लोग इनको उसके स्वीकार करने में बाधित करेंगे।"

भारतेन्दु को बाधित करेंगे! उनके मित्रों के सिवा यह दावा कौन कर सकता था? उन्होंने कहा भी तो था, "चाहिबे की चाह, काहू की न परवाह, नेही नेह के दिवाने सदा सूरति निवानी के।" इसीलिए भारतेन्दु की चिन्ताएँ समूचे हिन्दी साहित्य-संसार की चिन्ताएँ बन गईं; उनके व्यक्तित्व पर हिन्दी-प्रेमियों का अधिकार हो गया।

भारतेन्दु के जीवनकाल में हिन्दी साहित्यकारों ने उन्हें भारतेन्दु की उपाधि देकर उनका सम्मान किया था। साहित्यकारों का अटल प्रेम उन्हें मिला ही था, जनसाधारण ने भी हितैषी लेखक को पहचानना आरम्भ कर दिया था। बलिया में उनके स्मरणीय व्याख्यान के समय उनका जनता द्वारा स्वागत इस बात का प्रमाण है। श्री ब्रजरत्नदास ने लिखा है कि 'सत्य हरिश्चन्द्र' और 'नीलदेवी' के अभिनय के समय हरिश्चन्द्र वहाँ मौजूद थे और "सूत्रधार द्वारा इनका नामोल्लेख होने पर दर्शकगण आकाशभेदी करतलध्वनि करने लगे।"[२]

मिल्टन और प्रेमचन्द जैसे महान् लेखकों की परम्परा के अनुकूल भारतेन्दु ने अध्यापक का काम किया था। पहले विद्यार्थियों की संख्या कम थी, तब उन्हें घर पर ही पढ़ाते थे। बाद को चौखंभे में स्कूल चलाया जहाँ "आधे से अधिक लड़के बिना फीस दिये पढ़ते थे और उन्हें पुस्तक, लेखनी आदि भी बिना मूल्य दी जाती थी।"[3] यह स्कूल उनके नाम से आगे भी चलता रहा। भारतेन्दु का अध्यापन-कार्य देशवासियों को शिक्षित करने में उनकी लगन का जीता-जागता प्रमाण है।

भारतेन्दु के चरित्र पर काशी की अपनी संस्कृति का गहरा प्रभाव पड़ा

१. ब्रजरत्नदास, 'भारतेन्दु हरिश्चन्द्र', पृ० ११८-२०।
२. 'भारतेन्दु हरिश्चन्द्र' पृ० ६४।
३. श्रीयुत ब्रजरत्नदास, 'भारतेन्दु हरिश्चन्द्र', १९३५, पृ० ६३।

था। काशी की संस्कृति का अर्थ पंडों-पुरोहितों की संस्कृति नहीं है; भारतेन्दु पर काशी के जनसाधारण की संस्कृति का असर पड़ा था जिसका सुन्दर चित्रण उन्होंने 'प्रेमजोगिनी' में किया है। काशी के ग्रामगीत, वहाँ की बोली-ठोली, एक तरह की मस्ती और फक्कड़पन—ये सब उन्हें बहुत ही प्रिय थे, भले ही कभी-कभी वह इनकी आलोचना भी करते रहे हों।

लावनी-बाजों की महफिल में यह सुनकर कि "इस प्रकार कविता बनाते हुए कोई गावे तब जानें," वह उन्हीं में जा बैठे और डफ लेकर लावनी गाने लगे।[1] यह उनका खास बनारसी ठाठ था। एक तरह से लावनीबाज़ खड़ी बोली में भारतेन्दु के शिक्षक थे। गद्य से बाहर पद्य में भारतेन्दु ने खड़ी बोली का सबसे मधुर प्रयोग लावनियों ही में किया है और सरसता में उनके कवित्त, सवैया, दोहा के बाद लावनियों का ही नम्बर आता है। खड़ी बोली का यह चमत्कार पद्य में आज तक के कवि भी कम ही दिखा पाए हैं, इसका कारण यह है कि भारतेन्दु ने भाषा जनता से सीखी थी।

काशी में एक व्याकरणशास्त्री आये थे जो किसी भी भाषा के शब्दों को सूत्रों की सहायता से संस्कृत बनाकर उसका अर्थ निकाल लिया करते थे। राजा शिवप्रसाद उन्हें काशिराज के दरबार में ले गये। भारतेन्दु ने भरी सभा में पंडितजी के व्याकरण-ज्ञान पर उचित टिप्पणी करते हुए कहा—झंपो का।

राजा शिवप्रसाद ने शिकायत की, यह गाली है। इस पर भारतेन्दु ने तुरन्त टोका कि यह तो अर्थ बता देना हुआ। भारतेन्दु की बनारसी प्रतिभा के सामने व्याकरणाचार्य के तमाम सूत्र हवा हो गए।

जब अपने श्वशुर की आत्मा को पानी देने के लिए, घाट पर पहुँचने में भारतेन्दु को देर हुई, तब शाह माधोजी नाम के सज्जन उन्हें कुछ कहने-सुनने लगे। भारतेन्दु लघुशंका करने बैठ गये और माधोजी के पुरखों का नाम लेकर तृप्यंताम् कहने लगे। यह सब बनारस में ही सम्भव है!

प्रचलित ढकोसलों का मज़ाक बनाने में उन्हें विशेष आनन्द आता था। पहली अप्रैल को उन्होंने इस घोषणा पर भीड़ इकट्ठी कर दी थी कि एक यूरोपीय विद्वान् धरती पर सूर्य-चन्द्र उतार लेंगे। दूसरी बार इस सूचना पर मेला लग गया कि एक मेम रामनगर के सामने खड़ाऊँ पहनकर गंगा पार करेगी!

बचपन ही में पिता को तर्पण करते देखकर उन्होंने कहा था—बाबूजी, पानी में पानी डालने से क्या लाभ?

काशी के जनसाधारण की मस्ती, फक्कड़पन और परिहास-प्रियता से भारतेन्दु की जिज्ञासा-वृत्ति मिल गई थी। वह एक तरफ प्रेम के पुजारी थे, तो दूसरी तरफ कट्टर तार्किक भी थे और लोगों के अन्धविश्वासों की आलोचना करके ही उन्होंने क्रिस्तान की उपाधि पाई थी। राधाचरण गोस्वामी के पिता ने किस तरह उन्हें

१. श्रीयुत ब्रजरत्नदास, 'भारतेन्दु हरिश्चन्द्र', पृ० १७६।

भारतेन्दु से मिलने की मनाही कर रखी थी, वह कहानी प्रसिद्ध है। विशुद्ध वैष्णव गोस्वामी यह सहन न कर सकता था कि उसका पुत्र भारतेन्दु जैसे धर्म-नाशक के सम्पर्क में आये। इसलिए राधाचरण गोस्वामी को धोखाधड़ी के सहारे रात में अभिसारवृत्ति से भारतेन्दु से मिलना पड़ा।

भारतेन्दु का विरोध दोनों ओर से हुआ—सरकार की ओर से और समाज के प्रगति-विरोधियों की ओर से भी। लेकिन जितना ही विरोध हुआ उतना ही हरिश्चन्द्र का वीरभाव कुन्दन की तरह और निखर उठा।

'प्रेमजोगिनी' में सूत्रधार भारतेन्दु के बारे में कहता है, "कुछ चिन्ता नहीं, तेरा तो बाना है कि 'कितना भी दुख हो उसे सुख ही मानना'। लोभ के परित्याग के समय नाम और कीर्ति तक का परित्याग कर दिया है और जगत् से विपरीत गति चल के तूने प्रेम की टकसाल खड़ी की है। क्या हुआ जो निर्दय ईश्वर तुझे प्रत्यक्ष अपने अंक में रखकर आदर नहीं देता और खल लोग तेरी नित्य एक नई निन्दा करते हैं और तू संसारी वैभव से सूचित नहीं है; तुझे इससे क्या, प्रेमी लोग जो तेरे और तू जिन्हें सरबस है वे जब जहाँ उत्पन्न होंगे तेरे नाम को आदर से लेंगे और तेरी रहन-सहन को अपनी जीवन-पद्धति समझेंगे (नेत्रों से आँसू गिरते हैं) मित्र, तुम तो दूसरों का उपकार और अपना अपकार दोनों भूल जाते हो; तुम्हें इनकी निन्दा से क्या? इतना चित्त क्यों क्षुब्ध करते हो? स्मरण रखो ये कीड़े ऐसे ही रहेंगे और तुम लोक-बहिष्कृत होकर भी इनके सिर पर पैर रख के विहार करोगे, क्या तुम अपना वह कवित्त भूल गये—'कहेंगे सबै ही नैन नीर भरि-भरि पाछे प्यारे हरीचन्द की कहानी रह जायगी!'

तीन शताब्दी पहले जैसे काशी के पुरोहितवर्ग ने तुलसीदास को कष्ट दिया था, उसी तरह हिन्दी साहित्य के नये अभ्युदय-काल में उसने भारतेन्दु को 'लोक-बहिष्कृत' किया था। जिस तरह तुलसीदास ने "धूत कहौ अवधूत कहौ रजपूत कहौ जुलहा कहौ कोऊ" लिखकर दुष्ट विरोधियों को मुँहतोड़ जवाब दिया था, उसी तरह भारतेन्दु ने घोषणा की थी कि वे विरोधी कीड़ों के सिर पर पाँव रखकर आगे निकल जायेंगे। जैसे भविष्य की तरफ देखते हुए तुलसीदास ने भाषा-कवियों के लिए लिखा था, "भये जे अहहिं जो होइहैं आगे। प्रनवौं सबहि कपट सब त्यागे।" वैसे भारतेन्दु ने समकालीन और भविष्य में आने वाले देशभक्त लेखकों का पूरा भरोसा करते हुए लिखा था कि वे प्रेमी लोग "जब जहाँ उत्पन्न होंगे" उनका नाम आदर से लेंगे। भारतेन्दु की देशभक्ति ने उन्हें भविष्यद्रष्टा बना दिया था।

'प्रेमजोगिनी' में लिखे हुए भारतेन्दु के ये वाक्य साबित करते हैं कि भारतेन्दु का साहित्य सरकार के भक्तों और रूढ़िवादियों का आसन डिगाने में सफल हुआ था। भारतेन्दु-साहित्य ने जन-विरोधी वर्गों के साहित्य से मोर्चा लेकर उसका प्रभाव कम करना शुरू कर दिया था। इस साहित्य का आदर दिन-पर-दिन बढ़ रहा था और जन-विरोधी साहित्य और उसके रचयिताओं का मर्तबा घट

रहा था।

भारतेन्दु के ये वाक्य यह भी साबित करते हैं कि इस भोले-भाले वैष्णव में कहीं वज्र-जैसी दृढ़ता छिपी थी जो न टूट सकती थी, न झुक सकती थी। यह व्यक्ति भले ही अपने सुख के लिए लाखों की संपत्ति उड़ा देने वाला लगता हो, वास्तव में वह दूसरों के सुख के लिए विरोधियों से बिना समझौता किये हुए कठिन-से-कठिन परीक्षा देने के लिए तैयार रहता था। यही नहीं, आहत सिंह की तरह वह विरोधियों पर टूटकर उनकी कायरता और दासता का भण्डाफोड़ भी कर सकता था। भारतेन्दु के इन वाक्यों में धूर्त विरोधियों के लिए क्षमा नहीं है, अन्याय का निष्क्रिय प्रतिरोध नहीं है, अन्याय और धूर्तता पर सशक्त आक्रमण है।

ऐसे ही द्वंद्व से, सत्यप्रेमी हरिश्चन्द्र और असत्यप्रेमी समाज के 'बड़ों' के बीच संघर्ष से, 'सत्य हरिश्चन्द्र' की उत्पत्ति हुई है।

चरित्र की इस दृढ़ता की वजह से भारतेन्दु अपने युग के सबसे अच्छे संगठन-कर्ता, साहित्य के सबसे अच्छे मार्गदर्शक बन सके। उनकी निःस्वार्थ सेवा, लगन और प्रेम ने उस समय हिन्दी प्रदेश में जो कुछ सबसे महान् और सुन्दर था, उसे अपना बना लिया। भारतेन्दु की तरह कोई भी साहित्यकार अपने युग के प्रतिभाशाली लेखकों का इस तरह प्रेम न पा सका। यह उनके चरित्र की उच्चता का सबसे बड़ा प्रमाण है और जहां तक आने वाली पीढ़ियों का सवाल है, उन्होंने ठीक ही लिखा था, "कहेंगे सबै ही नैन नीर भरि-भरि पाछे प्यारे हरीचन्द की कहानी रह जायगी।"

भारतेन्दु ने लिखा था, "हिन्दी नयी चाल में ढली, सन् १८७३ ई०।"

इस नई चाल में ढली हिन्दी की सेवा करने के लिए उन्हें मुश्किल से दस साल मिले।

चौंतीस वर्ष चार महीने की संक्षिप्त आयु में भारतेन्दु ने भाषा, साहित्य और समाज में एक व्यापक परिवर्तन कर दिया। उनके लिखे और अनुवादित किये हुए नाटक साढ़े आठ सौ पृष्ठों में छपे हैं। साढ़े आठ सौ से कुछ ऊपर सफ़ों में उनकी कविताएँ छपी हैं। उनके लेख कई हज़ार पन्ने घेरेंगे। उनके लिखे हुए पत्रों की कोई गणना नहीं है।

साहित्य के गुण की बात छोड़ दीजिए, इतने परिमाण में साहित्य रचना परिश्रम करने की अद्भुत क्षमता प्रकट करता है। भारतेन्दु अपनी प्रतिभा से परिचित थे, वह समाज और साहित्य की आवश्यकताएँ भी जानते थे। उन्होंने अपने सचेत जीवन का एक क्षण भी बर्बाद न होने दिया और अक्षरशः अपना रक्त देकर हिन्दी की सेवा की। उनका भगीरथ अध्यवसाय उनके चरित्र की दृढ़ता का दूसरा प्रमाण है।

भारतेन्दु ने अनेक भाषाएँ सीखी थीं। संस्कृत, बंगला, फ़ारसी, अंग्रेज़ी आदि में उनकी जैसी समान गति थी, वैसी लम्बी उम्र पाने वाले हिन्दी साहित्यिकों में भी कम की ही रही है। उनकी कविताएँ या नाटक पढ़कर अचानक पता नहीं

चलता कि इनका रचयिता कैसा पढ़ाकू है। भारतेन्दु का अध्ययन उनकी कला के नीचे वैसे ही छिपा है जैसे तुलसीदास, प्रेमचन्द या गोर्की का विशाल अध्ययन छिपा है। भारतेन्दु अंग्रेज़ों और पश्चिम के दूसरे विद्वानों के भारत-सम्बन्धी कार्यों से परिचित थे। भारत में जो पुरातत्व-सम्बन्धी काम हो रहा था, उसकी वह बराबर खोज-खबर रखते थे। फारसी और संस्कृत के कवियों, इतिहासकारों के अनेक ग्रन्थ उन्होंने पढ़े थे। शेक्सपियर और कालिदास उनके प्रिय कवि थे।

कहा जाता है कि भारतेन्दु का पुस्तकालय एक लाख रुपये में बिक सकता था, लेकिन उन्होंने बेचने से इन्कार कर दिया था। उन्होंने इस पुस्तकालय की तो पुस्तकें पढ़ी ही होंगी ? इसके सिवा जो पढ़ा हो, सो थोड़ा।

भारतेन्दु आधुनिक हिन्दी गद्य के जन्मदाता थे।

वह हिन्दी के पहले सशक्त और सफल पत्रकार थे।

भारतेन्दु ने हिन्दी की अपनी निबन्ध-परम्परा को जन्म दिया।

वह भाषा के प्रथम समर्थ नाटककार थे।

उन्होंने खड़ी बोली में पच्चीसों सफल कविताएँ करके हिन्दी पद्य में खड़ी-बोली के व्यवहार के लिए मार्ग प्रशस्त किया।

'नाटक' पर अपना विस्तृत निबन्ध लिखकर उन्होंने हिन्दी में तुलनात्मक और ऐतिहासिक समालोचना की नींव डाली।

२७ सितम्बर १८८० के 'सारसुधानिधि' में हरिश्चन्द्र को 'भारतेन्दु' की उपाधि देने का प्रस्ताव छपा। जनता का दिया हुआ यह सम्मान उनके नाम का अभिन्न अंग बन गया।

भारतेन्दु की ज़िन्दादिली ६ जनवरी १८८५ के अन्तिम जीवन-दिन भी मौत को चुनौती देती रही। सवेरे हाल पूछने पर उन्होंने जवाब दिया, "हमारे जीवन के नाटक का प्रोग्राम नित्य नया-नया छप रहा है—पहले दिन ज्वर की, दूसरे दिन दर्द की, तीसरे दिन खाँसी की सीन हो चुकी, देखें लास्ट नाइट कब होती है।"[1]

अपना समूचा साहित्य उन्होंने देश की उन्नति के लिए रचा था, अपने जीवन-नाटक का भी उन्होंने वीरतापूर्वक अन्त किया।

भारतेन्दु के नाम से लोगों ने पत्रिकाएँ निकालीं, उनके नाम से कुछ दिन तक संवत् तक चल गया। भारतेन्दु के लिए उस युग के लेखकों में जो वफ़ादारी थी, उसकी आज कल्पना करना कठिन है। राधाचरण गोस्वामी गद्य और नाटकों के अत्यन्त प्रतिभाशाली लेखक और एक मौलिक विचारक थे। वह एक बार भारतेन्दु से खुलकर वाद-विवाद में हिस्सा भी ले चुके थे। उन्होंने अपने जीवन-चरित्र में भारतेन्दु के बारे में लिखा है, "उनके लेख-ग्रन्थ हमको वेदवाक्यवत् प्रमाण और मान्य थे, उनको हम मानो ईश्वर का एकादश अवतार मानते थे।

१. श्रीयुत ब्रजरत्नदास, 'भारतेन्दु हरिश्चन्द्र', पृ० १२३।

हमारे सब कामों में वह आदर्श थे, उनकी एक-एक बात हमारे लिए उदाहरण थी।"

भारतेन्दु का जीवन और साहित्य किस तरह हिन्दी-लेखकों के लिए आदर्श बन गया, यह बालमुकुन्द गुप्त-लिखित प्रतापनारायण मिश्र के जीवन-चरित में दिखाई देता है। भारतेन्दु से मिश्रजी की तुलना करते हुए बालमुकुन्द गुप्त ने लिखा है, "पण्डित प्रतापनारायण मिश्र में बहुत-सी बातें बाबू हरिश्चन्द्र की-सी थीं। कितनी ही बातों में यह उनके बराबर और कितनी ही में कम थे; पर एकआध में बढ़कर भी थे।...जिस गुण में वह कितनी ही वार हरिश्चन्द्र के बराबर हो जाते थे, वह उनकी कवित्व-शक्ति और सुन्दर भाषा लिखने की शैली थी। हिन्दी गद्य और पद्य के लिखने में हरिश्चन्द्र जैसे तेज, तीखे और बेधड़क थे, प्रतापनारायण भी वैसे ही थे।"

आचार्य महावीरप्रसाद द्विवेदी ने भारतेन्दु-लिखित एक विज्ञापन की भूल दिखाते हुए यह भी शक जाहिर किया कि सम्भव है, उन्होंने वाक्य ठीक लिखा हो, लेकिन छापे वालों की असावधानी से त्रुटियाँ रह गई हों, उस पर बालमुकुन्द गुप्त का तेहा और व्यंग्य देखते ही बनता है। द्विवेदीजी में परम भाषा-दिग्गज होने पर भी उदारता का लेश है, उनकी यह प्रशंसा करने के बाद गुप्तजी ने 'भाषा की अनस्थिरता' नाम के अपने ऐतिहासिक निबन्ध में लिखा था, "एक तो काशी ऐसा स्थान है, जिसकी विद्या के हिसाब से कुछ गिनती ही नहीं। जहाँ न कोई संस्कृत जानता है न संस्कृत का व्याकरण। हिन्दी पढ़ा-लिखा तो वहाँ होगा ही कौन, क्योंकि हिन्दी वहाँ की मातृ-भाषा है। फिर हरिश्चन्द्र जैसा विद्या-शून्य आदमी—जिसने लाखों रुपये हिन्दी के लिए स्वाहा कर डाले और पचासों ग्रन्थ हिन्दी के रच डाले, भला वह क्या एक पूरे पौने दो वाक्य का विज्ञापन शुद्ध लिख सकता था? कभी नहीं, तीन काल में नहीं! छापे वाले कभी नहीं भूले, हरिश्चन्द्र ही भूला; क्योंकि वह व्याकरण नहीं जानता था। न तो उसे कर्म के चिह्न 'को' का विचार था, न वह सर्वनाम की ज़रूरत की खबर रखता था। क्या अच्छा होता कि द्विवेदीजी का दो दर्जन साल पहले जन्म होता और हरिश्चन्द्र को आपके शिष्यों में नाम लिखाने तथा कुछ व्याकरण सीखने का अवसर मिल जाता! अथवा यही होता कि दो दर्जन वर्ष हरिश्चन्द्र और जीता, जिससे द्विवेदीजी से व्याकरण सीख लेने का अवसर उसे मिल जाता।"

बालमुकुन्द गुप्त ने हरिश्चन्द्र के तेज, तीखे और बेधड़क लिखने की तारीफ की थी। ये गुण उनमें स्वयं जरा भी कम न थे, कुछ ज़्यादा भले ही हों। उन्होंने भारतेन्दु के सम्मान की रक्षा के लिए यों व्यंग्यास्त्र उठाया है मानो किसी ने पवित्र देवमन्दिर को भ्रष्ट कर दिया हो या उनके गुरु को ही गाली दी हो। भारतेन्दु की सम्मानरक्षा बालमुकुन्द गुप्त जैसे लेखक अपना परम कर्तव्य समझते थे।

यह बिना अत्युक्ति के कहा जा सकता है कि भारतेन्दु की आत्मा प्रतापनारायण

मिश्र, बालमुकुन्द गुप्त, राधाचरण गोस्वामी, बालकृष्ण भट्ट आदि समर्थ लेखकों में उद्दीप्त होकर देश और साहित्य की सेवा करती रही।

हिन्दी नई चाल में ढली, सन् १८७३ ई०; लेकिन दस वर्षों में ही भारतेन्दु अपने पीछे प्रतिभाशाली लेखकों का ऐसा दल छोड़ गए जिससे हर युग ईर्ष्या करेगा। मृत्यु पर उनकी यह सबसे बड़ी विजय थी।

पराधीन हिन्दीभाषी जनता के लिए भारतेन्दु का जीवन और साहित्य चिरंतन प्रेरणा बन गया।

३. राष्ट्रीय स्वाधीनता की समस्या

भारतेन्दु हरिश्चन्द्र का जन्म एक राजभक्त खानदान में हुआ था। अंग्रेज़-भक्त राजा शिवप्रसाद उनके गुरु रह चुके थे। शिवप्रसाद को जब सन् १८७४ ई० में राजा का खिताब मिला, तब भारतेन्दु ने उसकी खुशी में उत्सव किया था। 'मुद्राराक्षस' उन्होंने 'वात्सल्यभाजन छात्र' की हैसियत से 'परमश्रद्धास्पद श्रीयुक्त राजा शिवप्रसाद बहादुर, सी० एस० आई० के चरण-कमलों में' समर्पित किया था। यद्यपि 'मुद्राराक्षस' या चाणक्य से महारानी विक्टोरिया का दूर का भी रिश्ता न था, फिर भी अन्त में गाने के लिए उन्होंने 'बिहाग ठुमरी' यह जोड़ ही दी थी—"पूरी अमी की कटोरिया-सी चिरजीओ सदा विकटोरिया रानी।" १८६१ में कटोरिया-सी विक्टोरिया के पति के मरने पर उन्होंने ऐल्बर्ट पर कविता लिखी थी। १८६९ में ड्यूक ऑव एडिनबरा के भारत आने पर उन्होंने 'श्री राजकुमार— सुस्वागत पत्र' लिखा था। १८७१ में प्रिंस ऑव वेल्स को टाइफाइड होने पर भगवान् से रोग दूर करने के लिए प्रार्थना की थी। इस तरह की उनकी अन्य कविताएँ भी हैं जिनमें उन्होंने राजभक्ति का प्रदर्शन किया है। लार्ड रिपन की प्रशंसा उन्होंने अपने जीवन के अन्तिम दिनों में लिखी थी जिसमें उन्हें शिवि, दधीचि, हरिश्चन्द्र, कर्ण आदि के बराबर जगह दी है। 'प्रेमजोगिनी' में सुधाकर काशी की महिमा वर्णन करते हुए कहता है, "जहाँ श्रीमती चक्रवर्तिनिचय-पूजित-पादपीठा श्रीमती महाराज्ञी विक्टोरिया के शासनानुवर्त्ती अनेक कमिश्नर, जज, कलेक्टरादि अपने-अपने काम में सावधान प्रजा को हाथ में लिए रहते हैं और प्रजा उनके विकट दण्ड के सर्वदा जागने के भरोसे नित्य सुख से सोती है।"

अंग्रेज़ी राज्य में कानून का डर सबको है और शिक्षा पाने की सम्भावनाएँ लोगों के सामने हैं, इन दो बातों के कारण वह अंग्रेज़ी राज्य की प्रशंसा करते हैं। 'बादशाह दर्पण' की भूमिका में उन्होंने लिखा है, "जो कुछ हो, मुसलमानों की भांति इन्होंने हमारी आँख के सामने हमारी देवमूर्तियाँ नहीं तोड़ीं और स्त्रियों को बलात्कार से छीन नहीं लिया, न घास की भाँति सिर काटे गए और न जबर-दस्ती मुँह में थूककर मुसलमान किये गए। अभागे भारत को यही बहुत है।

विशेषकर अंग्रेज़ों से हमको जैसी शुभ शिक्षा मिली है उसके हम इनके ऋणी हैं। भारत कृतघ्न नहीं है। यह सदा मुक्तकंठ से स्वीकार करेगा कि अंग्रेजों ने मुसलमानों के कठिन दण्ड से हमको छुड़ाया और यद्यपि अनेक प्रकार से हमारा धन ले गए किन्तु पेट भरने को भीख माँगने की विद्या भी सिखा गए।"

'वैष्णवता और भारतवर्ष' नाम के निबन्ध में भारतेन्दु ने लिखा है, "अंग्रेज़ों से जो नौकरी बच जाती है उन पर मुसलमान आदि विधर्मी भरती होते जाते हैं।" मिस्र की लड़ाई में अंग्रेज़ों की जीत होने पर आर्य वीरों की प्रशंसा में उन्होंने लिखा था---

"यवन-हृदय पत्री पर बरबस। लिखैं लोह लेखनि भारतजस।
पुनि भारत-जस करि बिस्तारा। मन मुख फेर करैं उँजियारा॥"

कोई आश्चर्य नहीं, 'नवजीवन' के भारतेन्दु जन्मशती वाले अंक में पंडित श्यामविहारी मिश्र और पंडित शुकदेव विहारी मिश्र ने लेख के आरम्भ ही में लिखा है, "हिन्दी, हिन्दू, हिन्द से सम्बन्ध रखने वाला ऐसा कौन अभागा होगा जिसने भारतेन्दु बाबू हरिश्चन्द्र का नाम न सुना हो?"

लेकिन आश्चर्य तब ज़रूर होता है जब नई पीढ़ी का एक लेखक, यूनिवर्सिटी से डाक्टरेट हासिल करने वाला आलोचक लिखता है, "मुसलमानों की अभारतीयता भी हिन्दू-मुस्लिम सौहार्द में बाधक बनी हुई थी।"[१] "मुसलमानों की अभारतीयता उन्हें बहुत अखरती थी।"[२]

यह याद रखना चाहिए कि हिन्दू राष्ट्रवाद का अभारतीयता से बहुत घनिष्ठ सम्बन्ध है। हिन्दू राष्ट्रवाद साम्राज्य के खिलाफ हिन्दू-मुस्लिम जनता के संयुक्त विरोध में फूट डालकर सीधे साम्राज्यवाद की ही मदद करता है। सन् ५७ में हिन्दुओं और मुसलमानों के संगठित युद्ध से सबक लेकर अंग्रेज कूटनीतिज्ञों ने हिन्दू-मुस्लिम भेदभाव को हर तरह से बढ़ावा दिया। इस काम में उन्होंने इतिहास को झुठलाया। तुर्कों के खिलाफ हिन्दुस्तान की जनता के संघर्ष को उन्होंने इस्लाम और हिन्दू धर्म के संघर्ष का रूप दिया। अपने को हिन्दुओं के आगे मुसलमानों की उद्दंडता से उनकी रक्षा करने वाला साबित किया और मुसलमानों के आगे बहुसंख्यक हिन्दुओं से उनकी रक्षा करने वाला बतलाया। मध्यकाल में इस्लाम के नाम पर जो धार्मिक अत्याचार हुए, उनका मुस्लिम जनसाधारण से उतना ही सम्बन्ध था जितना अमीचन्द की गद्दारी से हिन्दू जनसाधारण का था।

'भारत-दुर्दशा' के मंगलाचरण में दोहा है---

"जय सतगुन थापन करन, नासन म्लेच्छ अचार।
कठिन धार तरवार कर, कृष्णकल्कि अवतार।"

लेकिन कल्कि अवतार की यह आशा भारतेन्दु को किस नतीजे पर पहुँचाती

१. लक्ष्मीसागर वार्ष्णेय, 'भारतेन्दु की विचारधारा', प्रयाग, १९४८, पृ० ७०।
२. उप०, पृ० १५०।

है ? भारत-भाग्य भारत को जगाने की बहुत कोशिशें करने के बाद छाती में कटार भोंककर मर जाता है !

पहले अंक में योगी वह प्रसिद्ध गीत गाता है—

"रो अहु सब मिलिकै आवहु भारत भाई।
हा हा ! भारत दुर्दशा न देखो जाई।"

भारतेन्दु यहाँ भारतीय इतिहास को इस रूप में देखते हैं कि—

"लरि बैदिक जैन डुबाई पुस्तक सारी।
करि कलह बुलाई जवन सैन पुनि भारी।।"

इस तरह के मतमतान्तर दूसरे देशों में भी रहे हैं, उदाहरण के लिए ब्रिटेन में भी। और उनके यहाँ डुबाने के लिए बहुत-सी प्राचीन पुस्तकें भी न थीं। ईसाई देशों के परस्पर संघर्ष यह बतलाते हैं कि किसी देश की हार-जीत या दो देशों के संघर्ष का कारण मतमतान्तर या धार्मिक विभिन्नता नहीं है। आयरलैंड के ईसाई निवासियों के साथ ईसाई ब्रिटिश साम्राज्यवादियों ने जैसा व्यवहार किया, इस्लाम के समर्थकों ने उजबेक, ताजिक आदि पिछड़ी हुई इस्लाम मानने वाली जातियों के साथ जो व्यवहार किया, वह साबित करता है कि देशों के उत्थान-पतन के कारण धार्मिक न होकर उनके भौतिक जीवन में, उनकी समाज-व्यवस्था में होते हैं। भारत के पराभव का प्रमुख कारण यहाँ का जर्जर सामन्ती ढाँचा था, यहाँ की समाज-व्यवस्था थी जिसमें पराभव के बीज छिपे हुए थे।

'भारत-दुर्दशा' का योगी अंग्रेजी राज्य में विदेश को धन जाना, महँगी, रोग, टैक्स आदि की विपत्तियाँ देखता है, लेकिन उसे इनसे बचने का रास्ता नहीं दिखाई देता।

दूसरे अंक में श्मशान वाले दृश्य में भारत पुकारता है, "मातः ! राजराजेश्वरी, विजयनि मुझे बचाओ। अपनाए की लाज़ राखो।"

लेकिन लाज रखने कोई नहीं आता।

और भी आगे कहता है, "हाय ! परमेश्वर बैकुण्ठ में और राजराजेश्वरी सात समुद्र पार, अब मेरी कौन दशा होगी ?"

उसकी मदद के लिए न तो परमेश्वर बैकुण्ठ छोड़कर कल्कि अवतार लेते हैं, न राजराजेश्वरी सात समुद्र पार से आती हैं।

आखिरी अंक में भारत भाग्य कहता है, "हा भारत ! तेरी क्या दशा हो गई ! हे करुणासागर भगवान्, इधर भी दृष्टि कर। हे भगवती राजराजेश्वरी, इसका हाथ पकड़ो।"

कोई भारत का हाथ नहीं पकड़ता। न कोई भारतभाग्य का हाथ पकड़ता है जब वह अपनी छाती में कटार भोंक लेता है।

लेकिन 'भारत-दुर्दशा' के इस निराशापूर्ण अन्त ही में ज़बर्दस्त आशा छिपी हुई है। एकता और संघर्ष के रास्ते पर जनता बढ़े, इसके लिए ज़रूरी था कि इस सत्य का साक्षात्कार हो जाए कि भगवती राजराजेश्वरी सोते हुए भारत का हाथ

पकड़कर उठाने वाली नहीं हैं।

'भारत-दुर्दशा' उस लेखक की निराशा प्रकट करता है जो अंग्रेज़ी राज्य का भक्त रहा है, लेकिन जिस राज्य ने जनता को निर्धन, गुलाम और अपाहिज बनाकर उसकी सब आशाओं पर पानी फेर दिया है।

दूसरे अंक में भारत कहता है, "हाय! मैंने जाना था कि अंग्रेज़ों के हाथ में आकर हम अपने दुखी मन को पुस्तकों से बहलाएँगे और सुख मानकर जन्म बिताएँगे पर दैव से वह भी न सहा गया। हाय! कोई बचाने वाला नहीं।"

भारतेन्दु की इस निराशा में उनका तीव्र असन्तोष छिपा हुआ है। उनकी निराशा अंग्रेज़ी राज्य के लिए किये जाने वाले लम्बे-चौड़े दावों पर सबसे अच्छी टिप्पणी है। पुस्तकों से मन न बहलाया जा सकता था। अंग्रेज़ी राज्य में सुख से दिन बिताने के मंसूबे बेकार थे। यथार्थवादी हरिश्चन्द्र इस कटु परिणाम पर पहुँच गये थे।

भारत दुर्दैव की इस उक्ति में सुन्दर नाटकीय व्यंग्य छिपा हुआ है, "कहाँ गया भारत मूर्ख! जिसको अब भी परमेश्वर और राजराजेश्वरी का भरोसा है? देखो तो अभी इसकी क्या-क्या दुर्दशा होती है।"

मूर्खता ही तो थी राजराजेश्वरी का भरोसा करना कि वह भारत की दशा सुधारेंगी। और जितना ही उनका आसरा किया जायगा, उतनी ही भारत की और दुर्दशा होती!

भारत दुर्दैव कहता है—

"मरी बुलाऊँ देस उजाड़ूँ, महँगा करके अन्न।
सबके ऊपर टिकस लगाऊँ, धन है मुझको धन्न॥
मुझे तुम सहज न जानो जी, मुझे इक राक्षस मानो जी॥"

लेकिन टैक्स कौन लगाता था? अन्न किसने महँगा किया था? देश कौन उजाड़ रहा था? यह देखना मुश्किल नहीं है कि ये सब काम भारत में अंग्रेज़ी राज्य कर रहा था। वास्तव में भारत दुर्दैव अंग्रेज़ी राज्य का ही दूसरा नाम है।

भारतेन्दु की महत्ता इस बात में है कि वह अंग्रेज़ी राज्य के सच्चे और कटु आलोचक थे। उनके नाटकों, कविताओं और निबन्धों ने जनता को अंग्रेज़ी राज्य के अन्याय और शोषण के प्रति सचेत किया। भारतेन्दु ने अंग्रेज़ी राज्य की सभ्यता, नेकनीयती और जनतंत्र का पर्दा फ़ाश कर दिया।

'भारतेन्दु की विचारधारा' नाम की पुस्तक के लेखक ने अंग्रेज़ी राज्य में उत्तर भारत के उद्योग-धंधों के नाश का ज़िक्र तो किया है लेकिन अंग्रेज़ी व्यवस्था की प्रशंसा भी खूब की है। उसने भारतेन्दु युग के सांस्कृतिक जागरण का सम्बन्ध अंग्रेज़ी शिक्षा और अंग्रेज़ी सुव्यवस्था से जोड़ा है। लिखा है, "नवीन राजनीतिक, आर्थिक और शिक्षा-सम्बन्धी व्यवस्था के फलस्वरूप उत्पन्न नवीन विचारों का

प्रभाव हिन्दी के साहित्यिकों पर पड़े बिना न रह सका।"[1] "उसके बाद १८३३ तक बाह्य और आन्तरिक शान्ति के फलस्वरूप शिक्षा का, प्रधानतः ईसाई मिशनरियों के प्रयत्नों से, खूब प्रचार हुआ। इन नवीन परिस्थितियों का देश के जीवन पर प्रभाव पड़े बिना न रह सका। साथ ही नवीन शासकों ने भी भारतवासियों के प्रति अपना नैतिक उत्तरदायित्व निभाने का प्रयत्न किया।"[2] "तात्पर्य यह है कि १८३३ तक देश में शान्ति और व्यवस्था के फलस्वरूप नवीन शक्तियों का पूर्ण रूप से प्रस्फुटन हुआ।"[3]

यह सब पढ़कर मालूम होता है कि अंग्रेज़ दरअसल भारत को सभ्य बनाने के लिए ही यहाँ आये थे जैसा कि यह दावा किया करते थे। इस इतिहास-लेखन में एक कठिनाई पड़ती है, सन् ५७ का विद्रोह। यदि चारों तरफ शान्ति और व्यवस्था फैली हुई थी तो यह हिन्द प्रदेश-व्यापी विद्रोह कैसे फूट पड़ा ?

उसका जवाब यह है, "जिस ढंग से देशी राजाओं के राज्य एक-एक करके छीने जा रहे थे, उससे सबको चिन्ता हो रही थी। लेखकों के मतानुसार ऐसा करने में उनका ध्येय देशी राज्यों को हड़प लेना नहीं, वरन् उन्हें ऊँचे सांस्कृतिक धरातल पर स्थित करना था। खैर, ध्येय कुछ भी रहा हो, उसकी नीति से असंतोष को प्रश्रय मिला।"[4] अंग्रेज़ी फौज के देसी सिपाही पचासों देशी राजाओं के खिलाफ लड़ चुके थे। कौन नहीं जानता कि अंग्रेज़ों ने यह देश यहीं के सिपाहियों की मदद से लिया था ? लेकिन यही सिपाही अचानक देशी रियासतों के छिनने से अंग्रेज़ों से लड़ बैठे ! कैसे गँवार थे, जो ऊँचे साँस्कृतिक धरातल पर चढ़ने से इन्कार कर रहे थे।

उक्त पुस्तक के लेखक की राय में सन् सत्तावन के विद्रोह की घटना "भविष्य में अंग्रेज़ों और भारतवासियों के पारस्परिक सम्बन्ध के लिए घातक सिद्ध हुई।"[5] फिर भी तारीफ करनी चाहिए सहृदय अंग्रेज़ों की कि उन्होंने बिगड़ी बात को बहुत जल्दी बना लिया। महारानी विक्टोरिया का घोषणापत्र पढ़ा गया। लार्ड लिटन के दरबार में भारत के राजा-महाराजाओं ने विक्टोरिया को साम्राज्ञी स्वीकार किया। इंडियन कौंसिल ऐक्ट, हाई कोर्ट ऐक्ट, स्वायत्त शासन ऐक्ट आदि के "साथ ही सड़कों, रेल, तार, डाक विभाग आदि की स्थापना से देश में एकसूत्रता स्थापित हुई और औद्योगिक तथा वैज्ञानिक उन्नति में बहुत सहायता मिली।"[6]

और भी अंग्रेज़ी राज्य के लाभ देखिए, "पाश्चात्य शिक्षा के प्रचार से भारतवासियों में आत्मचेतना जागरित हो रही थी।" "यह बात सर्वविदित है

१. लक्ष्मीसागर वार्ष्णेय, 'भारतेन्दु की विचारधारा', प्रयाग १९४८, पृ० ३।
२. उप०, पृ० ११।
३. उप०, पृ० १२।
४. उप०, पृ० ११३।
५. उप०, पृ० ११३।
६. उप०, पृ० २१-२२।

कि भारत की आधुनिक राजनीति पश्चिमी की देन है।"[1] "जिस समय भारतवर्ष अंधकार के गर्त में डूबा हुआ था, सौभाग्य से उस समय उसका पश्चिम की एक जीवित जाति के साथ सम्पर्क स्थापित हुआ।"[2]

ज़ाहिर है, अंग्रेज़ जाति सिर्फ से भारतवासियों का सम्पर्क न हुआ था बल्कि एशिया की और बहुत-सी जातियों का भी सम्पर्क हुआ था। जैसे भारत में नवजागरण हुआ, वैसे ही एशिया में नवजागरण हुआ। फलतः भारत का नवजागरण एशिया के नवजागरण का अंग हुआ। इस अंगांगिभाव का यह भव्य दृश्य देखिए—

"ऐतिहासिक दृष्टि से हिन्दी का यह नवोत्थान आन्दोलन उस व्यापक भारतीय आन्दोलन का एक भाग था जो अन्त में स्वयं उस महान् ऐतिहासिक क्रम का एक प्रमुख भाग था जो उन्नीसवीं शताब्दी के आरम्भ से ही ऐंग्लो-सैक्सन सभ्यता के सम्पर्क द्वारा मिस्र, टर्की, अरब, ईरान, ईराक, अफगानिस्तान, चीन, जापान, जावा, सुमात्रा, मलयद्वीप आदि समस्त पूर्वी संसार को स्पंदित कर रहा था।"[3]

इस महान् स्पन्दन-कार्य के लिए प्रगतिशील अंग्रेज़ों को धन्यवाद न देना कृतघ्नता होगी। इसलिए वह काम भी लेखक ने पूरा कर दिया है। "अठारहवीं शताब्दी (के) उत्तरार्द्ध और उन्नीसवीं शताब्दी के पूर्वार्द्ध में पूर्व और पश्चिम के इस नये क्रियात्मक संपर्क के स्थापित करने में वैसे तो यूरोप की अनेक जातियों ने भाग लिया, किन्तु ऐंग्लो-सैक्सन सभ्यता की संदेशवाहक ब्रिटिश जाति ने प्रमुख भाग लिया। इस दृष्टि से विश्व-इतिहास में ब्रिटिश जाति का नाम अमर रहेगा।"[4]

ऊपर के वाक्य इस बात का सबूत हैं कि जो आलोचक भारतेन्दु युग को हिन्दू राष्ट्रवादी निगाह से देखते हैं, वे अंग्रेज़ी राज्य के गुण गाने में अंग्रेज़ों के भी कान काटते हैं। अंग्रेज़ लुटेरों ने हिन्दुस्तान को किस तरह तबाह किया, किस तरह हिन्दुस्तान के धन-जन की मदद से उन्होंने एशिया और अफ्रीका की जातियों को अपने भयानक शोषण-चक्र में पीस डाला था, इस पर सख्त टीका-टिप्पणी बहुत से अंग्रेज़ों ने ही की थी। जहाँ तक हिन्दुस्तान का सम्बन्ध है, उसके सबसे बड़े शत्रु अंग्रेज़ साम्राज्यवादी ही रहे हैं। उनके अत्याचारों का इतिहास भारतीय जनता के रक्त से लिखा गया है।

अंग्रेज़ों ने हिन्दुस्तानियों को राजभक्ति सिखाई, उनके अन्दर फूट की आग सुलगाई, उन्हें एक-दूसरे का खून बहाना सिखाया, यहाँ की संस्कृति और भाषाओं को पैरों तले रौंदा और यहाँ से जितना धन लूटकर ले गए, उतना अपने बाकी विश्वव्यापी साम्राज्य से न ले गए। हिन्दुस्तान की राष्ट्रीय चेतना सीधे

१. लक्ष्मीसागर वार्ष्णेय, 'भारतेन्दु की विचारधारा', प्रयाग १९४८, पृ० २४।
२. उप०, पृ० ११३।
३. उप०, पृ० १५७
४. उप०, पृ० १५८।

अंग्रेज़ डाकुओं के कारनामों का विरोध करके बढ़ी। इसलिए हिन्दुस्तान की तमाम भावनाओं का नया राष्ट्रीय साहित्य अंग्रेज़ी राज्य का विरोधी साहित्य है। अंग्रेज़ साम्राज्यवादियों ने भारतीय जनता को गुलामी की शिक्षा दी, भरसक उसके राष्ट्रीय सम्मान और उसकी प्रतिरोध भावना को कुचलने की कोशिश की। इसके बावजूद जनता के समर्थ लेखक देश की संस्कृति की रक्षा और विकास के लिए आगे बढ़े। ऐसे लेखकों ही में भारतेन्दु हरिश्चन्द्र थे।

'बादशाह-दर्पण' की भूमिका में भारतेन्दु ने मुसलमानों के राज्य से अंग्रज़ी राज्य की तुलना करते हुए पहले को हैजे का रोग कहा है और दूसरे को क्षय का। इस भूमिका में अंग्रेज़ों ने हिन्दुस्तानियों को जो विद्या सिखाई थी, उसे भारतेन्दु ने भीख माँगने की विद्या कहा है। अंग्रेज़ों के सामने जो आत्म-सम्मान खोकर नाक रगड़ते थे, उनसे भारतेन्दु को कितनी घृणा थी, यह उनके प्रसिद्ध लेख 'लेवी प्राणलेवी' से ज़ाहिर होता है। गवर्नर जनरल हिन्द के जिस दरबार का भारतेन्दु ने वर्णन किया है, वह काशिराज के घर पर हुआ था। इसलिए भारतेन्दु की सत्यप्रियता और भी सराहनीय है। वहाँ जो सज्जन लोगों के नाम लिख रहे थे उनका वर्णन यों किया है, "नाम लिखने वाले मुन्शी बद्रीनाथ फूले-फाले अबा पहिने पगड़ी सजे पुराने दादुर की भाँति इधर-उधर उछलते और शब्द करते फिरते थे।" लोग किस तरह एक आनरेरी मजिस्ट्रेट के 'सिट डौन', 'स्टैण्ड अप' कहने से उठते और बैठ जाते थे, इसका उन्होंने बहुत ही नाटकीय वर्णन किया है। आनरेरी मजिस्ट्रेट का व्यवहार हवलदार का सा था, सिर्फ हाथ में एक लकड़ी की कसर थी। लोग कीमती पोशाक पहनकर गये थे। "सबके अंगों से पसीने की नदी बहती थी मानो श्रीयुत को सब 'अर्घ्य पाद्यं' देते थे।" भारतेन्दु के इस 'अर्घ्य पाद्यं' के टुकड़े से बनारस के अधिकारी खासतौर से चिढ़े थे। लोगों की उठा-बैठी और बेहूदा कवायद को लक्ष्य करके लिखा था, "वाह-वाह दर्बार क्या था 'कठपुतली का तमाशा' था या बल्लमटेरों की 'कबायद' थी या बन्दरों का नाच था या किसी पाप का फल भुगतना था या 'फौजदारी की सज़ा थी'।"

यह सब १८७० में लिखने के लिए सत्यप्रियता और साहस दोनों की जरूरत थी। भारतेन्दु उस समय बीस साल के युवक लेखक ही थे।

गवर्नर जनरल के विदा होने पर "सब लोग इस बंदीगृह से छूट-छूटकर अपने घर आए।"

देखिए इतिहास में नाम अमर करने वाली ऐंग्लो-सैक्सन जाति के भारतीय प्रतिनिधि के दरबार को भारतेन्दु ने बन्दीगृह लिखा था! ऐसे प्रतिनिधियों ने यहाँ के रईसों को जो गुलामी सिखाई थी, उस पर टिप्पणी करते हुए उन्होंने लिखा था, "रईसों के नम्बर की यह दशा थी कि आगे के पीछे, पीछे के आगे अंधेरनगरी हो रही थी। बनारस वालों को न इस बात का ध्यान कभी रहा है और न रहेगा, ये बेचारे तो मोम की नाक हैं चाहो जिधर फेर दो।" अन्त में दूसरे प्रान्तों की तरह अपने प्रान्त के लोगों से कायरता छोड़ने की अपील करते

हुए उन्होंने लिखा था, "हाय—पश्चिमोत्तर देशवासी कब कायरपन छोड़ेंगे और कब इनकी उन्नति होगी और इनको परमेश्वर यह सभ्यता देगा जो हिन्दुस्तान के और खंड के वासियों ने पाई है।"

यहाँ हम भारतेन्दु को विशेष रूप से हिन्दीभाषी जनता को अपनी सम्मान-रक्षा करना सीखने का उपदेश देते हुए पाते हैं। उन्होंने स्पष्ट देखा कि किन्हीं बातों में यहाँ के लोग भारत की ही और जातियों से पिछड़े हुए हैं।

भारत में अंग्रेज़ों ने जो वर्णभेद चलाया था, उससे उनके जनतंत्र की कलई अच्छी तरह खुल जाती है। भारतेन्दु स्वयं यात्रा करते हुए इस वर्णभेद के शिकार हुए थे। 'वैद्यनाथ की यात्रा' में उन्होंने एक दिलचस्प घटना का वर्णन किया है; "लेडीज़ कम्पार्टमेंट खाली था, मैंने गार्ड से कितना कहा कि इसमें सोने दो, न माना और दानापुर से दो चार नीम अंग्रेज (लेडी नहीं सिर्फ लैड) मिले उनको बेतकल्लुफ बैठा दिया। फर्स्ट क्लास की सिर्फ दो गाड़ी एक में महाराज दूसरी आधी लेडीज आधी में अंग्रेज़ अब कहाँ सोवैं कि नींद आवै। सचमुच अब तो तपस्या करके गोरी-गोरी कोख से जन्म ले तब संसार में सुख मिलै"।

यह था अंग्रेज़ी जनतंत्र का अमल। अपने ही देश में काला रंग होने से काशिराज के मित्र हरिश्चन्द्र को नीम अंग्रेज़ों के सामने नीचा देखना पड़ा। गोरी कोख में जन्म लेने की बात अपूर्व है। भारतेन्दु के एक उत्तराधिकारी ग्राम कवि पढ़ीस ने भी इसी तरह लिखा था—

"काकनि जब रामु धरयि जायउ
अतनी फरियादि जरूर किह्यउ—
'जो जलमु दिह्यउ हमका स्वामी
अंगरेजयि के बच्चा कीन्हेउ!'"

३० नवम्बर, १८७२ की 'कविवचन-सुधा' में एक अंग्रेज़ स्तोत्र छपा है जिस पर यह टिप्पणी है, "जो लोग हाकिमों की बहुत खुशामद करते हैं उनको यह स्तोत्र कंठ करना चाहिए।" इस स्तोत्र में अंग्रेज़ों की प्रशंसा इन शब्दों में की गई है।

"चुंगी और पुलिस तुम्हारी दोनों भुजा हैं, अमले तुम्हारे नख हैं, अंधेर तुम्हारा पृष्ठ है और आमदनी तुम्हारा हृदय है; अतएव हे अंग्रेज! हम तुमको प्रणाम करते हैं।।३।।"

"खजाना तुम्हारा पेट है, लालच तुम्हारी क्षुधा है, सेना तुम्हारा चरण है, खेताब तुम्हारा प्रसाद हैं, अतएव हे विराट रूप अँगरेज़! हम तुमको प्रणाम करते हैं।।४।।"

इस स्तोत्र में अँगरेज़ी राज्य का लालची और लुटेरा रूप अच्छी तरह प्रकट हुआ है।

'हरिश्चन्द्र मैगज़ीन' के पहले ही अंक में भारतेन्दु ने अंगरेज़ों से सवाल किया था, "यदि प्रजा में हैं तो उसे अजा सी बलि क्यों देते हैं?" और स्वयं

शंका समाधान करते हुए उनके लिए लिखा था : "बाहर की सरलता और अन्तःकरण की कुटिलता दोनों वर्णन के बाहर हैं।"

भारतेन्दु दूसरों के अंग्रेज़-विरोधी लेख भी प्रेम से छापते थे जैसे 'हरिश्चन्द्र मैगज़ीन' के दूसरे अंक में 'मुन्शी कलिराज की सभा' नाम का लेख छापा था जिसमें राजा शिवप्रसाद पर व्यंग्य करते हुए लिखा गया है कि कलियुग के दाहिनी तरफ "के० सी० एस० आई० कलियुग के सगे बड़े भाई, बड़े अन्यायी, चश्मा लगाये, अँग्रेजों की खुशामद में जनम गँवाये, पाप कमाये बैठा है।"

'वैदिकी हिंसा हिंसा न भवति' में खिताब पानेवालों के बारे में चित्रगुप्त से कहलाया है, "महाराज, सरकार अँग्रेज के राज्य में जो उन लोगों के चित्तानुसार उदारता करता है उसको 'स्टार आफ इण्डिया' की पदवी मिलती है।"

खिताब पानेवालों पर उन्होंने एक लावनी में लिखा है :

"इक्कीस तोप सलामी की औअल दर्जे का काम सभी।
क्रास बाथ इस्टार हुए महाराज बहादुर नाम सभी॥
जग जस पाया मुलुक कमाया किया ऐश आराम सभी।
सार न जाना रहा भुलाना राम बिना बेकाम सभी।"[1]

भारतेन्दु ने यह व्यंग्य करना किस पश्चिमी पोथी से सीखा था? विशेष रूप से राम बिना क्रास बाथ स्टार का बेकार होना उन्हें किसने सिखलाया था? यह सोचना भूल है कि भारतीय संस्कृति में ऐसे तत्त्व नहीं थे जिनके आधार पर भारतेन्दु की देशभक्ति खड़ी होती। ऊपर के पद्य से इस सवैया को तुलना करने पर भारतेन्दु की देशभक्ति की मौलिकता सिद्ध हो जायेगी।

"झूमत द्वार अनेक मतंग जंजीर जरे मदअंबु चुवाते।
तीखे तुरंग मनोगति चंचल पौन के गौनहु तें बढ़ि जाते।
भीतर चंद्रमुखी अवलोकति बाहर भूप खरे न समाते।
ऐसे भये तौ कहा तुलसी जु पै जानकीनाथ के रंग न राते॥"

तुलसीदास ने भक्ति के रूप में भारतीय जनता में जो सहज आत्मसम्मान जगाया था, वही नई परिस्थिति में भारतेन्दु के राष्ट्रीय आत्मसम्मान के रूप में विकसित हुआ।

खिताब पाने के लिए हिन्दुस्तानियों को किस तरह आत्मसम्मान बेचना पड़ता था, इस पर सबसे सुन्दर और तीखी टिप्पणी २० जुलाई, १८७४ की 'कविवचन-सुधा' में छपी है। शीर्षक है, 'खिताब का भाव बहुत उतरैगा।' नीचे लिखा है :

"बंगाल में काल पड़ा है इससे इसके समाप्त होने पर खिताब का भाव निस्संदेह बहुत सस्ता हो जायेगा यहाँ तक कि टके सेर तक बिकै तो आश्चर्य नहीं, हम ग्राहकों को समाचार देते हैं कि वे प्रस्तुत हो रहैं। केवल थोड़ा-सा कागज

१. भारतेन्दु ग्रन्थावली, दूसरा खंड, काशी, सं० १९९१, पृ० ८६५।

रगने, झूठी-मीठी रिपोर्ट कर देने पर खिताब मिल जायेगा पर ढंगबाजी शर्त्त है रायबहादुर राजा नौव्वाब स्टार सब बाज़ार में आवेंगे गाहक लोग मियानी खोल रक्खैं ॥"

ध्यान देने की बात है कि झूठी-मीठी रिपोर्ट करनेवालों में राजा और नवाब दोनों हैं।

'अंधेरनगरी' के समर्पण ही में उन्होंने खिताब पानेवालों को लक्ष्य करके लिखा है—

"मान्य योग्य नहिं होत कोऊ कोरो पद पाये।
मान्य योग्य नर ते, जे केवल परहित जाये॥"

अँग्रेज़ों ने सम्मान की एक कसौटी रखी थी—जनता से दग़ा करो हमारी सेवा करो। भारतेन्दु ने इस कसौटी के मुकाबले दूसरी कसौटी रखी—सम्मानित वह जो दूसरों का उपकार करे।

'अंधेरनगरी' भारतेन्दु का सबसे लोकप्रिय प्रहसन है। यह अंधेरनगरी अँग्रेजी राज्य ही है। पाँचवें अंक में गोबर्धनदास अंधेरनगरी की तारीफ करते हुए खिताब पानेवालों का यों ज़िक्र करते हैं—

प्रगट सभ्य अन्तर छलधारी। सोई राजसभा बल भारी।
साँच कहैं ते पनही खावैं। झूठे बहुबिधि पदवी पावैं॥"

अँग्रेजी राज्य के अमन-कानून और आन्तरिक और बाह्य शांति की व्याख्या इस प्रकार है—

"धर्म अधर्म एक दरसाई। राजा करे सो न्याव सदाई।
भीतर स्वाहा बाहर सादे। राज करहिं अमले अरु प्यादे।
अंधाधुंध मच्यौ सब देसा। मानहु राजा रहत बिदेसा॥"

इसमें सन्देह ही क्या था कि राजा विदेश रहता था। न्याय और व्यवस्था के नाम अंधाधुँधी चल रही थी।

चूरनवाले के लटके ने 'अंधेरनगरी' की सामयिकता को और भी उभार दिया है। उसका चूरन खाकर अमले दूनी रिश्वत लेते हैं, पुलिस वाले कानून हजम कर जाते हैं और साहब लोग तो सारा हिन्द ही हजम कर गए हैं।

'अंधेरनगरी' के राजा का वही अन्त होता है जो होना चाहिए; "राजा को लोग टिकटी पर खड़ा करते हैं"। इस नाटक के व्यंग्य द्वारा जनता के तीव्र असंतोष को प्रकट होने का मौका मिला, जिसे वह शत्रु समझती थी उसका यह अन्त देखकर उसे हर्ष हुआ। इस प्रहसन की सजीवता का कारण उसकी साम्राज्य-विरोधी भावना है। नाटक देखने और पढ़ने वाले अन्त में यही कहते हैं, अंधेर-नगरी के चौपट राजाओं का यही हाल होना चाहिए!

अमीर ख़ुसरो के बाद भारतेन्दु ने मुकरियों के साहित्यिक रूप का सबसे सुन्दर प्रयोग किया। ख़ुसरो की परंपरा को और ऊँची सतह पर नये ज़माने की माँग के अनुकूल विकसित करते हुए उन्होंने उस पुराने रूप में नया जीवन डाला।

राजनीतिक मुकरियाँ लिखकर भारतेन्दु ने अपने अमल से दिखा दिया कि जनता की राजनीतिक शिक्षा के लिए उसके प्रचलित घटिया समझे जाने वाले साहित्यिक रूपों का कितना बढ़िया प्रयोग हो सकता है।

पश्चिम की जीवित जाति के सम्पर्क से भारतीय संस्कृति का कैसा सुन्दर विकास हो रहा था, इस मुकरी में मुलाहिज़ा कीजिए—

"सब गुरुजन को बुरो बतावै।
अपनी खिचड़ी अलग पकावै॥
भीतर तत्व न झूठी तेजी।
क्यों सखि साजन, नहिं अँग्रेजी॥"

यह उनके लिए है जो समझते थे और हैं कि भारत में सब दोष ही दोष थे और अँग्रेज़ी शिक्षा ने भारत को अन्धकार के गर्त से बाहर निकाला।

नवीन शासकों ने भारत के प्रति अपना नैतिक उत्तरदायित्व किस तरह निबाहा, वह पढ़े-लिखे बेकारों की हालत से समझिए—

"तीन बुलायें तेरह आवैं।
निज निज बिपता रोइ सुनावैं॥
आंखौ फूटे भरा न पेट।
क्यों सखि साजन, नहिं ग्रेजुएट॥"

अँग्रेज़ों ने किस तरह की शांति और व्यवस्था कायम की, यह पुलिस के कारनामों में देखिए—

"रूप दिखावत सरबस लूटै।
फंदे में जो पड़ै न छूटै॥
कपट कटारी जिय में हूलिस।
क्यों सखि सज्जन, नहिं सखि पूलिस॥"

मुकरी में, 'क्यों सखि सज्जन' का टुकड़ा जितना चुस्त यहाँ बैठा है, उतना दूसरी जगह नहीं।

और जिस कानून पर अँग्रेज़ी राज्य के प्रशंसकों का सबसे ज्यादा नाज़ है उसकी हकीकत यह है—

"नई नई नित तान सुनावै।
अपने जाल में जगत् फँसावै॥
नित नित हमें करै बल सून।
क्यों सखि सज्जन नहिं कानून॥"

और अन्त में स्वयं जीवित जाति के प्रतिनिधियों के कर्त्तव देखिए—

"भीतर-भीतर सब रस चूसै।
हँसि-हँसि कै तन मन धन मूसै॥
जाहिर बातन में अति तेज।
क्यों सखि सज्जन, नहिं अंगरेज॥"

एशिया में ऐंग्लो-सैक्सन जाति के सांस्कृतिक मिशन पर कैसी अनमोल टिप्पणी है।

एक ऐसे आदमी की ज़रूरत थी जो अंग्रेज़ी शासकों और उनके मुसाहिबों की झूठी लफ्फाज़ी का पर्दाफाश करके उनकी असलियत बयान कर दे, जो जनता के उभरते हुए असन्तोष को प्रकट करे और जिन्हें अंग्रेज़ी राज्य से बहुत बड़ी आशाएँ थीं उनकी आँखें खोल दे। यह काम हिन्दी जनता के आत्मसम्मान की रक्षा करने के लिए आवश्यक था, जिससे आगे आने वाली पीढ़ियाँ यह न कहें कि अंग्रेज़ भारत की छाती पर मूँग दलते रहे और साहित्यकार मलारें ही गाते रहे। भारतेन्दु की ये सरस, बाँकी और चोट करने वाली मुकरियाँ कुछ थोड़ी-सी छुटपुट आकस्मिक रचनाएँ न थीं। उन्होंने पत्रकार की हैसियत से लगातार अंग्रेज़ी राज्य के शोषण का भंडा फोड़ दिया था, यह बात हमें ध्यान में रखनी चाहिए। खेद की बात है कि उनकी सम्पादित पत्रिकाएँ नष्ट होती जाती हैं और हिन्दी और भारतेन्दु के नाम पर डंका पीटने वाले सज्जन भारतेन्दु के लेखों के संग्रह छापने की तरफ उदासीन हैं।

३० दिसम्बर, १८७२ की 'कविवचन-सुधा' में भारतेन्दु ने अंग्रेज़ी शिक्षा का रहस्य बतलाते हुए लिखा था कि "अंग्रेज़ लोग केवल हम लोगों को उसी शिक्षा का उपदेश करते हैं जिसमें किसी प्रकार की शिल्पादिक कोई कला न हो केवल पण्डित मात्र बन जाए।" उन्होंने बताया है कि अंग्रेज़ यह नहीं चाहते कि यहाँ के लोग कौशल सीखें, क्योंकि अगर वे भी अंग्रेज़ों की तरह की चीजें बनाने लगे तो "अंग्रेज़ों का वह महात्म जाता रहेगा और अब अंग्रेज़ों की जिन वस्तुओं को आश्चर्य से देखते हैं तुच्छ समझेंगे।" इसके सिवा जब विलायत से चीज़ें न आयेंगी वरन् यहीं बनने लगेंगी, अंग्रेज़ों को जो लाभ होता है, वह भी न होगा। इसके सिवा अंग्रेज़ डरते भी हैं कि यहाँ के लोग निडर हो जाएँगे क्योंकि "कला में युद्ध-विद्या और शस्त्र-निर्माण भी तो हैं।"

२२ दिसम्बर की 'कविवचन-सुधा' में व्यापार के बारे में लिखते हुए उन्होंने दिखलाया है कि कैसे हर तरह से इकट्ठा किया हुआ धन खिचकर विलायत ही जाता है।···"चाहे कैसे भी द्रव्य एकत्र किया हो अन्त में सब जायेगा विलायत में, क्योंकि हमारी शोभा की सब वस्तुएँ वहाँ से आवेंगी; कपड़ा, झाड़-फानूस, खिलौने, कागज़ और पुस्तक इत्यादि सब वस्तु विलायत से आवेंगी उसके बदले यहाँ से द्रव्य जाएगा तो परिणाम यह होगा कि चाहे किसी उपाय से द्रव्य लो अन्त में तुम्हारे देश से निकल जाएगा।"

८ फरवरी, १८७४ की 'कविवचन-सुधा' में भारतेन्दु का एक बहुत ही महत्त्वपूर्ण लेख छपा है जिसका शीर्षक है, "क्या हमारे देशबान्धव अब भी सचेत न होंगे?" इसमें अंग्रेज़ों के झूठे प्रचार का खण्डन करते हुए उन्होंने लिखा है—

"कुछ काल पहले अंग्रेज़ लोग जब हिन्दुस्तान के विषय में व्याख्यान देते थे

तब यही प्रकट करते थे कि हम केवल इस देश के लाभ-अर्थ राज्य करते हैं यही चिल्ला-चिल्ला कर सर्वदा कहा करते कि हम सदैव हिन्दुस्तान की वृद्धि के निमित्त विचार करते हैं कि हम लोग इस देश की वृद्धि करेंगे और यहाँ के निवासियों को विद्यामृत पिलावेंगे और राज्य का प्रबन्ध किस भाँति करना यह ज्ञान जब प्रजा को स्वतः हो जाएगा तब हम लोग हिन्दुस्तान का सब राज्य-प्रबन्ध यहाँ के निवासियों के स्वाधीन कर देंगे और अन्त को राम-राम कर जहाज पर पैर रख स्वदेश-गमन करेंगे। यह वार्ता हम लोग अपनी गढ़ी हुई नहीं कहते परन्तु इन्हीं अंग्रेजों की और मुख्य करके पादरियों के जो व्याख्यान प्रसिद्ध हुए हैं उनसे स्पष्ट प्रगट होता है। यह प्रकार पाठकजनों के देखने में निस्संदेह आया ही होगा इसमें सन्देह नहीं।"

ये अंग्रेज़ शासकों के वादे, उनके बहाने जिनसे वे भारत और ब्रिटेन के जन-साधारण को ठगते और बहलाते थे। भारतेन्दु ने इनका विद्यामृत पिलाने और यहाँ के निवासियों को स्वाधीन करने की सच्चाई ज़ाहिर कर दी। अंग्रेज़ों ने जो विद्या दी, उससे भारतवासियों में कैसा मोह फैल गया, इस बारे में उन्होंने लिखा है—

"अंग्रेज़ों ने हम लोगों को विद्यामृत पिलाया और उससे हमारे देशबान्धवों को बहुत लाभ हुए। इसे हम लोग अमान्य नहीं करते परन्तु उन्हीं के कहने के अनुसार हिन्दुस्तान की वृद्धि का समय आने वाला हो सो तो एक तरफ रहा पर प्रतिदिन मूर्खता, दुर्भिक्षता और दैन्य प्राप्त होता जाता है। अंगरेज़ों ने उनको अपने विद्या की रुचि लगाकर राजनीति में उनके चित्त को आकर्षण किया और सच्ची विद्या उन्हें न दिया और यही कारण है कि हम लोग इनकी माया से मोहित हो गये और हम लोगों को अपनी हानि दृष्ट न पड़ी।"

अंग्रेज़ी राज्य में अशिक्षा, गरीबी और भुखमरी बढ़ी, अंग्रेज़ों ने इस देश के लोगों को वास्तविक विद्या न दी—भारतेन्दु ने उपकारी ब्रिटिश राज्य की यह खरी और सच्ची आलोचना की है।

अंग्रेज़ी राज्य के प्रति लोगों के भ्रम कैसे टूट रहे हैं, इस पर लिखा है "परन्तु अब अंग्रेज़ी माया छल और घात दृष्टि में आने लगा क्योंकि हम लोगों को केवल अंग्रेज़ी भाषा प्राप्त हुई परन्तु कला-कौशल के विषय में हम लोग भली भाँति अज्ञात सागर में निमग्न हुए हैं इसमें सन्देह नहीं।"

भारतेन्दु के समय में भी बंगाल अकाल के लिए प्रसिद्ध था। बंगाल का अकाल ईश्वर के कोप का फल है, इस धारणा का खण्डन करते हुए भारतेन्दु ने १६ फरवरी, १८७४ की 'कविवचन-सुधा' में लिखा है, "बंगाल का दुर्भिक्ष क्या है केवल अनीति के बीज का फल है क्या कारण है कि दिन दिन महंगी बढ़ती जाती है जो अन्न गत वर्ष में १२ सेर का बिकता था सो इस वर्ष ८ सेर बिकने लगा। विचार करो कि बीस वर्ष के पूर्व अन्न ४० सेर का बिकता था अब उसका पंचमांश क्यों हो गया?"

अंग्रेज़ों ने दो सौ साल में हिन्दुस्तान को कैसे लूटा और कैसे उनकी लूट से अकाल पैदा हुए, यह विस्तार से बताते हुए लिखा है—

"हे पाठकगण जब हमको इनके असावधानी का स्मरण होता है तब चित्त व्याकुल हो जाता है और लेखनी आगे नहीं चलती। क्या यह अनीति नहीं है कि अनुमान दो सौ वर्ष हुए इनका अधिकार इस देश में है। इन्होंने हमारे धन-धान्य के वृद्धि में कोई उपाय नहीं किया और केवल अपनी भाषा सिखाया और सब व्यापार और धन सब अपने हस्तगत किया क्या यह खेद की बात नहीं है कि हमको कला-कौशल्य से विमुख रखा और आप स्वतः व्यापारी बनकर सब देश भर का धन और धान्य अपने देश में ले गये।"

अन्यायी शासन में इस तरह भारत के धन का अपहरण हुआ और जनता अकाल और भुखमरी का शिकार हुई।

लार्ड डलहौज़ी के भक्तों को इस पर बड़ा नाज़ है कि अंग्रेज़ों ने रेल तार चला दिए और भारत का उद्योगीकरण किया। अंग्रेज़ों ने जो कुछ किया, उससे किसको लाभ हुआ और यहां वालों की क्या दशा हुई, इस पर 'हिन्दुस्तान में दरिद्र होने के कारण' नाम के लेख में भारतेन्दु ने ९ मार्च, १८७४ की 'कविवचन-सुधा' में लिखा था—

"सरकारी पक्ष का कहना है कि हिन्दुस्तान में पहले सब लोग लड़ते भिड़ते थे और आपस में गमनागमन न हो सकता था, यह सब सरकार की कृपा से हुआ। हिन्दुस्तानियों का कहना है कि उद्योग और व्यापार बाकी न रहा। रेल आदि से भी द्रव्य के बढ़ने की आशा नहीं है। रेलवे कम्पनी वाले जो द्रव्य व्यय किया है उसका ब्याज सरकार को देना पड़ता है और उसे लेने वाले बहुधा विलायत के लोग हैं। कुल मिलाकर २६ करोड़ रुपया बाहर जाता है।"

अंग्रेज़ी राज्य में कैसे उद्योग और व्यापार चौपट हुए और जनता का बहु-संख्यक भाग किसान बदहाल हो गए, इस पर लिखा है, "कपड़ा बनाने वाले, सूत निकालने वाले, खेती करने वाले आदि सब भीख माँगते हैं—खेती करने वालों की यह दशा है कि लंगोटी लगाकर हाथ में तूँबा ले भीख माँगते हैं, और जो निरुद्यम हैं उनको तो अन्न की भ्रान्ति है।"

१८ मई, १८७४ की 'कविवचन-सुधा' में अकाल और अंग्रेज़ी राज्य के घनिष्ठ सम्बन्ध पर फिर लिखा है, ..."अब तो प्रतिवर्ष में कहीं न कहीं दुष्काल पड़ा ही रहता है, मुख्य करके अंग्रेज़ी राज में इसका घर है और बहुधा ऐसा सुनने में आया है कि विसूचिका का रोग जो अब सम्पूर्ण भारत खंड में छा रहा है अंग्रेज़ों के राज के आरम्भ से इसका प्रारम्भ हुआ है।"

विलायत से यहाँ आते हुए और यहाँ से वापस जाते हुए अंग्रेज़ की दशा में कितना फर्क पड़ जाता है, यह बताकर उन्होंने साबित किया है कि अकाल और महामारी अंग्रेज़ों ही की कृपा हैं—"जब अंग्रेज़ विलायत से आते हैं प्रायः कैसे दरिद्र होते हैं और जब हिन्दुस्तान से अपने विलायत को जाते हैं तब कुबेर बन-

कर जाते हैं···इससे सिद्ध हुआ कि रोग और दुष्काल इन दोनों के मुख्य कारण अंग्रेज़ ही हैं।"

अंग्रेज़ी राज्य में इस सबके लिए रोना वैसा ही है जैसा ओखली में सिर देकर चोटों की शिकायत करना। भारतीय जनता की सहनशीलता पर व्यंग्य करते हुए उन्होंने लिखा है, "अब भारतवर्ष की प्रजा दुष्काल और रोग के कारण क्यों रोती है, भला जब कोई अपने से अपना सिर उखरी में देगा तो कहो उसे मूसर की चोट क्यों न लगेगी जैसे ओखरी के दाने जब तक त्वचा-रहित नहीं होते तब तक वह छाँटने वाला कहाँ छोड़ता है।"

कूटते जाओ दानों को जब तक भूसी अलग न हो जाए; कैसी सुन्दर व्यवस्था अंग्रेजों ने कायम की थी!

लेकिन ओखली में दाने कूटने का यह व्यापार बन्द कैसे किया जाए?

भारतेन्दु ने अंग्रेज़ी राज्य की जो आलोचना की थी, उसी से उसे निर्मूल करने का मंत्र भी निकलता था। यह मंत्र था स्वदेशी का। अपने लेखों में भारतेन्दु ने इस मंत्र का लगातार प्रचार किया। इस मन्त्र को सिद्ध करने के लिए उन्होंने व्यापारियों, शिक्षित लोगों और साधारण जनता सभी से अपील की। उन्होंने यह आवश्यक समझा कि स्वदेशी के संघर्ष में हिन्दू और मुसलमान दोनों शामिल हों।

भारतेन्दु ने स्वदेशी के व्यवहार के लिए एक प्रतिज्ञा-पत्र लिखा था और उस पर लोगों से दस्तखत कराए थे। हिन्दुस्तान के स्वाधीनता-संग्राम में यह प्रतिज्ञापत्र स्वर्णाक्षरों में लिखे जाने योग्य है। २३ मार्च, १८७४ की 'कविवचन-सुधा' में प्रकाशित यह प्रतिज्ञा-पत्र इस प्रकार है—

"हम लोग सर्वान्तर्यामी सब स्थल में वर्तमान सर्वद्रष्टा और नित्य सत्य परमेश्वर को साक्षी देकर यह नियम मानते हैं और लिखते हैं कि हम लोग आज के दिन से कोई विलायती कपड़ा न पहिनेंगे और जो कपड़ा कि पहिले से मोल ले चुके हैं और आज की मिती तक हमारे पास हैं उनको तो उनके जीर्ण हो जाने तक काम में लावेंगे पर नवीन मोल लेकर किसी भाँति का भी विलायती कपड़ा न पहिरेंगे, हिन्दुस्तान ही का बना कपड़ा पहिरेंगे हम आशा रखते हैं कि इसको बहुत ही क्या प्रायः सब लोग स्वीकार करेंगे और अपना नाम इस श्रेणी में होने के लिए श्रीयुत बाबू हरिश्चन्द्र को अपनी मनीषा प्रकाशित करेंगे और सब देशी हितैषी इस उपाय के वृद्धि में अवश्य उद्योग करेंगे।"

हिन्दीभाषी जनता इस बात पर गर्व कर सकती है कि उसके नवजागरण के वैतालिक हरिश्चन्द्र ने चौबीस वर्ष की अवस्था में स्वदेशी के व्यवहार की यह गम्भीर प्रतिज्ञा की थी। उस दिन तरुण हरिश्चन्द्र ने न केवल हिन्द प्रदेश के लिए वरन् समूचे भारत के लिए एक नये युग का द्वार खोल दिया था। उस दिन राष्ट्रीय स्वाधीनता के पावन उद्देश्य से हिन्दी साहित्य का अटूट गठबन्धन हो गया था। उस दिन हरिश्चन्द्र की कलम से भारतीय जनता ने अंग्रेज़ी राज्य के नाश का वारंट लिख दिया था।

भारतेन्दु जानते थे कि स्वदेशी का रास्ता सुगम नहीं है। उसके लिए त्याग और बलिदान दरकार होगा। ८ जून १८७४ की 'कविवचन-सुधा' में स्वदेशी से मैनचेस्टर में खलबली मचने का जिक्र करते हुए उन्होंने देशवासियों को ललकारा है—

"भाइयो ! अब तो सन्नद्ध हो जाओ और ताल ठोंक के इनके सामने खड़े तो हो जाओ देखो भारतवर्ष का धन जिस्में जाने न पावे वह उपाय करो।"

सबसे ज़ोरदार अपील उन्होंने बलिया के व्याख्यान में की थी। इसमें उन्होंने भारत की साधारण जनता से कहा था, "भाइया राजा-महाराजाओं का मुँह मत देखो, मत यह आशा रखो कि पंडितजी कथा में ऐसा उपाय बतलावेंगे कि देश का रुपया और वृद्धि बढ़ै तुम आप ही कमर कसो आलस छोड़ो कब तक अपने (को) जंगली हूस मूर्ख बोदे डरपोकने पुकरवाओगे···हम इससे बढ़कर क्या कहैं कि जैसे तुम्हारे घर में कोई पुरुष व्यभिचार करने आवै तो जिस क्रोध से उसको पकड़कर मरोगे और जहाँ तक तुम्हारे में शक्ति होगी उसका सत्यानाश करोगे उसी तरह इस समय जो-जो बातें तुम्हारे उन्नतिपथ को काँटा हों उनकी जड़ खोदकर फेंक दो० कुछ मत डरो० जब तक सौ दो सौ मनुष्य बदनाम न होंगे, जात से बाहर न निकाले जायँगे, दरिद्र न हो जायँगे, कैद न होंगे वरंच जान से न मारे जायँगे तब तक कोई देश न सुधरेगा०।"

भारतेन्दु अंग्रेज़ी राज्य के आतंकवादी तरीकों से परिचित थे। उन्होंने 'भारत-दुर्दशा' में दिखलाया था कि किस तरह देश-सुधार की बात करने पर ही डिसलायल्टी आकर धर दबोचती है। उन्होंने लोगों को सत्य कहने के लिए जेल जाते देखा था, इसीलिए उन्होंने सबकुछ सहने के लिए तैयार रहने की पुकार की थी।

'बनारस' अखबार के सम्पादक पर पुलिस के खिलाफ लिखने के लिए एक हजार रुपया जुर्माना हुआ था। जुर्माना न दे सकने पर वह जेल भेज दिए गए थे। भारतेन्दु ने इस 'न्याय' की निन्दा करते हुए और अपने एक सहयोगी के जेल जाने पर उसे बधाई देते हुए लिखा था, "······मानों कलियुग ने अपना राज्य प्रत्यक्ष दिखलाया है कि 'सम्पादकजी आप क्या जो सच बोलेंगे उनकी यही दशा होगी यह काल तो केवल मिथ्याभाषण का है।' धन्य हैं वे लोग जो अपने देश के हित के लिए कारागार जाते हैं और ऐसे ही पुत्र जनकर माता पुत्रवती होती हैं क्योंकि पृथ्वी के भार रूप तो सभी हैं पर उक्त संपादक महाशय से देशहितैषी वे ही हैं जो अपने एक देश के वासी के कल्याण के हेतु कारागार गये।"

यह कहना अत्युक्ति न होगी कि हिन्द प्रदेश में स्वदेशी आन्दोलन के जन्मदाता और देश के लिए बलिदान का पाठ पढ़ाने वाले भारतेन्दु ही थे।

यह ध्यान देने की बात है कि भारतेन्दु के लिए स्वदेशी का मतलब सिर्फ विदेशी वस्त्रों का बहिष्कार न था, बल्कि देश के उद्योगीकरण के लिए संघर्ष भी था। उन्हें यह ज़रा भी भय न था कि भारत में भी मशीनों का चलन होने से

भारतीय संस्कृति का नाश हो जाएगा।

९ मार्च १८७४ की 'कविवचन-सुधा' में उन्होंने विलायत की मशीनों के बारे में लिखा था—

"वहाँ एक लक्ष बाइलर, भाफ के यंत्र हैं और एक-एक की शक्ति ४० घोड़ों की है एक घोड़े की शक्ति आठ मनुष्यों के बराबर है तो इस हिसाब से चालीस लाख घोड़े अर्थात् तीन करोड़ बीस लाख मनुष्यों का काम इन यन्त्रों के द्वारा होता है मनुष्य तो काम करते-करते थक जाते हैं पर ये यंत्र कभी नहीं थकते और मनुष्यों के समान चार आना आठ आना रोज नहीं देना पड़ता केवल इनमें अग्नि प्रदीप्त करने से चलने लगते हैं···इस वृत्तान्त से स्पष्ट हुआ कि परदेश के कला-कौशल्य ने इस देश पर चढ़ाई किया ऐसा पहले कभी नहीं हुआ था।"

इस नई चढ़ाई से देश की रक्षा करने के लिए उन्होंने देश के धनी लोगों को बाहर से भाप के यन्त्र मँगाने की सलाह दी—

"इसलिए अब जो जो विद्वान् और विचारी मनुष्य हों उनको उचित है कि अपने द्रव्य के वृद्धि के निमित्त जितने भाफ के यन्त्र मँगा सकें मँगावें और यहाँ भी धातु आदि खान कई हैं उनका शोध करें।"

उद्योगीकरण के बिना देशोन्नति असंभव है, लेख का सार यह है।

विलायत से जो चीजें आती थीं उन्हें यहीं तैयार करने के लिए देश-भर के लोग उद्योग करें, इस विषय पर ९ फरवरी १८७४ की 'कविवचन-सुधा' में भारतेन्दु ने लिखा था—

"अब भी हम लोगों को कला-कौशल्य की ओर ध्यान देना चाहिये लोगों को तो अंगरेजी वस्तुओं की रुचि लगी है तो अंगरेजों के समान सब पदार्थों के कारखाने यहाँ नियत किए जायँ पर अभी यहाँ के व्यापारियों में एतना सामर्थ्य नहीं है कि अंगरेजों के समान लोहा पीतल इत्यादि मौल्यवान पदार्थ लेकर मिट्टी के वस्तु तक बनावें जैसे कि अंगरेजी व्यापारी माल भेजने लगे देखो बढ़ई आदि छोटे छोटे व्यापारियों को काम मिलना कठिन हो गया है यहाँ तक कि घरों की खिड़कियाँ दरवाजे आदि सब विलायत से बनकर आते हैं इस धोके का मुख्य कारण यही है जो अंगरेजों ने सबों के चित्त को अंगरेजी भाषा की तरफ खीचा जो यथार्थ है कि हम लोगों ने कलाकौशल्य की ओर ध्यान नहीं दिया और उन्होंने तो इसी मिस से हम लोगों को 'बहाली दी' और द्रव्य सब स्वदेश ले गये अब हम लोग इस बात की ओर कुछ चित्त लगाकर अपने लाभ के विषय में विचार करने लगे हैं और उसका कुछ फल भी दृष्टिगोचर होने लगा है परन्तु यथार्थ में यहाँ का माल तैयार करने के निमित्त जो लोग एकत्र हुए हैं वे कुछ भी नहीं हैं क्योंकि जब तक देश भर के व्यापारी इस विषय में उद्योग न करेंगे तब तक कार्य सिद्ध भली भाँति नहीं हो सकता जिस लिए केवल एतने ही से एतद्देशीय वस्त्र आदि की वृद्धि होनी कठिन है और अंगरेजों के समान वस्तु तैयार करना बिना सबों की सहायता के नहीं हो सकता।"

हरिद्वार की यात्रा पर लिखते हुए भारतेन्दु ने रुड़की में जो मशीनें देखी थीं, उनका ज़िक्र उन्होंने बड़े चाव से किया है। यह हम देख चुके हैं कि हिन्द प्रदेश में शिल्पविद्या का कालेज खोलने की उन्हें बहुत इच्छा थी, जो पैसा न होने से पूरी न हो पाई। हिन्दी की उन्नति पर व्याख्यान में उन्होंने विज्ञान और कौशल की शिक्षा पर ज़ोर दिया है। रेल कैसे चलती है, फ़ोटो कैसे खींची जाती है, हम गुलाम क्यों हो गए, अंग्रेज़ी राज्य क्यों है, इन सब प्रश्नों पर विचार करने के लिए भारतेन्दु ने जनता से अपील की। उन्होंने बताया कि मशीनों के इस्तेमाल से यहाँ के लोग छले जाते हैं, धन बाहर जाता है और हम परदेशी जुलाहों के गुलाम बन गए हैं, यहाँ का कच्चा माल विलायत जाता है और वहाँ से तैयार माल लाकर यहाँ बेचा जाता है, यहाँ पर उद्योग और मशीनों के बारे में पुस्तकें नहीं हैं, इसलिए,

> **"अंगरेजी पहिले पढ़ै पुनि विलायतहिं जाय।**
> **या विद्या को भेद सब तो कछु ताहि लखाय।।"**

और,

> **"जानि सकैं सब कछु सबहि बिबिध कला के भेद।**
> **बनै बस्तु कल की इतै मिटै दीनता खेद।।"**

ऐसे ही विचार उन्होंने बलिया वाले व्याख्यान में भी प्रकट किये थे।

मशीनों और आधुनिक ढंग के उद्योग-धन्धों के विकास पर भारतेन्दु के ये विचार उस समय ही नहीं, आज के लिए भी अत्यन्त महत्त्वपूर्ण हैं। अंग्रेज़ साम्राज्यवादियों का शासनसूत्र ही यह था कि पिछड़े हुए देशों के अर्थतंत्र की नस अपने हाथ में रखो, उनकी औद्योगिक उन्नति को रोको और उन्हें आर्थिक रूप से खेतिहर देश रखकर अपने ऊपर निर्भर बनाये रहो। भारतेन्दु ने इस शासनसूत्र का ही खंडन किया था। उन्होंने देशवासियों को अंग्रेज़ी राज्य के शोषण का सही रूप दिखाया, देश की छिपीं हुई लूट पर जो ब्रिटिश कूटनीति का पर्दा पड़ा हुआ था, उसे उन्होंने हटा दिया। उन्होंने विदेश से तैयार माल मँगाना बन्द करके यहीं पर मशीनें मँगाकर माल बनाने पर जोर दिया।

अंग्रेज़ों ने दुनिया में जितने उपनिवेश बनाये, उनमें भारत सबसे लाभदायी था। जनसंख्या में यह सब उपनिवेशों से बड़ा था। अंग्रेज़ों को धन देने में यह अद्वितीय था। १६वीं-१७वीं सदी के अंग्रेज़ कवि भारत के जिस धन पर कविताएँ लिख गए थे, वह धन अब उन्हीं के देश चला गया था। यहाँ के राजों-महाराजों, पंडों-पुरोहितों, मौलवियों और अल्लामाओं का साहित्य इस लूट को या तो बढ़ावा देता था या उसे छिपाता था। भारतेन्दु ने कहा, भारत का धन विदेश जाना बन्द हो। इसके लिए उन्होंने जनता से ताल ठोककर उठ खड़े होने को कहा। इस तरह साहित्य के माध्यम से उन्होंने स्वदेशी और स्वाधीनता की समस्या लोगों के सामने रखी। दृढ़ता से उन्होंने अपने मत का प्रचार किया और इस तरह जनता को भावी स्वाधीनता-संग्राम के लिए तैयार किया।

४. राष्ट्रीय और जनवादी संस्कृति की समस्या

९ मार्च १८७४ की 'कविवचन-सुधा' में हिन्दुस्तान के दरिद्र होने के कारणों की छानबीन करते हुए हरिश्चन्द्र ने अंग्रेज़ शासकों के झूठे प्रचार का ही खंडन नहीं किया, देश के उद्योगीकरण की माँग करते हुए उन्होंने देशवासियों को सावधान किया, "इस कार्य में सरकार से सहायता की आशा किमपि न रखना चाहिये क्योंकि सरकार अपने देशवालों का पक्षपात छोड़कर हमारे तरफ न हुई।"

अंग्रेज़ सरकार पक्षपात की सरकार थी। वह अपने यहाँ वालों का भला करने आई थी न कि हमारे देश का। यद्यपि भारतेन्दु ने संगत रूप से अंग्रेज़ी राज्य के खिलाफ इस धारणा का प्रचार नहीं किया, फिर भी यह धारणा उस राष्ट्रीय संस्कृति का आधार बन गई जिसका विकास भारतेन्दु और उनके सहयोगियों ने किया। उनकी असंगतियाँ चाँद के धब्बों की तरह हैं, उनकी देशभक्ति पूनो के चाँद की तरह है, जिसका शीतल प्रकाश हमें आज भी रास्ता दिखाता है।

भारतेन्दु की असंगतियाँ उनके युग की सीमाओं से पैदा नहीं हुईं। वे उनके वर्ग की असंगतियाँ हैं, उस काजल की कोठरी की स्याही हैं जिसमें भारतेन्दु का जन्म हुआ था। यह धारणा मन से निकाल देनी चाहिए कि सन् बीस से पहले सब भारतवासी अंग्रेज़ों के भक्त थे या वे आज़ादी का नाम लेने से डरते थे। सन् सत्तावन के बाद अंग्रेज़ों ने आतंक के ज़रिये यहाँ पर अस्थायी 'शान्ति' कायम की थी लेकिन जनता इससे राजभक्त न बन गई थी। भारतेन्दु ने अंग्रेज़ी राज्य की तारीफ करते हुए उसके आतंक की तरफ़ इशारा भी किया था—

"कठिन सिपाही द्रोह अनल जा जलबल नासी।
जिन भय सिर न हिलाइ सकत क़हुँ भारतवासी॥"

कैसा सुन्दर जनतंत्र था! लोग डर के मारे सिर भी न हिला सकते थे।

फिर भी अंग्रेज़ी राज्य के खिलाफ सामूहिक प्रतिरोध का एकदम अभाव न था। सन् १८४२ में ही काशी के लोगों ने अंग्रेज़ी पसेरियाँ चालू करने के खिलाफ़

हड़ताल की थी और तीन दिन तक बाज़ार बन्द रहा था।[1] काशी के लोगों की यह हड़ताल सफल हुई थी। भारत की यह सबसे पहली हड़तालों में से है।

लार्ड मेयो की हत्या के बाद भारतेन्दु ने एक लेख लिखा था जिसमें अंग्रेज़ वायसराय को मारने वालों पर उन्होंने बड़ा क्रोध प्रकट किया था। इसमें उन्होंने इस बात पर खेद किया था कि भारत की जनता में अब पहले जैसी राजभक्ति नहीं रह गई। उन्होंने लिखा था—

"श्रीमान् लार्ड म्यौ स्वर्गवासी के मरने का शोक जैसा विद्वानों की मंडली में हुआ वैसा सर्वसाधारण में नहीं हुआ। इसमें कोई सन्देह नहीं कि एक बेर जिसने यह समाचार सुना घबड़ा गया, पर तादृश लोग शोकाक्रान्त न हो गये इसका मुख्य कारण यह है कि लोगों में राजभक्ति नहीं है। निस्संदेह किसी समय में हिन्दुस्तान के लोग ऐसे राजभक्त थे कि राजा को साक्षात् ईश्वर की भाँति मानते और पूजते थे, परन्तु मुसलमानों के अत्याचार से यह राजभक्ति हिन्दुओं से निकल गई। राजभक्ति क्या इन दुष्टों के पीछे सभी कुछ निकल गया; विद्या ही का वैसा आदर न रहा।"

एक तरफ विद्वानों की मंडली दूसरी तरफ सर्वसाधारण। एक तरफ राजभक्ति दूसरी तरफ राजभक्ति का अभाव। देश की जनता और राजभक्त 'विद्वानों' का यह अन्तर साफ़ जाहिर करता है कि भारतेन्दु के साहित्य में राजभक्ति का आधार जनता नहीं है। उसका आधार कुछ विद्वान् और रईस लोग थे।

भारतेन्दु इस बात पर खेद प्रकट करते हैं कि 'दुष्ट' मुसलमानों के अत्याचार से हिन्दुओं में राजभक्ति का लोप हो गया। लेकिन उस समय मुसलमानों में भी राजभक्त विद्वानों और वफ़ादार रईसों की कमी न थी। वास्तव में यह हिन्दू-मुस्लिम भेदभाव उन विद्वानों और रईसों ही तक सीमित था; जनसाधारण में राजभक्ति की तरह धार्मिक विद्वेष का भी अभाव था। इसीलिए भारतेन्दु की असंगतियों का आधार समूचा युग नहीं है, समूची जनता नहीं है, बल्कि एक वर्ग-विशेष है, थोड़े से राजभक्त विद्वान् और रईस लोग हैं।

भारतेन्दु ने देश की दशा सुधारने के लिए राजाओं, रईसों और विद्वानों की तरफ देखा. लेकिन उन्हें हर तरफ निराशा ही हुई।

लखनऊ के हिन्दू रईसों के बारे में उन्होंने लिखा था, "यहाँ के हिन्दू रईस धनिक लोग असभ्य हैं और पुरानी बातें उनके सिर में भरी हैं मुझसे जो मिला उसने मेरी आमदनी गाँव रुपया पहले पूछा और नाम पीछे।" (लखनऊ यात्रा पर निबन्ध)। 'लेवी प्राण लेवी' में वह बनारस के राजभक्त रईसों को कठपुतली की तरह नाचते दिखा चुके थे। 'प्रेमजोगिनी' में उन्होंने परदेसी से कहलाया था—

"अमीर सब झूठे और निन्दक करें घात विश्वासी।
सिपारसी डरपुकने सिट्टू बोलैं बात अकासी॥"

१. ब्रजरत्नदास, 'भारतेन्दु हरिश्चन्द्र', पृ० २२।

भला इनसे देशोद्धार की क्या आशा की जा सकती थी ?

भारतेन्दु ने राजाओं पर नजर डाली लेकिन वहाँ भी कोई आशा की किरण फूटती न दिखाई दी। 'भारत-दुर्दशा' में वैतालिक कहता है—

"अब नहिं राम धर्म्म अर्जुन नहिं शाक्यसिंह अरु व्यास।
करिहै कौन पराक्रम इनमें को दैहै अब आस।।
सेवाजी रनजीतसिंह हू अब नहिं बाकी जौन।
करिहै कछू नाम भारत को अब तो सब नृप मौन।।
वही उदैपुर जैपुर रीवाँ पन्ना आदिक राज।
परबस भये न सोच सकहिं कछु करि निज बल बेकाज।।"

सामन्तों का बल बेकाज हो गया था; वे पराये वश हो गए थे। उनमें खुद सोचने की शक्ति न रह गई थी। इसलिए क्षत्रिय राजाओं में कोई राम या अर्जुन पैदा होकर देश का उद्धार करेगा, यह आशा व्यर्थ थी। 'भारत-दुर्दशा' में यही नतीजा नहीं निकाला गया कि अंग्रेज़ों से आशा करना व्यर्थ है, उसमें यह नतीजा भी साफ है कि अंग्रेज़ों के अधीन राजाओं से देशोद्धार की आशा करना व्यर्थ है। 'भारत-दुर्दशा' अंग्रेज़-भक्ति और सामन्त-भक्ति दोनों ही का फातिहा है।

'विषस्य विषमौषधम्' में एक चुटकुला यह है, "कलकत्ते के प्रसिद्ध राजा अपूर्वकृष्ण से किसी ने पूछा था कि आप लोग कैसे राजा हैं तो उन्होंने उत्तर दिया जैसे शतरंज के राजा, जहाँ चलाइये वहाँ चलें।"

बलिया के व्याख्यान में उन्होंने साफ-साफ लोगों को सावधान किया था कि राजों-महाराजों और पंडितों का भरोसा करना छोड़ें—"भाइयो, राजा महाराजों का मुँह मत देखो मत यह आशा रक्खो कि पंडितजी कथा में ऐसा उपाय बतलावेंगे कि देश का रुपया और बुद्धि बढ़ै०।"

'भारत-दुर्दशा' में उन्होंने पढ़े-लिखे लोगों को भी अकेले कुछ कर सकने में असहाय दिखलाया है। भारत दुर्दैव इन पढ़े-लिखों पर हँसता है,—"हहाहा! कुछ पढ़े-लिखे मिलकर देश सुधारा चाहते हैं। हहाहा! एक चने से भाड़ फोड़ेंगे।" 'भारत-दुर्दशा' के पाँचवें अंक में उन्होंने बुद्धिजीवियों पर चुभते व्यंग्य किये हैं। एक सज्जन पूछते हैं, "क्यों भाई साहब, इस कमेटी में आने से कमिश्नर हमारा नाम तो दरबार से खारिज न कर देंगे?" ऐसे सज्जनों को राजभक्त विद्वानों का प्रतिनिधि मानना चाहिए।

'भारत-दुर्दशा' के कवि ने मुहम्मद शाह के भाँडों की तरह चूड़ियाँ बजाकर, उँगली चमकाकर दुश्मन से यह अपील करने का सुझाव रखा—"मुए इधर न आइयो इधर जनाने हैं।" लेकिन बंगाली सज्जन को भय है कि असभ्यगण स्त्री लोगों का विचार न करके कनात पर हमला कर दे तो क्या होगा?

इस मज़ाक में भारतेन्दु ने शिक्षित वर्ग की मजबूरी का कड़वा अनुभव पेश किया है। एक तरफ वह क्षुब्ध हैं कि ये शिक्षित जन भाँडों से भी गये-बीते हैं, दूसरी तरफ उनमें यह भाव भी काम कर रहा है, काश हम अंग्रेज़ों का सशस्त्र

प्रतिरोध कर पाते ! मानो इस विचार पर एडीटर व्यंग्य करता है, "एड्केशन की एक सेना बनाई जाए। कमेटी की फौज। अखबारों के शस्त्र और स्पीचों के गोले मारे जाएँ।" एडीटर का यह वाक्य जहाँ सशस्त्र प्रतिरोध न कर सकने की मजबूरी पर कटाक्ष है, वहाँ वह अकेले शिक्षा और अखबारों से ही दुश्मन को फतह कर लेने पर भी व्यंग्य करता है।

यद्यपि 'भारत-दुर्दशा' के कवि, सम्पादक, सभ्यगण अंग्रेज-भक्ति सुरक्षित रखते हुए ही देश का सुधार करना चाहते हैं, फिर भी अंग्रेज़ी राज्य उन्हें चैन से विचार-विनिमय भी नहीं करने देता। डिसलायल्टी 'इंगलिश पॉलिसी नामक एक्ट' के हाकिमेच्छा नामक दफा से उन्हें पकड़ ले चलती है। बंगाली और महाराष्ट्रीय सज्जन निडर होकर सवोल-जवाब करने के लिए आगे बढ़ते हैं। सभापति ही पछताता है, "चैयरमैन होने से पहिले हमी को उत्तर देना पड़ेगा, इसी से किसी बात में हम अगुआ नहीं होते।"

राजा, रईस, पंडित, विद्वान—सब तरफ से निराश होकर भारतेन्दु इस एक ही नतीजे पर पहुँच सकते थे—देश की विराट् जनता का भरोसा करो। भारतेन्दु इस नतीजे पर पहुँचे, यह उनकी महत्ता का प्रमाण है। उन्होंने बार-बार जनता को अपनी एकता, अपनी शक्ति का भरोसा करने की शिक्षा दी, "तुम आप ही कमर कसो आलस छोड़ो कब तक अपने (को) जंगली हूस मूर्ख बोदे डरपोकने पुकरवाओगे०" (बलिया वाला व्याख्यान)। भारतेन्दु ने जनता के दोष बतलाये। उसकी निरक्षरता, आलस और भाग्य के भरोसे बैठ रहने की आलोचना की। लेकिन इस आलोचना में घृणा नहीं है। उनकी आलोचना में दुःख का भाव है, जनता के भाग्य के प्रति सहानुभूति है। कभी वह हँसाते हैं, कभी रुलाते हैं। सीधे चुटकुले देकर वह जनता को अपनी पराधीनता के प्रति सचेत करते हैं, "तीन मेढक एक के ऊपर एक बैठे थे०, ऊपर वाले ने कहा जौक शौक बीच वाला बोला गमसम सबके नीचे वाला पुकारा गए हम० सो हिन्दुस्तान की प्रजा की दशा यही है गए हम०।" कभी क्षुब्ध होकर कहते हैं, "किसी ने बहुत ठीक कहा है कि दरिद्र कुटुम्बी इस तरह अपनी इज़्ज़त को बचाता फिरता है जैसे लाजवती बहू फटे कपड़ों में अपने अंग को छिपाए जाती है० वही दशा हिन्दुस्तान की है०।"

भारतेन्दु ने जब स्वदेशी को देशोन्नति का मूलमन्त्र माना तब उन्होंने हिन्दुओं, मुसलमानों, सभी धर्म वालों की एकता पर ज़ोर दिया। देशोन्नति के उपाय बतलाते हुए उन्होंने बहुत स्पष्ट शब्दों में सभी धर्म मानने वालों से एक होने को कहा, "यह समय इन झगड़ों का नहीं, हिन्दू, जैन, मुसलमान सब आपस में मिलिये।" अछूतों के प्रति अपना व्यवहार बदलने की सलाह देते हुए उन्होंने कहा, "जाति में कोई चाहे ऊँचा हो चाहे नीचा हो सबका आदर कीजिए जो जिस योग्य हो उसे वैसा मानिए० छोटी जाति के लोगों का तिरस्कार करके उनका जी मत तोड़िए० सब लोग आपस में मिलिए०।"

अंग्रेज़ शासक यहाँ की फूट से फायदा उठाते थे। फूट की आग को और

भड़काते थे। देशोन्नति के लिए यह ज़रूरी था कि लोग फूट और भेदभाव दूर करके अपना एका मज़बूत करें। भारतेन्दु का हृदय केवल हिन्दुओं के दुःख से दुःखी न था, वह मुसलमानों के दुःख से भी दुःखी थे। उन्होंने मुसलमानों को सीधे लक्ष्य करके कहा, "मुसलमान भाइयों को भी उचित है कि इस हिन्दुस्तान में बसकर वे लोग हिन्दुओं को नीचा समझना छोड़ दें० ठीक भाइयों की भाँति हिन्दुओं से बर्ताव करें ऐसी बात जो हिन्दुओं का जी दुखाने वाली हो न करैं० घर में आग लगै तब जिठानी द्यौरानी को आपसे का डाह छोड़कर वह आग बुझानी चाहिए, जो बात हिन्दुओं को नहीं मयस्सर है वह धर्म के प्रभाव से मुसलमानों को सहज प्राप्त है० उनमें जाति नहीं, खाने पीने में चौका चूल्हा नहीं, विलायत जाने में रोक टोक नहीं, फिर भी बड़े ही सोच की बात है कि मुसलमानों ने अभी तक अपनी दशा नहीं सुधारी० अभी तक बहुतों को यही ज्ञात है कि दिल्ली लखनऊ की बादशाहत कायम है० यारो वे दिन गए० अब आलस हठधर्मी यह सब छोड़ो० चलो हिन्दुओं के साथ तुम भी दौड़ो एक एक दो होंगे० पुरानी बातें दूर करो मीर हसन की मसनवी और इन्दर सभा पढ़ाकर छोटेपन ही से लड़कों को सत्यानाश मत करो० होश सम्हाला नहीं कि पढ़ी पारसी चुस्त कपड़ा पहना और गज़ल गुनगुनाए० 'शौक तिल्फी से मुझे गुल की जो दीदार का था० न किया हमने गुलिस्ताँ का सबक याद कभी०' भला सोचो कि इस हालत में बड़े होने पर वे लड़के क्यौं न बिगड़ैंगे० अपने लड़कों को ऐसी किताबें छूने भी मत दो० अच्छी से अच्छी उनको तालीम दो० पिनशिन और वजीफा या नौकरी का भरोसा छोड़ो० लड़कों को रोजगार सिखलाओ० विलायत भेजो० छोटेपन से मेहनत करने की आदत दिलाओ० सौ सौ महलों के लाड़ प्यार दुनिया से बेखबर रहने की राह मत दिखलाओ०।"

धार्मिक विद्वेष के बदले उन्होंने हिन्दुओं-मुसलमानों में भाईचारे, परस्पर सहयोग और मिलकर उन्नति करने की बात कही। जब घर में आग लगी हो, तब उसे मिलकर बुझाने की अपील करके उन्होंने दोनों की देशभक्ति को जगाया। पुराने वैभव के सपने देखना छोड़कर उन्होंने औद्योगिक उन्नति में लगने की सलाह दी। उन्होंने उस साहित्य का विरोध किया जो अफीम की घूँटी की तरह लड़कों को काहिल और ऐयाश बनाता था। स्वदेशी के साथ स्वदेश के लोगों की एकता का प्रचार करना उनके लिए स्वाभाविक ही था।

संस्कृत और अरबी-फारसी की शिक्षा काफी नहीं है, देश का उद्धार उद्योग और शिल्प की शिक्षा से ही होगा—इस विचार का समर्थन करते हुए भारतेन्दु ने हिन्दुओं और मुसलमानों, दोनों ही से अपील की थी, "सय्यद अहमद खाँ मुसलमानों को अरबी पढ़ाकर क्या करैंगे कला सिखावैं। अनेक (मिमोरियल फण्ड) चन्दे होते हैं अनेक बड़े-बड़े दाता वर्तमान हैं तथा शिल्पविद्या की कोई शाला नहीं है ? हिन्दू निश्चय रखैं कि जब आत्मरक्षा का समय आवैगा तब बी० ए० होना या दाढ़ी हिलाकर अरबी छाँटना या संस्कृत बूँकना एक काम न आवैगा उस समय

केवल यही शिल्पविद्या तुम्हारा घर बचावेगी।" ('कविवचन-सुधा' ३० दिसम्बर १८७२)।

यहाँ भारतेन्दु ने अंग्रेजी शिक्षा की सीमाओं पर प्रकाश डाला है। प्राचीन भाषाओं के अध्ययन को नाकाफ़ी बताया है। हिन्दुओं और मुसलमानों से औद्योगिक शिक्षा के लिए कोशिश करने का तकाज़ा किया है। इस तरह स्वदेशी के साथ उन्होंने ऐसी शिक्षा के चलन की माँग की जिसका सम्बन्ध स्वदेश-हित से हो।

हिन्दुस्तान का पिछला इतिहास याद करके और अंग्रेजों को मुसलमानों के साथ पक्षपात करते देखकर भारतेन्दु ने कई जगह ऐसी बातें कही हैं जो मुस्लिम-विरोधी मालूम होती हैं, लेकिन इस्लाम और उसके माननेवालों के प्रति उनमें किसी तरह की द्वेष-भावना न थी। 'महात्मा मुहम्मद' नाम के निबन्ध में उनकी धार्मिक उदारता का अच्छा परिचय मिलता है। उसमें उन्होंने इस्लाम धर्म के प्रवर्तक के बारे में लिखा था, "प्रभु का आदेश पालन के हेतु सब प्रकार का दरिद्र क्लेश अपमान और आत्मीय जन का निग्रह अम्लान बदन से सिर नीचा करके सहन किया। धन्य! ईश्वर के विश्वास किंकर मुहम्मद! आज मुसलमान धर्म के प्रवर्त्तक ईश्वर के आज्ञाकारी विश्वस्त मूल मुहम्मद के नाम और उनके प्रवर्त्तित पवित्र एकेश्वर के धर्म में एशिया से योरोप अफ्रीका तक कोटि कोटि मुसलमान एक सूत्र में ग्रथित हैं। वह ऐसा आश्चर्य धर्म्म का बन्धन जगत् में संस्थापन कर गये हैं कि आज दिन उसके खोलने की किसी को सामर्थ्य नहीं है।"

स्वदेशी के साथ भारतेन्दु ने धार्मिक सहिष्णुता और हिन्दू-मुस्लिम एकता का सूत्र भी अपनाया। इस तरह उन्होंने उत्तर भारत में राष्ट्रीय संस्कृति की नींव डाली और उस नींव पर ही हमारी संस्कृति का निर्माण हो रहा है। इसके विरुद्ध धार्मिक द्वेष, साम्प्रदायिकता और फूट की भावनाएँ उस इमारत पर चोट करती हैं जिसकी नींव भारतेन्दु ने डाली थी।

यह सवाल करना उचित होगा कि इस राष्ट्रीय संस्कृति की प्रेरणा भारतेन्दु को कहाँ से मिली थी? जो सज्जन अंग्रेज़ी शिक्षा, अंग्रेज़ी राज्य और अंग्रेज़ी संस्कृति की तारीफ करते नहीं थकते, वे कृपया बतलायें कि भारतेन्दु को स्वदेशी, धार्मिक सहिष्णुता और एकता की शिक्षा किन अंग्रेज़ी किताबों से मिली थी? वास्तव में अंग्रेज़ शासकों ने यहाँ जिस तरह की शिक्षा और संस्कृति का प्रचार किया, उसके ठीक विपरीत और उसका तीव्र विरोध करके ही भारतेन्दु राष्ट्रीय संस्कृति की नींव डाल सके। अंग्रेज़ शासक यहाँ अंग्रेज़ी राज्य की ख़ामियाँ बताने न आये थे, वे उसे संसार का आदर्श राज्य कहते थे। भारतेन्दु ने दिखाया कि यह लूट का राज्य है जिसमें भारतवासी दिन-पर-दिन निर्धन होते जाते हैं और यहाँ की सम्पदा विलायत चली जाती है। अंग्रेज़ों की नीति यहाँ से कच्चा माल ले जाकर तैयार माल भेजने और भारत को एक खेतिहर उपनिवेश की तरह रखने की है। भारतेन्दु ने विदेशी माल के बहिष्कार, स्वदेशी के व्यवहार और देश में ही

शिल्प और उद्योग के विकास पर, मशीनों के द्वारा पैदावार पर, ज़ोर दिया। अंग्रेज़ों ने यहाँ शिक्षा फैलाने की बड़ी डींग हाँकी, लेकिन भारतेन्दु ने कहा—तुमसे जो हमें सीखना चाहिये, वह तुम सिखाते ही नहीं हो। हमें विज्ञान, शिल्प और कौशल की शिक्षा दरकार है। अंग्रेज़ों की नीति थी कि हिन्दू-मुसलमानों में फूट डालकर, धार्मिक विद्वेष को बढ़ावा देकर देश का शान्तिपूर्वक शोषण करते रहें। भारतेन्दु ने धार्मिक सहिष्णुता का आदर्श रखकर घर की आग बुझाने के लिए हिन्दुओं और मुसलमानों से मिलकर उद्योग करने की अपील की। अंग्रेज़ों ने समाज में राजों-महाराजों, खिताब पाये हुए सज्जनों आदि को सबसे ज्यादा सम्मान का पद दिया, इस सामाजिक आधार के सहारे वे यहाँ अपना राज्य कायम रखना चाहते थे। भारतेन्दु ने खिताबवालों की खबर ली और जनता से कहा कि राजों-महाराजों, पण्डितों, रईसों का मुँह देखना छोड़कर अपनी दशा सुधारने के लिए खुद उद्योग करो। अंग्रेज़ों ने शासन के खिलाफ बोलने वालों के लिए जेल, कचहरी, पुलिस और कानून बना रखे थे। भारतेन्दु ने अंग्रेज़ी राज्य के इन सहायकों का पर्दा फाश किया और उन लोगों का अभिनन्दन किया जो अंग्रेज़ी कानून की बदौलत जेल गये।

इससे साबित होता है कि अंग्रेज़ों ने हिन्दुस्तान को गुलाम बनाए रखने के लिए जो नीति अपनाई थी और जिस संस्कृति का प्रचार किया था, उसका ठीक विरोध करके ही भारतेन्दु राष्ट्रीय संस्कृति की नींव डाल सके। इससे स्पष्ट हो जाना चाहिए कि भारतेन्दु ने देशभक्ति अंग्रेज़ों से सीखी—यह कैसी मिथ्या धारणा है, हमारे राष्ट्रीय आत्मसम्मान के विरुद्ध तो है ही। अंग्रेज़ों ने आतंक, फूट और सुधार इन तीनों अस्त्रों का प्रयोग करके भारत को अपने पंजे के नीचे रखा। उन्होंने जनता पर जब बल-प्रयोग किया, तब जनता का प्रतिरोध भी बढ़ा। इसलिए उन्होंने अकेले आतंक का भरोसा न करके जनता में फूट डालने और राज्य करने और छोटे-मोटे राजनीतिक सुधारों से यहाँ के राजों-रईसों को अपने साथ लेने की नीति बरती। वैसे ही जनता में सच्ची आज़ादी, एकता और आर्थिक विकास के लिए आन्दोलन भी बढ़ा।

यह सोचना गलत है कि स्त्री-शिक्षा, छुआछूत के खात्मे, जनतन्त्र आदि की शिक्षा हमें अंग्रेज़ों से मिली है। हिन्दुस्तान ने विलायत से जो पार्लमेंट आदि की संस्थाएँ ली हैं, वे हमारी जनता की आवश्यकताएँ पूरी करने में निकम्मी साबित हो रही हैं। अंग्रेज़ों से हमने जनतन्त्र के कुछ रूप लिये हैं, उन रूपों का उपयोग कुछ वर्गों के थोड़े-से लोग करते हैं। सच्चा जनतन्त्र वही है जिसमें राज्यशक्ति जनता के हाथ में हो, जिसका संचालन जनता करे, जो जनता की आवश्यकताएँ पूरी करने का साधन हो। किसी समय प्रजातंत्र और जनतन्त्र के बारे में अंग्रेज़ों को डींग हाँकते देखकर स्वर्गीय विद्वान् जायसवाल ने भारत में जनवादी संस्थाओं के विकास पर अपनी ऐतिहासिक पुस्तक 'हिन्दू पॉलिटी' लिखी थी। लेकिन स्वयं अपना इतिहास भूलकर जनतन्त्र के लिए अंग्रेज़ों का कृतज्ञ होना उन्हीं को शोभा

देता है, जो मैकाले की शिक्षा-फैक्टरी से ढलकर निकले हैं।

जाति-पाँति का भेद उठाने के लिए, विधवा-विवाह करने के लिए, स्त्रियों में शिक्षा-प्रचार करने के लिए हिन्दुस्तान की ही संस्कृति में काफी तत्त्व मौजूद थे। इन सुधारों के लिए पश्चिम का कृतज्ञ होने की जरूरत नहीं। १९वीं सदी के एक समाज-सुधारक का नाम था स्वामी दयानन्द सरस्वती। उसने विधवा-विवाह, स्त्री-शिक्षा, नियोग, मूर्ति-पूजा-खण्डन आदि का प्रचार करके तहलका मचा दिया था। किसी विद्वान् ने अभी तक यह नहीं बताया कि सत्यार्थप्रकाश पर किस अंग्रेज़ी पुस्तक का प्रभाव पड़ा है।

भारतेन्दु के पिता अंग्रेज़ी न पढ़े थे। उनके समय में लड़कियों को स्कूल भेजना "बहुत ही कठिन था क्योंकि इसमें बड़ी ही लोकनिन्दा थी।" (भारतेन्दु के 'नाटक' नाम के निबन्ध में)। जो लोग समझते हैं कि अंग्रेज़ न आते तो यहाँ स्त्री-शिक्षा का प्रसार ही न होता, वे यह भूल जाते हैं कि अंग्रेज़ों के आने से पहले एक समय यहाँ जितनी स्त्री-शिक्षा थी, उतनी उस समय इंग्लैण्ड में भी न थी।

सामन्ती समाज में स्त्रियों को अधिकारहीन करके उन्हें शिक्षा और संस्कृति से वंचित किया गया था। भारतेन्दु स्त्री-शिक्षा के ही पक्षपाती न थे, वह स्त्रियों को समान अधिकार देने के पक्ष में भी थे। 'सत्य हरिश्चन्द्र' में उन्होंने 'नारी नर सम होहिं' का क्रान्तिकारी नारा दिया था। उस समय ये बातें कहना और उन पर चलना बहुत ही कठिन था और राधाकृष्णदास ने इसके लिए उचित ही हरिश्चन्द्र को वीर हरिश्चन्द्र कहा है।

'नीलदेवी' के समर्पण में उन्होंने अंग्रेज़ स्त्रियों की चर्चा की है और उनके अच्छे गुण सीखने की सलाह दी है। उन्होंने इस धारणा का खण्डन किया है कि भारतीय समाज में नारी आज की तरह गुलाम ही नहीं है। उन्होंने लिखा है, "इस उन्नति-पथ का अवरोधक हम लोगों की कुल-परम्परा मात्र है और कुछ नहीं है। आर्य जनमात्र को विश्वास है कि हमारे यहाँ सर्वदा स्त्रीगण इसी अवस्था में थीं। इस विश्वास के भ्रम को दूर करने ही के हेतु यह ग्रन्थ विरचित होकर आप लोगों के करकमलों में समर्पित होता है।"

'नाटक' नाम के निबन्ध में उन्होंने लिखा था कि प्राचीन काल में स्त्रियाँ भी रंगमंच पर अभिनय करती थीं। हर क्षेत्र में पुरुषों की तरह स्त्रियों के भाग लेने पर उन्हें आपत्ति न थी। स्त्रियों के पिछड़ेपन और निरक्षरता से आधा समाज ही पिछड़ा हुआ है और निरक्षर रहता है। इसीलिए पूरे समाज के विकास के लिए भारतेन्दु स्त्रियों की शिक्षा और समानता का दावा करते थे।

भारतेन्दु ने बाल-विवाह का विरोध किया, विधवाओं के प्रति परम्परा से चली आती हुई नैतिक धारणाओं का खण्डन किया। इस तरह की कुरीतियों का असर सबसे ज्यादा स्त्रियों पर ही पडता था। उन्होंने ईश्वरचन्द्र विद्यासागर की प्रशंसा में एक मुकरी ही इसलिए लिखी थी कि वह विधवा-विवाह के समर्थक थे—

"सुन्दर बानी कहि समुझावै ।
विधवागन सों नेह बढ़ावै ॥
दयानिधान परम गुन आगर ।
सखि सज्जन नहिं विद्यासागर ॥"

'पूर्ण प्रकाश चन्द्रप्रभा' उपन्यास में कुलीनता के कारण अनमेल विवाह करने पर उन्होंने ज़ोरदार हमला किया । भारतेन्दु ने कई जगह उन ब्राह्मणों का मज़ाक बनाया जो पैसे लेकर जाति बदल देते थे । लेकिन वह जाति-प्रथा के आधार पर ऊँच-नीच का भेद करने के विरोधी थे और इसे सामाजिक विकास के लिए बाधक समझते थे ।

'भारत-दुर्दशा' में सत्यानाश फ़ौजदार कहता है—

"जाति अनेकन करी नीच अरु ऊँच बनायो ।
खान-पान सम्बन्ध सबन सों बरजि छुड़ायो ।।
जन्मपत्र बिधि मिले ब्याह नहिं होन देत अब ।
बालकपन में ब्याहि प्रीति-बल नास कियो सब ।।
करि कुलीन के बहुत ब्याह बल बीरज मार्‌यो ।
विधवा-ब्याह निषेध कियो विभिचार प्रचार्‌यो ।।
रोकि विलायत गमन कूप मंडूक बनायो ।
औरन को संसर्ग छुड़ाइ प्रचार घटायो ।।"

इन पंक्तियों से स्पष्ट है कि भारतेन्दु पुरोहितों की संस्कृति का विरोध कर रहे थे । वह उनकी तथाकथित धर्म-व्यवस्था मानने से इन्कार कर रहे थे, इसी-लिए उन्हें क्रिस्तान की उपाधि मिली थी ।

भारतेन्दु न तो क्रिस्तान थे, न नास्तिक । वह शुद्ध वैष्णव थे, राधाकृष्ण के परम भक्त थे । लेकिन भक्ति के नाम पर गोसाइयों, पंडे-पुरोहितों ने जो धर्मान्धता फैला रखी थी, उससे उन्हें ज़रा भी सहानुभूति न थी । यही कारण था कि जो लोग धर्म के नाम पर जनता को ठगते थे, वे हरिश्चन्द्र को अपना परम वैरी मानते थे । भारतेन्दु की विचारधारा पर भक्त कवियों का गहरा असर था । भक्तों की रचनाओं में जो जनवादी विचार थे, उन्हें हरिश्चन्द्र ने फिर से सँवारा और नई संस्कृति में उन्हें विकसित किया । उनके समाज-सुधार-सम्बन्धी विचारों के मूल में अक्सर भक्त कवियों की स्थापनाएँ मिलेंगी । बहुत-से आलोचकों ने अंग्रेज़ी राज्य की सुव्यवस्था और अंग्रेज़ी शिक्षा के गीत गाते हुए भक्त कवियों की संस्कृति के जनवादी तत्त्वों को भुला दिया है । उनके लिए अंग्रेज़ी शिक्षा के सूर्योदय के पहले यहाँ अँधेरा-ही-अँधेरा था और इस शिक्षा का सूर्योदय होने पर प्रभाती गाने वाले हरिश्चन्द्र थे ।

भक्त कवियों से हरिश्चन्द्र को सबसे बड़ी शिक्षा यह मिली थी कि धर्म, संस्कृति और साहित्य का मूलतत्त्व प्रेम है । प्रेम के बिना सब फीका है । भारतेन्दु की रचनाओं पर सरसरी निगाह डालने पर भी यह किसी से छिपा न रहेगा कि

प्रेम उनकी वाणी का मूल स्वर है। इस प्रेम के आधार पर उन्होंने जाति-पाँति, ऊँच-नीच, छुआछूत, सामाजिक विषमता आदि का विरोध करना सीखा। इस प्रेम से उन्होंने देश-प्रेम का सम्बन्ध भी जोड़ा।

'तदीय सर्वस्व' के उपक्रम में उन्होंने लिखा था, "निश्चय रखैं कि परमेश्वर को पाने का पथ केवल प्रेम है। और बातैं चाहे धर्म की हों या लोक की, दोनों वेड़ी ही हैं। बिना शुद्ध प्रेम न लोक है न परलोक। जिस संसार में परमेश्वर ने उत्पन्न किया है, जिस जाति वा कुटुम्ब से तुम्हारा सम्बन्ध है और जिस देश में तुम हौ उससे सहज सरल प्रेम करो और अपने परम पिता परम गुरु परम पूज्य परमात्मा प्रियतम को केवल प्रेम में ढूँढ़ो। बस और कोई साधन नहीं है।"[1]

'वैष्णवता और भारतवर्ष' नाम के निबन्ध में भक्ति के आधार पर संसार के सभी धर्मों की समानता घोषित करते हुए हरिश्चन्द्र ने लिखा था—"जगत में उपासना मार्ग ही मुख्य धर्म-मार्ग समझा जाता है। कृस्तान, मुसलमान, ब्राह्म, बौद्ध, उपासना सबके यहाँ मुख्य है। किन्तु बौद्धों में अनेक सिद्धों की उपासना और तप आदि शुभ कर्मों के प्राधान्य से वह मत लोगों के स्मार्त मत के सदृश है और कृस्तान, मुसलमान, ब्राह्म आदि के धर्म भक्ति की प्रधानता से यह सब वैष्णवों के सदृश हैं।"

इससे सिद्ध है कि भारतेन्दु की धार्मिक सहिष्णुता और उदारता पर भक्ति का बहुत प्रभाव था। वैष्णव मत का प्रचार मनुष्यमात्र में समानता का भाव फैलाने के लिए हुआ, लेकिन स्वार्थी जनों ने उसे संकीर्ण बना दिया, इस स्थापना की पुष्टि में वह कहते हैं—"यद्यपि अनेक आचार्यों ने इसी आशा से मत प्रवर्त्त किया कि इसमें सब मनुष्य समानता लाभ कर और परस्पर खानपानादि से लोगों में ऐक्य बढ़ै और किसी जाति वर्ण देश का मनुष्य क्यौं न हो वैष्णव पंक्ति में आ सकै, किन्तु उन लोगों की यह उदार इच्छा भली-भाँति पूरी नहीं हुई, क्यौंकि स्मार्त मत की और ब्राह्मणों की विशेष हानि के कारण इस मत के लोगों ने उस समुन्नत भाव से उन्नति को रोक दिया, जिससे अब वैष्णवों में छुआछूत सबसे बढ़ गया।"

भारतेन्दु की यह धारणा सही थी कि वैष्णव भक्ति जनता में समानता और एकता का भाव पैदा करने के लिए थी, लेकिन उसका उपयोग संकीर्ण मतवादियों ने भी किया। जो हिन्दी आलोचक भक्ति का आध्यात्मिक रूप ही देखते हैं, भक्त कवियों की जनवादी भावनाओं का ज़िक्र करते ही उनके साथ अन्याय करने की गुहार मचाने लगते हैं, वे भारतेन्दु से भक्ति के सामाजिक और जनवादी पहलू का महत्त्व समझना सीखें। भारतेन्दु ने दिखावे के कर्मकाण्ड का विरोध किया। लोगों से बाह्याडंबर छोड़कर प्रेम-मार्ग के पथिक बनने के लिए कहा।

'मेंहदावल' नाम के निबन्ध में वह उन अन्धविश्वासियों पर फब्तियाँ कसते

१. भारतेन्दु के निबन्ध, सं० केसरीनारायण शुक्ल, पृ० २७।

हैं जो कुएँ पर दूसरे आदमी के पानी भरने आने पर अपना घड़ा फोड़ डालते हैं और उससे घड़े के दाम माँगते हैं। मेंहदावल के लोगों के अन्धविश्वास का अन्दाज इसीसे लग सकता है कि घड़े को वे मुसलमानी शब्द समझते थे और घड़ा कहने पर ही छूत लग जाती थी। इसी तरह 'मुसलमानी' शब्द दाल कहने से भी उन्हें छूत लग जाती थी। खानदानी इज्ज़त पर क्या ही सुन्दर व्यंग्य है, "सूरजवंशी क्षत्री राजा बाबू को छाता नहीं लगता है क्योंकि वे तो सूरजवंशी हैं सूरज से क्या छाता लगावें।" एक ब्राह्मण को जात-बाहर इसलिए कर दिया गया कि उसने ऐसे बर्तन में खाना बनाया था जैसे बर्तन का प्रयोग मुसलमान भी करते थे।

'प्रेमजोगिनी' में भारतेन्दु ने वैष्णव महन्तों और मन्दिरों में कामिनीकंचन के उपासकों का व्यंग्यपूर्ण चित्रण किया है। बनितादास गोसाइयों के नारी-प्रेम (या नारियों के गोसाईं प्रेम) के बारे में कहता है, "अरे भाई गोसाइंयन पर तो ससुरी सब आपै भहराई पड़ थीं पवित्र होवै के वास्ते, हम का पहुँचावैं।" इस पर धनदास कहता है, "गुरु, इन सबन का भाग बड़ा तेज है, मालो लूटैं मेहररुवौ लूटें।" बनितादास आगे कहता है, "भाई मन्दिर में रहै से स्वर्ग में रहै। खाए के अच्छा पहिरै के परसादी से महाराज कब्बौं गाढ़ा तो पहिरवै न करियैं, मलमल नागपुरी ढाँकै पहिरियैं, अतरे फुलेल केसर परसादी बीड़ा चाभो सबसे सेबकी ल्यौ, ऊपर से ऊ बात का सुख अलगै है।" ऐसे ही धूर्त-संत महन्तों का चित्रण भारतेन्दु ने 'वैदिकी हिंसा' में किया है।

इस सबसे भारतेन्दु की विचारधारा का सामन्त-विरोधी रुख स्पष्ट हो जाता है। वह भारतीय संस्कृति के प्रेमी थे, लेकिन रूढ़िवाद को उसके विकास में बहुत बड़ी बाधा समझते थे। उन्होंने लोगों के धार्मिक अन्धविश्वासों, छुआछूत, ऊँच-नीच के भेद-भाव, पंडे-पुजारियों और महन्तों के ढोंग और पापमय जीवन की तीव्र आलोचना की। भारतेन्दु ने जिस संस्कृति की नींव डाली, वह एक ओर अंग्रेज़ी राज्य का विरोध करती थी, तो दूसरी ओर वह भारतीय रूढ़िवाद को भी चुनौती देती थी। उन्होंने जिन अन्धविश्वासों और कुरीतियों की ऐसी तीव्र आलोचना की थी, उसका ऐतिहासिक महत्त्व है। अंग्रेज़ी राज्य इस सामन्ती संस्कृति का मित्र था। समाज के पंडे-पुजारी अंग्रेज़ी राज्य और सामन्तों के सबसे बड़े सहायक थे। भारतेन्दु की आलोचना आज भी हिन्दी लेखकों को उनके कर्त्तव्य की याद दिलाती है कि जब तक इस अज्ञान और विषमता का नाश न हो, तब तक उन्हें संतोष न करना चाहिए।

भारतेन्दु ने उन धारणाओं का खंडन किया जिनके बल पर लोग अपने पिछड़ेपन पर गर्व करते थे, अपने पिछड़ेपन को महान् दर्शन पर पेश करते थे। २२ दिसम्बर १८७३ की 'कविवचन-सुधा' में उन्होंने अपने प्रान्त के लोगों को कड़ी फटकार बताई। उन्होंने इस धारणा की आलोचना की कि थोड़े में संतोष करना हमारा महान् गुण है। अंग्रेज़ी राज्य में लोग भूखों मरते थे। शासकवर्ग के लिए यह सिद्धान्त बहुत लाभकारी था कि लोग फाकेमस्ती पर गर्व करें। भारतेन्दु

ने इस प्रान्त के लोगों के लिए कहा, "इनका आनन्द ऐसा छोटा है कि बहुत थोड़े में आनन्दित हो जाते हैं वरंच फाकेमस्त शब्द इन्हीं के हेतु बना है उस पर यह तुर्रा है कि इस फाकेमस्ती को अपनी शोभा समझते हैं पर हा! परिणाम क्या होगा नहीं सोचते और यह नहीं समझते कि इस फाकेमस्ती के अन्त में मरनमस्ती के दिन आवेंगे और जो कुछ बचा बचाया धन गिरा पड़ा है वह भी सत्यानाश हो जावैगा तब फिर पश्चिमोत्तर देश भर में चूहे लोटेंगे।"

साहित्य में जब जनता के रहन-सहन, गरीबी, भुखमरी का सवाल उठता, तब पुरानपंथी विचारक और शासक-वर्ग के हिमायती पुकार उठते हैं—यह सब भारतीय संस्कृति के खिलाफ है, हम भूख और गरीबी ही में सुखी हैं और अध्यात्मवाद हमारा सबसे बड़ा धन है। भारतेन्दु ने इन पंडितों के तर्क की पोल बहुत पहले खोल दी थी। यह विचार देश को मृत्यु के मुँह में ढकेलने वाला है, भौतिक उन्नति न करके फाकेमस्ती पर गर्व करना मूर्खता है।

सब-कुछ असार है, संसार अनित्य है, मृत्यु के समय सब-कुछ यहीं पड़ा रह जाएगा, इस तरह का ज्ञान छाँटने वालों के बारे में भारतेन्दु कहते हैं, "हम इन लोगों को ज्ञानवान भी नहीं पाते पर ज्ञान सब छाँटते हैं 'एक दिन आखिर मरना ही है फिर क्यों हाय हाय करके प्राण देना' यह सब कहते हैं पर मरना क्या है और रुपया क्या है यह सब जानते हैं जो लोग ऐसा ज्ञान छाँटते हैं वे ही एक एक रुपए के हेतु सब कर्म्म करते हैं।"

इसी लेख में भारतेन्दु ने आगे चलकर सूदखोरी, भीख माँगने और दूसरों को ठगकर पैसा कमाने की निन्दा की है। सूदखोरी सामन्ती समाज का सम्मानित पेशा रहा है। खुद भारतेन्दु के खानदान में यह पेशा चलता रहा था और वह स्वयं उसके शिकार हुए थे। अंग्रेजी राज्य ने सूदखोरी कायम रखने के लिए कानून बनाये, सूदखोरों की रक्षा करने के लिए उसने कानून बनाये। लेकिन भारतेन्दु का कहना था, "सर्वथा से अच्छे लोग ब्याज खाना और चूड़ी पहिरना एक-सा समझते हैं पर अब के आलसियों को इसी का अवलम्ब है; न हाथ हिलाना पड़ै न पैर बैठे-बैठे भुगतान कर लिया।"

८ जून १८७४ की 'कविवचन-सुधा' में उन्होंने हिन्दुओं की सहनशीलता के लिए उन्हें फटकार बताई है। भगवान् तो स्वयं कालरूप हैं, प्रजा उनके मुँह में प्रवेश करके नष्ट होती जाती है। अंग्रेजी राज्य तो महान् दार्शनिकों के लिए निमित्त मात्र है। और भारतवासी अपनी सहनशीलता पर प्रसन्न हैं। इस निमित्त मात्र वाले दर्शन पर भारतेन्दु की उक्ति है, "सच है जब ज्ञान बहुत बढ़ जाता है तब मनुष्य को कोई विधि निषेध नहीं रहता वही दशा सरकार की है अब सरकार को किसी का सिर काट लेने में भी विचार नहीं है अब···सरकार हिन्दू प्रजामात्र को भगवान् विश्वरूप के कराल दष्ट्रा में प्रविष्ट और स्वयं हत समझती है इससे निमित्त मात्र बनने में अपने को दोषी नहीं समझती सच है ज्ञानियों को पुण्य पाप सब एक ही सा है। 'नारि नारि सब एक हैं क्या जोरू क्या माय'···तथापि वाह रे

सहनशीलता हिन्दुओं की ! गदहों को लोग व्यर्थ विशेष सहनशील कहते हैं।"

आलोचना के इस तीखेपन का कारण क्या है ? भारतेन्दु के लिए दर्शन-शास्त्र जीवन से अलग तटस्थ चिन्तन की वस्तु न था। वह देखते थे कि प्राचीन काल की भ्रान्त धारणाएँ जनता का अहित करती हैं और पराधीनता कायम रखने में सहायता करती हैं। इसलिए उन्होंने सामाजिक कुरीतियों की आलोचना से संतोष नहीं किया, उन्होंने उन संस्कारों, धारणाओं, दार्शनिक विचारों की भी निर्मम आलोचना की जो मनुष्य को पराधीनता और पिछड़ेपन से संतोष करना सिखाते थे। इस तरह भारतेन्दु ने प्रेमचन्द, निराला जैसे व्यंग्य-लेखकों के लिए ज़मीन तैयार की और हमें पुरानी धारणाओं को आलोचनात्मक दृष्टि से परखना सिखाया।

यह हम देख चुके हैं कि भारतेन्दु अंग्रेज़ों की शिक्षा-नीति से असंतुष्ट थे। अंग्रेज़ अपनी भाषा सिखाते और कला-सम्बन्धी विषयों की शिक्षा देते थे। लेकिन वे भारतवासियों को शिल्पादि की शिक्षा न देते थे, जिससे वे आर्थिक रूप से स्वाधीन हो सकें। लेकिन कला-सम्बन्धी शिक्षा में भी अंग्रेज़ आँख मूँदकर काम करते थे। भारतेन्दु उनके साहित्य-सम्बन्धी संरक्षण से भी असंतुष्ट थे। ८ जून १८७४ की 'कविवचन-सुधा' में अपने पत्र से अंग्रेज़ सरकार की अप्रसन्नता की चर्चा करते हुए उन्होंने लिखा था, "जिस अयनक (ऐनक) वाली, उदार, गुण-ग्राहिणी, कदरदानों की सिरताज गवर्नमेंट ने रत्नावली, वेणिसंहार से नाटक छापे हैं और उन पर रीझी है जिसमें विष्कंभक जाता है और चित्रलिखना नाचती है इत्यादि अनुवाद किया और धनंजयविजय से नाटक को 'नापसंद' किया है उसके रुष्ट होने का हमें शोच नहीं क्योंकि मरे पर रोना उसी को होता है जो गुणी हो।"

अंग्रेज़ सरकार देशभक्तिपूर्ण साहित्य को प्रोत्साहन न देती थी और न दे सकती थी। पुस्तकें कैसी भी छपी हों, यदि उनसे सरकार को भय न हो, तो वह उनकी कद्रदानी कर सकती थी। ऐसी सरकार के प्रोत्साहन को भारतेन्दु ने घृणा से ठुकरा दिया।

इसी लहजे में अंग्रेज़ी सरकार की अंधी कद्रदानी पर उन्होंने 'नाटक' नाम के निबन्ध में लिखा है, "गवर्नमेंट की तो कृपादृष्टि चाहिए, योग्यायोग्य के विचार की आवश्यकता नहीं। फालेन साहब की डिक्शनरी के हेतु आधे लाख रुपये से विशेष व्यय किया गया तो यह कौन बड़ी बात है ! 'सेत सेत सब एक से, जहाँ कपूर कपास।' यहाँ तो 'भेंट भए जयसाहि सों भाग चाहियत भाल' वाली बात है। किन्तु ऐसी दशा में अच्छे लोगों का परिश्रम व्यर्थ हो जाता है क्योंकि 'आँधरे साहिब की सरकार कहाँ लौं करे चतुराई चितेरो।'

अंधेरनगरी के चौपट राजा की नीति जैसी अन्य क्षेत्रों में थी, वैसी ही शिक्षा और साहित्य में भी। भारतेन्दु-युग के साहित्य की अंग्रेजों से कैसा प्रोत्साहन मिला था, ऊपर के उद्धरण में देख लीजिए। वह भी ध्यान देने की बात है कि भारतेन्दु सभी पश्चिमी विद्वानों के भारतीय संस्कृति-सम्बन्धी कार्यों से सन्तुष्ट न

थे। अनेक विद्वान् बहुत-सी बातों के लिए भारत की प्रशंसा करते हुए भी अपनी श्रेष्ठता का विचार दूर करके हमारी संस्कृति का सही मूल्यांकन न कर पाते थे। प्राचीन संस्कृति का विद्वान् बनना कितना आसान है, इस पर भारतेन्दु ने 'रामायण का समय' नाम के निबन्ध में लिखा था, "दो चार ऐसी बँधी बातें हैं जिन्हें कहने से ही वे ऐंटिक्वेरियन हो जाते हैं। जो मूर्त्तियाँ मिलें वे जैनों की हैं, हिन्दू लोग तातार से वा और कहीं पच्छिम से आये होंगे। आगे यहाँ मूर्त्तिपूजा नहीं होती थी, इत्यादि, कई-कई बातें बहुत मामूली हैं, जिनके कहने से ही आदमी ऐंटिक्वेरियन हो सकता है।" पश्चिमी विद्वानों ने नस्ल के आधार पर आर्य-अनार्य का भेद करके यहाँ की प्राचीन संस्कृति का जो बँटवारा किया था, उसका उल्लेख करते हुए भारतेन्दु ने 'वैष्णवता और भारतवर्ष' में लिखा है, "यद्यपि ये पूर्वोक्त युक्तियाँ योरपीय विद्वानों की हैं, हम लोगों से कोई सम्बन्ध नहीं, किन्तु इस विषय में बाहर वाले क्या कहते हैं, केवल यह दिखलाने को यहाँ लिखी गई हैं।" बीसवीं सदी में भी कई हिन्दी विद्वान् भारत के प्राचीन इतिहास और संस्कृति पर लिखते हुए नस्लवाद के अवैज्ञानिक सिद्धान्त से प्रभावित हुए हैं। भारतेन्दु को यह श्रेय है कि उन्होंने पश्चिमी विद्वानों की स्थापनाओं को आँख मूँदकर नहीं अपना लिया। वह जब आर्य शब्द का प्रयोग करते हैं, तब नस्ल के अर्थ में नहीं।

भारतेन्दु प्राचीन संस्कृति और प्राचीन इतिहास को भारतीय जनता के नवजागरण के लिए प्रेरक शक्ति बना देना चाहते थे। वह जनता में राष्ट्रीय गर्व जगाना चाहते थे, जिससे वह अपनी पतित दशा से असंतुष्ट होकर अपनी दशा सुधारने के लिए आगे बढ़े। उनका देश-प्रेम उन्हें स्वदेश-इतिहास और पुरातत्व का अध्ययन करने के लिए प्रेरित करता था। मणिकर्णिका घाट पर उन्हें कोई प्राचीन पत्थर मिला तो उस पर खुदे हुए श्लोक पढ़ने के लिए उसे उठा लाए। 'काशी' नाम के निबन्ध में उन्होंने जैन मूर्त्तियों के सिर और अनेक शिव की मूर्त्तियाँ उठा लाने की बात लिखी है। इसी निबन्ध में हम उन्हें अनुमानतः मुगल-काल से भी पहले की मस्जिदों का निरीक्षण करते देखते हैं। कोई प्रस्तर-खंड मिला, उसकी लिपि पर विद्वानों से चर्चा करके वह उस पर लिखे हुए श्लोक लेख में उद्धृत करते हैं।

भारतेन्दु की प्रतिभा बहुमुखी थी। उनका निबन्ध 'वैष्णवता और भारतवर्ष' उनके विस्तृत अध्ययन और व्यापक सामाजिक अनुभव का साक्षी है। इस एक निबन्ध में वैष्णव मत के विकास पर कई थीसिसों से ज्यादा सामग्री मिल जाएगी। ऋग्वेद से लेकर ग्राम-संस्कृति तक भारतेन्दु की पैनी दृष्टि वैष्णवता के विकास और प्रसार के प्रमाण ढूँढ़ लाती है। अपनी युग की प्रचलित धारणाओं के अनुसार कई जगह उन्होंने प्राचीन संस्कृति में ऐसी बातें खोजने की चेष्टा भी की है जो आज के वैज्ञानिक इतिहास को मान्य न होंगी। लेकिन हिन्दी में पुरातत्व और सांस्कृतिक इतिहास की खोज करने वाले वह अग्रदूत थे और इस तरह की खामियों का होना आश्चर्यजनक नहीं।

भारतेन्दु ने जातीय संस्कृति की रक्षा और विकास के लिए भाषा के महत्त्व को पहचाना। वह इंगलैन्ड जाने और वैज्ञानिक शिक्षा पाने के समर्थक थे। अंग्रेज़ी पढ़ने-लिखने के विरोध का सवाल ही न था। लेकिन भारतेन्दु चाहते थे कि शिल्प और विज्ञान की शिक्षा अपनी भाषा के माध्यम से जनता के लिए सुलभ हो। उनका मंत्र था, "परदेसी वस्तु और परदेसी भाषा का भरोसा मत रक्खो अपने देश में अपनी भाषा में उन्नति करो।" ("भारतवर्षोन्नति कैसे हो सकती है")।

अंग्रेज़ी राज्य की नीति थी कि यहाँ की भाषाओं को दबायें, उनके अधिकार छीनकर सब पर अंग्रेज़ी का शासन कायम करें। भारतेन्दु ने देखा कि बँगला साहित्य देशी भाषा के माध्यम से उन्नति कर रहा है। इसलिए उन्होंने भी अंग्रेज़ी के माध्यम से सांस्कृतिक और औद्योगिक उन्नति का सपना न देखकर देश की भाषा को माध्यम बनाने पर ज़ोर दिया। उनका भाषा-सम्बन्धी आन्दोलन उनके स्वदेशी आन्दोलन का अंग बन गया।

भारतेन्दु की भाषा-सम्बन्धी नीति अंग्रेज़ी राज्य की नीति के विरुद्ध ही न थी, वह पंडितों मौलवियों की नीति के विरुद्ध थी, जो जनसाधारण की भाषा को हिकारत की निगाह से देखते थे। हिन्दी की उन्नति पर अपने प्रसिद्ध व्याख्यान में उन्होंने पंडितों के लिए कहा था कि संस्कृत पढ़कर विख्यात तो हो गए लेकिन अपनी भाषा के ज्ञान के बिना एक बात भी नहीं कह सकते। और फारसी पर गर्व करने वालों को 'आब आब कर मर गए, सिरहाने रक्खा पानी' की कहावत याद दिलाई थी। धर्म और संस्कृति पर ब्राह्मणों के इज़ारे का उल्लेख करते हुए उन्होंने कहा था—

"सौंप्यौ ब्राह्मन को धरम तेई जानत वेद।
तासों निज मत को लह्यो कोऊ कबहुँ न भेद॥"

पुरोहितों के इज़ारे का परिणाम यह हुआ कि जनसाधारण अपने मत का मर्म न जान पाए। भाषा में धर्मग्रन्थ न होने से पुरोहितों को तरह-तरह के मतमतान्तर फैलाने का मौका किस तरह मिला, इस पर भारतेन्दु ने 'तदीय सर्वस्व' के उपक्रम में लिखा था—"हम आर्य लोगों में धर्मतत्व के मूल ग्रन्थों का भाषा में प्रचार नहीं। यही कारण है कि भिन्नता स्थान-स्थान पर फैली हुई है। अनेक कोटि देवी-देवताओं का माहात्म्य, छोटी-छोटी बातों में ब्रह्महत्या का पाप और तुच्छ-तुच्छ बातों में बड़े-बड़े यज्ञों का पुण्य, अहं ब्रह्म का ज्ञान, और मूलधर्म छोड़कर उपधर्मों में आग्रह ने भारतवर्ष से वास्तविक धर्मों का लोप कर दिया।……धर्म हमारा ऐसा निर्बल और पतला हो गया है कि केवल स्पर्श से वा एक चुल्लू पानी से मर जाता है। कच्चे गले सड़े सूत वा चिउंटी की दशा हमारे धर्म की हो गई है। हाय!!!" गाँवों में सड़े सूत से जनता को बाँधने वाले धर्म को हटाने के लिए भाषा एक साधन थी। इसलिए भारतेन्दु की भाषा-नीति जहाँ साम्राज्य-विरोधी और राष्ट्रीय थी, वहाँ वह पुरोहित-मौलवी-विरोधी और जनवादी भी थी।

भारतेन्दु साहित्य के साथ और सब कलाओं की उन्नति भी चाहते थे। नाटकों और रंगमंच का सूत्रपात उन्होंने किया ही था। संगीत के उद्धार की भी उन्हें चिन्ता थी। उनके 'संगीत-सार' नाम के निबन्ध में उन्होंने गुरुमुख-श्रुति का भरोसा न करके उसे सुगम रीति से लिखने का सुझाव दिया है। बंगाल में संगीत की जो उन्नति हुई थी, उन्होंने उसका हवाला देकर अपने प्रदेश के संगीत-प्रेमियों को और भी प्रयत्न करने के लिए कहा है। संगीत के इतिहास पर अपने विचार प्रकट करने के बाद उन्होंने अपनी सहज नम्रता से लिखा था, "जो लोग जानकार हैं वे आनन्द से जो इसमें अयोग्य हो उसका खण्डन करें, जो बात हमारे समझ में न आई हो उसे समझावें और जो योग्य हो उसका अनुमोदन करें। इस विषय में जो कोई पत्र भेजेंगा उसे हम बड़े आनन्दपूर्वक प्रकाश करेंगे। आशा है कि हमारा परिश्रम व्यर्थ न जाएगा और इस विद्या के रसिक लोग हमारी विनती के अनुसार इसके उद्धार का उपाय शीघ्र ही करेंगे।" 'जातीय संगीत' नाम के अपने दूसरे निबन्ध में उन्होंने जातीय संगीत की पुस्तकें छापने और गाँव-गाँव और शहर-शहर में उनका प्रचार करने का सुझाव रखा था। शिक्षा-प्रचार के लिए यहाँ उन्होंने ग्राम-गीतों का सहारा लिया है और काव्य को संगीत से अलग न करके उसे गाकर जनता में प्रचार करने की माँग की है। काव्य की तरह वह संगीत को भी मनुष्य के मनोरंजन का ही नहीं, उसकी शिक्षा का साधन समझते थे। उन्होंने संगीत द्वारा संस्कार बदलने की बात स्पष्ट कही है।

भारतेन्दु ने लिखा था, "सब लोग जानते हैं कि जो बात साधारण लोगों में फैलेगी उसी का प्रचार सर्वदैशिक होगा और यह भी विदित है कि जितना ग्राम-गीत शीघ्र फैलते हैं और जितना काव्य को संगीत द्वारा सुनकर चित्त पर प्रभाव पड़ता है उतना साधारण शिक्षा से नहीं होता। इससे साधारण लोगों के चित्त पर भी इन बातों का अंकुर जमाने को इस प्रकार से जो संगीत फैलाया जाय तो बहुत कुछ संस्कार बदल जाने की आशा है।"

भारतेन्दु जिस संस्कृति का निर्माण करना चाहते थे, वह जनता के लिए थी। वह ऊपरी दिखावे के लिए ही जनवादी न थी, वह वास्तव में विशाल किसान जनता का सांस्कृतिक स्तर ऊँचा करने के लिए थी। इसलिए उन्होंने ग्रामीण बोलियों में गीत रचने के लिए कहा था। भारतेन्दु के इन विचारों के कारण उनका नाम १९वीं सदी के प्रमुख जनवादी विचारकों में लिया जायेगा।

भारतेन्दु ने जिस संस्कृति की नींव डाली, वह राष्ट्रीय थी। उसकी मूल भावना अंग्रेज़ी राज्य की लूट से देश की रक्षा करके उसकी उन्नति करना है। उन्होंने रईसों, ज़मींदारों, राजाओं, पंडितों का मुँह न देखकर जनता को अपना भरोसा करना सिखाया। उन्होंने पढ़े-लिखे लोगों से कहा कि जनता के बिना तुम अपाहिज हो। उन्होंने शिक्षित वर्ग को साधारण जनता से एकता कायम करना सिखाया। हिन्दुओं और मुसलमानों से परस्पर भेद-भाव भूलकर देशोद्धार के लिए उन्होंने एक होने को कहा। अंग्रेज़ों ने जिस न्याय, पुलिस, कचहरी, फूट

और आतंक की व्यवस्था की थी, भारतेन्दु ने उसके विपरीत जनता के हित-अनहित को न्याय-अन्याय की कसौटी बनाया और अंग्रेज़ों की कूटनीति और आतंक दोनों का विरोध किया। इस तरह उन्होंने भारतवासियों के राष्ट्रीय आत्म-सम्मान को जागृत किया और इस काम में उन्होंने पुरातत्व, इतिहास और प्राचीन संस्कृति को भी इस्तेमाल किया।

भारतेन्दु ने जिस संस्कृति का निर्माण किया, वह जनवादी थी। उन्होंने धर्म, संस्कृति, साहित्य, शिष्टाचार पर पुरोहितों-मौलवियों का इज़ारा तोड़ने के उपाय बताये। विधवा-विवाह का समर्थन किया, बाल-विवाह का विरोध किया। कुलीनता, जाति-प्रथा, छुआछात आदि का ज़ोरदार खंडन किया, लोगों के धार्मिक अन्धविश्वासों की कड़ी आलोचना की और स्त्री-शिक्षा पर खासतौर से ज़ोर दिया। इस जनवादी संस्कृति के तत्त्व भारतेन्दु को अपने देश से मिले थे, वे उनके अपने चिन्तन का फल थे।

भारतेन्दु ने जिस संस्कृति की नींव डाली, वह सारे देश के लिए थी, लेकिन वह हिन्दीभाषी जनता के लिए विशेष थी। जातीय संस्कृति के विकास के लिए उन्होंने अंग्रेज़ी, संस्कृत और अरबी-फारसी के मुकाबले में अपनी भाषा का महत्त्व प्रतिष्ठित किया। भारतेन्दु शायद पहले हिन्दी-लेखक हैं जिन्होंने 'जाति' शब्द का 'नैशनैलिटी' के अर्थ में प्रयोग किया है। उनके 'जातीय संगीत' नाम के निबन्ध में 'जातीय' शब्द वर्ण या 'कास्ट' के लिए नहीं है। उनके अनेक निबन्धों में 'पश्चिमोत्तर प्रदेश' की उन्नति की चिन्ता झलकती है। 'प्रेमजोगिनी' में सुधाकर महाराष्ट्र, बंगाल आदि के मुहल्लों के बारे में कहता है, "और वे एक एक जाति के लोग जिन मुहल्लों में बसे हैं वहाँ जाने से ऐसा ज्ञात होता है मानो उसी देश में आए हैं, जैसे बंगाली टोले में ढाके का, लाहौरी टोले में अमृतसर का और ब्रह्मा-घाट में पूने का भ्रम होता है।" भारतेन्दु को जहाँ सारे देश की चिन्ता थी, वहाँ उन्हें यह चिन्ता विशेष थी कि "हाय—पश्चिमोत्तर देशवासी कब कायरपन छोड़ेंगे और कब इनकी उन्नति होगी और कब इनको परमेश्वर वह सभ्यता देगा जो हिन्दुस्तान के और खंड के वासियों ने पाई है।" (लेवी प्राणलेवी) इसीलिए उन्हें हम जातीय संस्कृति का निर्माता कहें तो उचित होगा।

भारतेन्दु जब 'कविवचन-सुधा' के खरे-चुभते लेखों से अंग्रेज़ सरकार और पुरोहितवर्ग के कोपभाजन बने थे, तब से तीन-चौथाई शताब्दी बीत चुकी है, लेकिन हिन्द प्रदेश की जनता अब भी अशिक्षा और निर्धनता के युग से उबर नहीं पाई। अपने थोड़े-से जीवन में भारतेन्दु ने अपने प्रिय देश की उन्नति के स्वप्न देखे, अपनी पूरी शक्ति से और सम्पूर्ण साधनों से उन्होंने जनता को जगाने और आगे बढ़ने की प्रेरणा दी। उनकी विरासत उन लोगों से यह माँग करती है जो हिन्दी और भारतेन्दु से प्रेम करते हैं कि वे 'प्यारे हरीचन्द' के अधूरे काम को पूरा करें। इस निर्धनता और अशिक्षा के युग का अन्त करके जनता के सुखी-समृद्ध जीवन के आधार पर जातीय संस्कृति के भव्य प्रासाद का निर्माण करें।

५. पत्रकारिता और निबन्ध-कला

१८६८ में भारतेन्दु ने 'कविवचन-सुधा' का प्रकाशन आरम्भ किया। अठारह वर्ष के तरुण हरिश्चन्द्र ने इस पत्रिका के द्वारा हिन्दी-पत्रकार-कला ही में नहीं, हिन्दी गद्य और हिन्दी जनता के सांस्कृतिक जीवन में बहुत बड़ा परिवर्तन कर दिया। बालमुकुन्द गुप्त के शब्दों में—"यद्यपि हिन्दी भाषा के प्रेमी उस समय बहुत कम थे तो भी हरिश्चन्द्र के ललित लेखों ने लोगों के जी में ऐसी जगह कर ली थी कि 'कविवचन-सुधा' के हर नम्बर के लिए लोगों को टकटकी लगाये रहना पड़ता था।"[1]

यह दुर्भाग्य की बात है कि जिन ललित लेखों के लिए उस समय के लोग टकटकी लगाये रहते थे, उन्हें हिन्दी प्रकाशकों, संपादकों और हिन्दी के अलंबरदारों ने टके को भी नहीं पूछा। 'कविवचन-सुधा' की फ़ाइलें ढूँढ़ने पर मुश्किल से मिलेंगी और जो जहाँ-तहाँ रद्दी में बिकने से बची रह गई हैं, वे शीघ्र ही दीमक और बरसात के हवाले हुआ चाहती हैं। 'कविवचन-सुधा' ने साहित्यकारों की एक पूरी पीढ़ी को भाषा, साहित्य और देश-भक्ति की शिक्षा दी थी। निस्सन्देह इतना गौरवपूर्ण कार्य किसी संपादक या पत्रकार ने आज तक नहीं किया।

इसी पत्रिका में भारतेन्दु ने स्वदेशी वस्तुओं के व्यवहार के लिए अपना प्रतिज्ञापत्र छापा था, इसी में उन्होंने खानदेश के बाढ़-पीड़ितों की सहायता के लिए अपील छापी थी, इसी पत्रिका में उन्होंने अंग्रेज़ी शिक्षा, अंग्रेज़ी नीति का भंडाफोड़ किया था, इसी में उन्होंने हिन्दी के प्रचार और विकास के लिए आन्दोलन किया था। 'कविवचन-सुधा' का एक-एक पृष्ठ पवित्र है और एक दिन हिन्दीभाषी जनता उसके ऐतिहासिक महत्त्व को अवश्य समझेगी।

नवम्बर १८७० में लार्ड मेयो का वह लेवी दरबार हुआ था जिस पर भारतेन्दु ने अपना प्रसिद्ध व्यंग्य लेख 'लेवी प्राणलेवी' लिखा था। इस लेख के बाद से अंग्रेज़ों ने हरिश्चन्द्र को कभी राजभक्त नहीं समझा, आलोचकों ने चाहे

१. ब्रजरत्नदास, भारतेन्दु हरिश्चन्द्र, पृ० १०७।

जो कहा हो। चार साल बाद 'कविवचन-सुधा' में एक मर्सिया निकला जिस पर अंग्रेज़ शासक और भी क्रुद्ध हुए। यह मर्सिया किस पर था ? वह राजा कौन था जिस पर यह मर्सिया लिखा गया था ? इन सवालों का जवाब भारतेन्दु ने २० अप्रैल १८७४ की 'कविवचन-सुधा' में दिया है। 'शंका-शोधन' नाम के नोट में उन्होंने लिखा है, "मर्सिया में हमारे अनेक ग्राहकों को शंका होगी कि वह राजा कौन था इससे अब हम उस राजा का अर्थ स्पष्ट करके सुनाते हैं। वह राजा अंग्रेज़ी फैशन था जो इस अपूर्ण शिक्षित मंडली रूप अंधेर नगरी का राज करता था जब से बम्बई और काशी इत्यादि कई स्थानों में अच्छे अच्छे लोगों ने प्रतिज्ञा करके अंग्रेज़ी कपड़ा पहिरना छोड़ देने की सौगंद खाई तब से मानो वह मर गया।"

भारतेन्दु के इस शंका-समाधान से किसी को संदेह भी रहा हो कि मर्सिया अंग्रेज़ी राज्य के खिलाफ था या नहीं, तो वह संदेह मिट गया होगा और अब तो जरूर ही मिट जाना चाहिए। 'मर्सिया' के प्रकाशन से सरकार किस तरह नाराज़ हुई, इसका उल्लेख ८ जून १८७४ की 'कविवचन-सुधा' में 'अप्रसन्नता' नाम के लेख में भारतेन्दु ने किया। लिखा है, "आजकल हमारे पत्र के अष्टम मंगल आए हैं बहुत से लोग हम लोगों से अप्रसन्न हो रहे हैं, श्रीयुत डायरेक्टर साहब ने पत्र के सम्पादक को लिख भेजा है कि मर्सिया ऐसे बुरे आर्टिकल लिखने से तुम्हारे पत्र का गवर्नमेंट एड बन्द किया गया।" इस तरह अंग्रेज़ी राज्य उत्तर भारत के नए सांस्कृतिक जागरण में सहायता कर रहा था। हुकूमत ने सहायता देना बन्द कर दिया। हरिश्चन्द्र ने सीधे जनता से अपील की, "मेरे ग्राहकों अब तुम हमसे न रुष्ट हो क्योंकि अब हमें तुम्हारे बिना किसी का अवलंब नहीं।"

भारतेन्दु ने सत्य के लिए हज़ारों रुपए की सरकारी सहायता ठुकरा दी। अपने ग्राहकों से सत्य कहने वाले पत्र की सहायता करने की अपील करते हुए उन्होंने लिखा, "अब केवल तुम ही लोगों का भरोसा है सो तुम लोग भी मत रुष्ट हो क्योंकि 'हरौ रुष्टे गुरुस्त्राता गुरौ रुष्टे न कश्चन' परन्तु हम देखते हैं कि इन दिनों आप लोगों में से भी अनेक हमसे रुष्ट हो पर इसमें हमारा दोष नहीं इस श्लोक बनाने वाले का दोष है। सत्यं ब्रूयात् प्रियं ब्रूयात् न ब्रूयात् सत्यमप्रियम्। नानृतं च प्रियं ब्रूयात् एष धर्मः सनातनः॥ यह कैसे हो सकता है भला हम आप ही से पूछते हैं एक मनुष्य ने अनेक निन्दित कर्म किए अब कहिए इस वृत्ति को हम सत्यता और प्रियता दोनों मिलाके कैसे लिख सकते हैं।"

भारतेन्दु ने अपने नाटक 'सत्य हरिश्चन्द्र' के नायक की उक्ति अपने जीवन में चरितार्थ की। उन्होंने देश के पत्रकारों के सामने सत्य के लिए सबकुछ त्यागने का आदर्श रखा। सरकार की कोपदृष्टि की परवाह न करके उन्होंने जनता का भरोसा किया और स्वाधीन पत्रकारिता के झंडे को शान के साथ ऊँचा रखा।

३१ अगस्त १८७४ की 'कविवचन-सुधा' में 'सच मत बोलो' नाम का एक

व्यंग्य लेख छपा है। इससे सत्य के लिए लड़ने वाले पत्रकारों की दशा पर प्रकाश पड़ता है। भारतेन्दु कहते हैं, "देखो सच बोलने से तुम्हारी बड़ी हानि होगी इस्से सच मत बोलो एक माँ बेटे से सदा सच बोलने को कहै तब एक दिन बेटे ने कहा कि माँ तुम तो राँड हौ सिंगार किसके वास्ते करती हौ इस पर उसकी माँ ने लड़के को घर से निकाल दिया।"

अंग्रेज़ी राज्य का सत्यप्रेम राँड के सिंगार जैसा ही था। खरी कहने वाले पत्रकार वैसे ही कष्ट पाते थे, जैसे घर से निकला हुआ लड़का। भारतेन्दु आगे कहते हैं, "अखबार वाले इतना भूँकते हैं कोई नहीं सुनता अंधेर नगरी है व्यर्थ न्याव और आजादी देने का दावा है सब स्वार्थ साधते हौ कहोगे गवर्मेन्ट के लोग तुमसे भला न मानेंगे सारांश यह कि सच्ची बात जिनसे कहोगे वे तुम्हैं शत्रु जानैंगे।"

अंग्रेज़ी सभ्यता के प्रकाश में इस तरह सत्य का गला घोंटा जाता था।

'कविवचन-सुधा' शुद्ध साहित्यिक पत्रिका न थी। १८७२ के अंकों पर छपा रहता था: "A bi-monthly journal of Literature, News and Politics"। वह साहित्य, समाचार और राजनीति की पत्रिका थी। पत्रकारिता के प्रति भारतेन्दु का दृष्टिकोण अराजनीतिक न था। 'कविवचन-सुधा' यूरोप के नए ज्ञान-विज्ञान से हिन्दी पाठकों को परिचित कराती थी। १७ सितम्बर १८७२ के अंक में शीतलाप्रसाद का लिखा हुआ, 'यूरप देश के नवीन विद्वानों के मत के अनुसार इन्द्री और उनके विषयों का वर्णन' नाम से लेख छपा है। इसी अंक में पंजाब का एक समाचार छपा है, "पंजाब प्रान्त में शवों को दग्ध करने को लकड़ी नहीं मिलती इससे शवों को वैसे ही फेंक देते हैं क्यौंकि वहाँ लकड़ी का बड़ा दुष्काल पड़ा है।" १६ अक्तूबर १८७२ के अंक में गुजरात के दुखियों की सहायता के लिए चन्दा देने वालों की सूची छपी है जिसमें २०) विक्टोरिया स्कूल झाँसी के अध्यापकों ने भी भेजे थे। १ नवम्बर १८७२ के अंक में चुंगी के अधिकारियों की कड़ी आलोचना की गई है। पूना का समाचार छपा है कि वहाँ खानदेश के बाढ़-पीड़ितों की सहायता के लिए १७११ रुपये इकट्ठे हुए हैं। इसी अंक में बंगला के साहित्यकार नवीनचन्द्रराय का एक पत्र छपा है जिसमें 'कविवचन-सुधा' की प्रशंसा की गई है। १४ मार्च १८७३ के अंक में एक दिलचस्प खबर छपी है कि हरिश्चन्द्र पंजाब यूनिवर्सिटी के एंट्रेंस और फर्स्ट आर्ट के संस्कृत परीक्षक नियुक्त हुए हैं। २६ मई १८७३ के अंक में एक सुलेखक के लिए विज्ञापन निकला है जो भारतेन्दु के साथ रहे और वे जो लिखायें, लिखे, साथ ही उनके कागज़ों और पुस्तकों की भी देखभाल करे। २४ जून १८७३ के अंक में काशी के कुप्रबन्ध की आलोचना छपी है।

१० जुलाई १८७३ के अंक में काला बार्डर देकर बंगाल के महान् कवि माइकेल मधुसूदन दत्त के निधन पर यह नोट छपा है—

"हा! हा! बड़ी खेद की बात है कि कलकत्ते के निवासी परम कवि श्री

माइकेल मधुसूदनदत्त इस भूमण्डल का सुखानुभव करके परलोक में इस भाँति का है या नहीं सो देखने के हेतु सिधारे, जो कि बड़े सुशील, कुलीन, उद्यमी थे और जिनका विद्यारूप द्वार पर की कविताहूप झंडी इस लोक में जहाँ चाहे वहाँ से दीखती हुई सब रसिकों के चित्त को अपने सौंदर्य से बहुत प्रसन्न करती है।"

१ सितम्बर १८७३ से 'कविवचन-सुधा' साप्ताहिक हो गया था। ३ नवम्बर १८७३ के अंक में 'स्त्री-शिक्षा' नाम के लेख में कहा गया है, "यह बात तो सिद्ध है कि पश्चिमोत्तर देश की कदापि उन्नति नहीं होगी जब तक कि यहाँ की स्त्रियों की भी शिक्षा न होगी; क्योंकि यदि पुरुष विद्वान् और पंडित होवेंगे और उनकी स्त्रियाँ मूर्खा होंगी तो उनमें आपुस में कभी स्नेह न होगा और नित्य कलह ही होगा।"

१६ फरवरी १८७४ के अंक में उद्योग-धन्धों का महत्त्व बतलाते हुए भारतेन्दु ने लिखा था, "जाने को तो यहाँ से तत्त्व खिंचकर जाता है और आने के समय शीशा खिलौना और कलम पिन्सिल आती है बड़े बड़े एम० ए० और बी० ए० अब इस दुर्भिक्ष में किस काम आवैंगे, एक राजा अच्छा पढ़ा लिखा और एक बंसफोड़ कभी दोनों एक जंगली टापू में छोड़ दिए गए थे वहां के लोग उनकी बोली नहीं समझते थे और क्रूर थे राजा का सौंदर्य बुद्धि विद्या वहां कुछ काम न आई उस बंसफोड़ ने बाँस और लकड़ी लेकर माला बनाई उसे देखकर जंगली लोग बड़े प्रसन्न हुए और उसी लकड़ी के माला की कृपा से उन दोनों को भोजन मिला तो हे देशवासियो तुम भी इस निद्रा से चौंको इनके न्याय के भरोसे मत फूले रहो ग्रे विद्या कुछ काम न आवैगी यदि तुम हाथ के व्यापार सीखोगे तो तुम्हें कभी दैन्य न होगा नहीं तो अन्त में यहां का सब धन विलायत चला जाएगा तुम मुंह बाये रह जाओगे।"

६ अप्रैल १८७४ के अंक में चित्रकूट के एक महन्त की खबर ली गई है। इस महन्त ने अपने जजमान के आटे में अनुष्ठान के बहाने ज़हर मिला दिया था और उसकी स्त्री का सतीत्व नष्ट किया था। इस समाचार के सिलसिले में महन्तों पर यह टिप्पणी की गई है, "इन लोगों का यही काम है कि भगवान का नाम आगे करके पीछे एक धोके की टट्टी बनाते हैं कि जिसके भीतर बड़े-बड़े बुद्धिमान राजा और प्रजाओं को फँसा लेते हैं और उन्हें अच्छी भाँति लूट लेते हैं बहुधा देखा गया है कि इन गुरुओं और महन्तों ने कितनों का अन्त कर डाला और पता उसका किसी को कभी न लगा।"

६ जुलाई १८७४ के अंक में 'अ' का लिखा हुआ एक लेख है जिसमें 'उपनिवेश' शब्द का प्रयोग कॉलोनी के अर्थ में किया गया है और जिसमें यह इच्छा प्रकट की गई है कि अमरीकी उपनिवेश की तरह भारत भी अंग्रेज़ों से स्वाधीन हो जाए। इसमें अंग्रेज़ों द्वारा ज़मींदारियाँ छीनने का भी विरोध किया गया है। मुसलमान शासकों से अंग्रेज़ों की तुलना करते हुए 'अ' ने लिखा है, "मुसलमान लोग अंग्रेज़ों की अपेक्षा सौगुन अपव्ययी थे परन्तु वे लोग इस देश के निवासी थे

इससे उनका अर्थसमुदाय इसी देश में व्यय होता था और उनके अभिव्यय से भी इस देशवासियों का उपकार ही होता था। तीसरे जिस प्रकार अमेरिका उपनिवेशित होकर स्वाधीन हुई वैसे ही भारतवर्ष भी स्वाधीनता लाभ कर सक्ता है परन्तु भारतवर्ष उपनिवेशित होने से इसके विपक्ष भी बहुत आपत्ति हैं। बीस करोड़ भारतवर्षी को पचास हजार अंग्रेज़ शासन करते हैं ये लोग प्रायः शिक्षित और सभ्य हैं परन्तु इन्हीं लोगों के अत्याचार से सब भारतवर्षीगण दुःखी रहते हैं।"

१३ जुलाई १८७४ के अंक में एक लेख में यह दिखाया गया है कि भारतवर्ष दिन-पर-दिन समृद्धिशाली नहीं होता जाता। चीज़ें महँगी होती जाती हैं, गाँवों में कपड़ा बुनने वालों के उद्योग चौपट होते जाते हैं, अखबार देश की दुर्दशा का वर्णन करते हैं, फिर भी टैक्स बढ़ते जाते हैं। २० जुलाई १८७४ के अंक में यह सवाल किया गया है कि "श्रीमती की भारतवर्षीय प्रजा राज्य-प्रबन्ध में उच्च पदाधिकारी क्यों नहीं होती।"

भारतेन्दु के समय में भी बाजे-गाजे को लेकर हिन्दू-मुसलमानों में झगड़े होने लगे थे। १५ जून १८७४ के अंक में यह समाचार छपा है कि लखनऊ में शंख बजने से हिन्दू-मुसलमानों में झगड़ा हुआ और मजिस्ट्रेट ने फैसला किया कि शाम को सात-आठ बजे के बीच सिर्फ सात मिनट को शंख बजेंगे। इस तरह के समाचारों को पढ़कर यह पता चल जाता है कि एक तरफ अगर देशप्रेमी ताकतें एकगुट हो रही थीं, तो दूसरी तरफ हुकूमत भी लोगों में फूट डालकर अपनी रक्षा करने में सतर्क थी।

१९ जनवरी १८७४ के अंक में एक विज्ञापन छपा है जो भारतेन्दु की धार्मिक सहिष्णुता का उज्ज्वल प्रमाण है। विज्ञापन यह है :

"कुराने शरीफ

अर्थात् मुसलमानों के मन की पवित्र धर्म पुस्तक हिन्दी भाषा में। इस बड़े ग्रंथ को मैंने बड़े परिश्रम से हिन्दी भाषा में अनुवाद किया है और अब इसको छापने का भी विचार है परन्तु बड़ा ग्रंथ है और व्यय विशेष है इस्से यह इच्छा की है कि पहिले १०० ग्राहक ठहराकर तब छापना आरम्भ करूं इस्से विद्यानुरागी और मतों के जानकारों से निवेदन है कि वे लोग इसके छापने का उत्साह अपने आज्ञापत्र से शीघ्र बढ़ावें और मूल्य इसका छपने के पीछे व्यय के अनुसार रक्खा जाएगा परन्तु किसी दशा में १०) रु० से वह विशेष न होगा।

१२ जनवरी। हरिश्चन्द्र।"

इस तरह एक तरफ विदेशी हुकूमत और उसके सहायक देश में साम्प्रदायिकता फैलाकर जनता की गुलामी के बन्धन और मज़बूत कर रहे थे, तो दूसरी तरफ धार्मिक सहिष्णुता में विश्वास करने वाले और उसी के अनुसार आचरण करने वाले साहित्यकार हिन्दुओं-मुसलमानों को नज़दीक लाने के लिए मुस्लिम

धर्मग्रंथों का हिन्दी में अनुवाद छापने की तैयारी कर रहे थे।

'कविवचन-सुधा' जनता के हितों के लिए लड़ने वाले निर्भय सैनिक की तरह थी। उसने अंग्रेज़ी राज्य में जनता के शोषण की सच्ची तस्वीर खींची। उसने अंग्रेज़ों के न्याय, जनतन्त्र और उसकी सभ्यता का पर्दाफ़ाश किया। उसने देश के औद्योगीकरण और शिल्प की शिक्षा के लिए संघर्ष किया। अपने प्रान्त में हिन्दी के चलन के लिए और राज-काज में उसके व्यवहार के लिए उसने शक्तिशाली आन्दोलन किया। देश-विदेश के जीवन से उसने हिन्दी भाषियों को परिचित कराया। संकीर्ण जातीयता के भाव उसे छू न गये थे। माइकेल मधुसूदनदत्त के निधन पर उसकी टिप्पणी इसका प्रमाण है। देश के रूढ़िवाद का खंडन करना और महंतों, पंडे-पुरोहितों की लीला प्रकट करना निर्भीक पत्रकार हरिश्चन्द्र का ही काम था। 'कविवचन-सुधा' में साहित्यिक, ऐतिहासिक, भाषा-सम्बन्धी, यात्रा-सम्बन्धी, हास्य और व्यंग्य से सरस—सभी तरह के लेख छपे। 'कविवचन-सुधा' की फ़ाइलें भारतेन्दु-युग का दर्पण हैं, वे एक युग का सजीव इतिहास हैं।

१८७३ में 'हरिश्चन्द्र मैगज़ीन' का प्रकाशन प्रारम्भ हुआ। राधाकृष्णदास के अनुसार, 'स्वयं भारतेन्दु बाबू हरिश्चन्द्रजी कहते थे कि जैसे उमंग के ज़ोरदार लेख मेरे और मेरे मित्रों के मैगज़ीन में लिखे गये और छपे वैसे फिर न लिख सकें।' यह पत्रिका नये लेखकों के संगठन का आधार बन गई, उसे भारतेन्दु-युग का साहित्यिक मुखपत्र कहना अत्युक्ति न होगा। तोताराम, काशीनाथ, ज्वाला-प्रसाद, श्रीनिवासदास, बिहारी चौबे आदि लेखक इसमें लिखा करते थे। इसमें ब्रजभाषा की कविताओं के साथ कभी-कभी संस्कृत में भी रचनाएँ छपती थीं। इसमें विज्ञान और इतिहास पर लेख रहते थे। निबन्ध और नाटक खासतौर से प्रकाशित होते थे।

इसका प्रकाशन 'कविवचन-सुधा' से सम्बन्धित था, जैसा कि उसके पहले पन्ने पर अंग्रेज़ी में छपे हुए विवरण से पता चलता है—

"A monthly journal published in connection with the Kavivachan Sudha containing articles on literary, scientific, political and religious subjects, antiquities, reviews, dramas, history, novels, poetical selections, gossip, humour and wit."

हरिश्चन्द्र मैगज़ीन ने विभिन्न सांस्कृतिक विषयों को एक ही जगह समेटकर पत्रकारिता की ऐसी पद्धति चलाई जिसका अनुकरण आगे चलकर हिन्दी की अधिकांश पत्रिकाएँ करती रहीं। साहित्य, विज्ञान, धर्म, राजनीति, पुरातत्व, आलोचना, नाटक, कविता, गप, हास्य और व्यंग्य—सभी तरफ एक साथ प्रगति करने के लिए मानों इस पत्रिका का जन्म हुआ था।

'हरिश्चन्द्र मैगज़ीन' (आगे चलकर 'हरिश्चन्द्र-चन्द्रिका') का मूल स्वर देशोन्नति और अंग्रेज़ी शासन की नुक्ताचीनी का था—पहले ही अंक में विदेशियों से सवाल किया गया है कि "यदि प्रजा में हैं तो उसे अजा-सी क्यों बलि देते हैं ?"

और "यदि जन में हैं तो उसे फाँसी देकर क्यों मारते हैं ?" विदेशी शासकों को लक्ष्य करके कहा गया है कि "बाहर की सरलता अन्तःकरण की कुटिलता दोनों वर्णन के बाहर हैं" और "इससे जान पड़ता है कि न आप पंडित की ओर हैं न मूर्ख की" जैसे "धोबी का कुत्ता न घर का न घाट का।"

'हरिश्चन्द्र-चन्द्रिका' के एक अंक में एक लेख का शीर्षक ही है—"अंग्रेज़ों से हिन्दुस्तानियों का जी क्यों नहीं मिलता।" इसमें शासक और शासित का सम्बन्ध भक्ष्य और भक्षक का बतलाया गया है। 'हरिश्चन्द्र-चन्द्रिका' ने साहित्य और पत्रकारिता के माध्यम से राष्ट्रीय सम्मान की भावना जगाने, साहित्यिक रुचि फैलाने, हिन्दी साहित्य के विभिन्न अंगों को समृद्ध करने और हिन्दी भाषा को देश के सामाजिक और सांस्कृतिक जीवन में उचित स्थान दिलाने के लिए संघर्ष में प्रशंसनीय काम किया।

'हरिश्चन्द्र मैगज़ीन' (नवंबर १८७३) में 'सबै जात गोपाल की' नाम का संवाद छपा है। भारतेन्दु इस तरह के व्यंग्यपूर्ण संवाद लिखने में सिद्धहस्त थे। 'सबै जात गोपाल की' में एक पण्डितजी एक क्षत्रिय को मुसलमान शब्द की व्युत्पत्ति समझाते हुए कहते हैं, "द्वारिका में दो भाँति के ब्राह्मण थे जिनको बलदेवजी (मुशली) मानते थे उनका नाम मुशलिमान्य हुआ और जिन्हें श्रीकृष्ण मानते उनका नाम कृष्णमान हुआ अब इन दोनों शब्दों का अपभ्रंश मुसलमान और कृस्तान हो गया।" विदेशी (और बहुत से देशी) शब्दों को संस्कृत का अपभ्रंश बताने वाले भाषा-विज्ञान पर यह अच्छा व्यंग्य है। वैसे स्वयं भारतेन्दु भी कभी-कभी गौड़ और गौतम, कृष्ण और क्राइस्ट का सम्बन्ध जोड़ लेते थे। 'सबै जात गोपाल की' में उन पण्डितों का मज़ाक उड़ाया गया है जो पैसा लेकर किसी की जाति को जो चाहो सिद्ध कर सकते थे।

'हरिश्चन्द्र मैगज़ीन' (मई १८७४) ही में 'बसंत-पूजा' नाम का दूसरा संवाद छपा है। इसमें यजमान और दो पुरोहित सर्वभट्ट और मुद्रंभट्ट बसन्त-पूजा पर बातचीत करते हैं। इस संवाद में अंग्रेज़ों और उनके चाटुकारों पर स्पष्ट व्यंग्य किया गया है।

"स० भ०—सलामश्च ते बंदगी च ते घूसश्च ते चन्दा च ते अड्रेसश्च ते बालश्च ते बलश्च ते राज्यं च ते पाटं च ते कलाकौशल्यं च ते स्वछन्दविहारश्च ते लक्ष्मी च ते विद्या च ते।

मु० भ०—रिसेप्शनश्च ते—इल्युमिनेशनश्च ते—टैक्सश्च ते—चुँगी च ते जमा च ते जुर्माना च ते…

स० भ०—एका च ते बलं च ते तन मन धन सर्व्वस्वं च ते भवतु।

मु० भ०—मूर्खता च मे कायरत्वञ्च मे धक्का च मे गरदनिया च मे…

स० भ०—खाना च मे टिकट च मे मद्यं च मे होटलं च मे लेक्चरं च मे।

मु० भ०—स्टाराफ इंडिया च मे कौंसिल मेंबरत्वं च मे उपाधि च मे।

स० भ०—दर्बार मे कुरसी च मे मुलाकात मे आनर च मे प्रतिष्ठा च मे।"

अंग्रेज़ों को घूस, सलाम, बंदगी, ऐड्रेस सबकुछ मिलता है। धन, विद्या, कौशल सब उनके पास है। उन्हीं के सम्मान में दीये जलाये जाते हैं, उन्हीं की आवभगत के लिए सभाएँ होती हैं। एका और बल उनके पास है। हिन्दुस्तानियों के हिस्से में मूर्खता, कायरता, धक्के खाना पड़ा है। जो 'भाग्यशाली' हैं, वे दरबार में कुरसी पाते हैं, कौंसिल-मेंबरी और सितारे-हिन्द का खिताब पाते हैं। इस तरह व्यंग्यपूर्ण संवाद से भारतेन्दु ने शासक और शासित का भेद बताते हुए उन लोगों की क्षुद्रता भी प्रकट की जो अंग्रेज़ों के कृपापात्र बनकर अपने को गौरवान्वित समझते थे।

फरवरी १८७९ की 'हरिश्चन्द्र-चन्द्रिका' में भारतेन्दु के कई रोचक यात्रा-सम्बन्धी वृत्तान्त छपे थे। सरयूपार की यात्रा, कैंप हरैया बाज़ार, बस्ती और मेंहदावल पर उनके लेख बहुत ही सजीव हैं और उनकी तेज़ निगाह और सादी ज़बान की अच्छी मिसालें हैं। भारतेन्दु की ज़िन्दादिली देखते ही बनती है। मालूम होता है, बेतकल्लुफी से किसी दोस्त को खत लिख रहे हैं, "कल साँझ को चिराग जले रेल पर सवार हुए० यह गए वह गए० राह में स्टेशनों पर बड़ी भीड़० न जानै क्यों? और मज़ा यह कि पानी कहीं नहीं मिलता था० यह कम्पनी मजीद के खानदान की मालूम होती है कि ईमानदारों को पानी तक नहीं देती० या सिप्रस का टापू सर्कार के हाथ आने से और शाम में सर्कार का बन्दोबस्त होने से यह भी शामत का मारा शामी तरीका अखतियार किया गया कि शाम तक किसी को पानी न मिले० स्टेशन के नौकरों से फर्याद करो तो कहते हैं कि डाक पहुँचावैं रोशनी दिखलावैं कि पानी दें० खैर जों तों कर अयोध्या पहुँचे०।"

शाम की सरकार, शामत का मारा, शाम तक पानी न मिलना—इन टुकड़ों में शाम शब्द को लेकर जो कौतुक किया गया है, वह भारतेन्दु-युग की शैली की एक विशेषता है। प्रतापनारायण मिश्र—जैसे लेखकों ने इस विशेषता को और भी निखारा। सरल उर्दू शब्दों के प्रयोग पर भी ध्यान दीजिए। जो लोग भारतेन्दु को शुद्ध हिन्दीवादी कहकर उनकी तारीफ़ करते हैं या जो संस्कृत के भारी-भरकम शब्द डालकर नई हिन्दी गढ़ने के लिए उनकी निन्दा करते हैं, वे उनकी सहज और चुभती हुई शैली देखें।

भारतेन्दु को हरैया बाज़ार के नाम से 'हरैया लागल झबिआ केरे लैहें ना' भोजपुरी का गीत याद आता है। यह भी उनकी मस्ती की निशानी है। हरैया बाज़ार में मिठाई खाने लायक न थी—"खैर लाचार होकर चने पर गुजर की० गुजर गई गुजरान क्या झोपड़ी क्या मैदान०।" गुजर शब्द से उन्हें गुजरान याद आया और झट एक मसल कह दी। भारतेन्दु ने ये बातें ख़तों में ही लिखी थीं, लेकिन उनके इन ख़तों में फक्कड़ यात्रियों के संस्मरण और सुन्दर निबन्धकारों की कला के दर्शन होते हैं।

बस्ती पर भी लिखते हुए उनका शब्द-कौतुक देखते ही बनता है—"वाह रे बस्ती० झख मारने को बस्ती है अगर बसती इसी को कहते हैं तो उजाड़

किसको कहैंगे० सारी बस्ती में कोई भी पंडित बस्तीराम जो ऐसा पंडित नहीं, खैर अब तो एक दिन यहाँ बर्सात होगी० ।"

इस सिलसिले में उन्होंने बैसवाड़े के लोगों की भी नुक्ताचीनी की है जिस पर आचार्य महावीरप्रसाद द्विवेदी ने हाशिये पर क्रॉस के चिह्न बनाये थे। इस तरह के निबन्धों द्वारा भारतेन्दु ने यथार्थवादी चित्रण की नींव डाली और अपनी रचनाओं से जनता को उसकी सही दशा से परिचित कराया।

भारतेन्दु की पत्रकारिता से ही उनकी निबन्ध-कला का जन्म और विकास हुआ। भारतेन्दु और उनके युग की निबन्ध-कला हिन्दी की अपनी चीज़ है। ये निबन्ध लैंब, हैज़लिट आदि के रोमांटिक निबन्धों की तरह नहीं हैं, कारण कि इनका मूल तत्त्व लेखक का व्यक्तित्व या दुनिया की तरफ़ उसके दृष्टिकोण की विचित्रता नहीं है। सामाजिक संघर्ष से बचकर काल्पनिक समाधान ढूँढ़ने के लिए तो ये निबन्ध लिखे ही नहीं गए। व्यंग्य और हास्य इनके प्राण हैं। देश की उन्नति इनका उद्देश्य है। लेखक की ज़िन्दादिली, भविष्य में विश्वास और देश-प्रेम की इन पर छाप है। हिन्दी में श्लेष पैदा करने की खूबी से यहाँ भरपूर फ़ायदा उठाया गया है। पाठक से बातचीत करने की-सी सरलता और मित्रता का भाव इनमें झलकता है। साथ ही गंभीर मुद्रा वालों के लिए 'हरीचंद नगद दमाद अभिमानी के' वाली चुनौती भी शब्दों की ओट से दिखाई दे जाती है। कल्पना को यहाँ मुक्त आकाश में पंख फैलाने की सुविधा है, भाषा, रस और अलंकार लेखक के पीछे हाथ बाँधे चलते हैं।

२७ अप्रैल १८७४ की 'कविवचन-सुधा' में एक हास्यरसपूर्ण निबन्ध छपा है—'किसका शत्रु कौन है ?' भारतेन्दु ईश्वर से लेकर हाक़िमों तक के शत्रु खोजते हुए समाज के विभिन्न वर्गों और उनकी रुचि पर इस तरह प्रकाश डालते हैं—
"ईश्वर की शक्ति उसकी इच्छा है जिसके वश में होकर उसने यह सब संसार का बखेड़ा किया, आत्मा का शत्रु संसार है जिसमें फंसकर यह फिर अपने ठिकाने तक नहीं पहुँचती राजा का शत्रु भोग है, जोगी की शत्रु इच्छा है, अमीरों के शत्रु सिफारिशी हैं, हाकिमों के शत्रु दरबारी हैं, कारगुज़ारों के शत्रु अखबार वाले हैं, पंडितों की शत्रु दक्षिणा है जिसके पीछे वे ईमान खो देते हैं।"

८ जून १८७४ की 'कविवचन-सुधा' में 'ग्रीष्मवर्णन' नाम का निबन्ध छपा है। वर्णन में उपन्यास की-सी रोचकता है।

"लाँग बाँधे जनेऊ कमर में खोंसे बनारसी पंखी लिये एक पंडितजी आते हैं। अहह क्या फरमाइशी गरमी है मन में आता है कि थोड़ी-सी मोल ले लें सन्दूक में तालों से खूब जकड़ इसे बन्द कर रक्खें और उसे माघ पूस के किल्ले ठिठुरते जाड़े में खोलें।"

इसके बाद भारतेन्दु गर्मी के प्रताप का वर्णन करते हैं कि सूर्य की किरणों से उसका जन्म है, मच्छर और कुटकी उसके गण हैं, वायु उसके सामने कुछ नहीं है, जल डरकर छिप जाता है। आगे गर्मी की क्रूरता का उल्लेख करते हुए कहते

हैं—"चुंगी और टैक्स की निष्ठुरता को भी आपकी क्रूरता मात करती है। हम ऐसे कंगालों पर तो तुम इतना जोर जुलुम प्रकट करती हौ पर अमीरों और साहेब लोगों के थरम्यन्टीडोट और खस की टट्टियों से तुम्हारा कुछ वश नहीं चलता।"

इस तरह के यथार्थवादी निबन्धों में हम भारतेन्दु को ग़रीब-अमीर का भेद करते देखते हैं, वे संसार को अमीरों की निगाह से नहीं, साधारण जनता की निगाह से देखते हैं।

मई १८७४ की 'हरिश्चन्द्र मैगज़ीन' में 'ग्रीष्म ऋतु' पर भारतेन्दु का दूसरा निबन्ध है। इसमें संसार का नज़दीक से दर्शन-अध्ययन है तो कल्पना का चमत्कार भी है। इसमें शृंगार की झलक है तो जनसाधारण की दुर्दशा का यथार्थ चित्रण भी है। शब्दकौतुक दिखाते हुए हरिश्चन्द्र लिखते हैं कि गर्मी में "जीतें ही जीते सब जीव निर्जीव हो जाते हैं। जीवन केवल जीवन में आ अटकता है।" सूर्य छोटी नदियों, नालों आदि पर तो शक्ति दिखलाता है लेकिन लहरों पर उसका कुछ वश नहीं चलता। गद्य में 'ऋतुसंहार' सा लिखते हुए भारतेन्दु कहते हैं—"मत्स्य, कच्छ इत्यादि जीव गर्मी के मारे भीतर से उबल-उबलकर ऊपर उछले पड़ते हैं और ऊद भैंस सूकर इत्यादि स्थल के पशु भी जल में जा बैठते हैं; हंस, बगले, बतक, जलकुक्कुट, पनडुब्बे और चकई-चकवे पक्षी होकर भी इस ऋतु में शुद्ध जलचर जान पड़ते हैं; अन्न का आदर घट जाता है। शान्ति केवल जल में होती है, स्त्रियों को यद्यपि सहज ही में वस्त्राभूषण से प्रीति है, परन्तु इस ऋतु में वे भी उन्हें उतार-उतारकर फेंक देती हैं और वन की भीलिनों की भाँति फूल पत्तों से ही अपने को सजबजकर प्रीतम की बड़ी प्यारी भुजा को भी धर्म के भय बारम्बार कण्ठ पर धरती और उतारती रहती हैं।"

काशी की भयंकर गर्मी का वर्णन इस प्रकार है—"काशी से प्रस्तरमय नगर का तो कुछ पूछना ही नहीं घर सब तनदूर हो जाते हैं छत के पत्थरों को चन्द्रमा अपनी शीतल किरणों से प्रातःकाल की वायु से भी सहायता लेकर नहीं ठंढा कर सकता, यदि किसी छोटी खिड़की के पास मुँह ले जाओ तो अजगरों की श्वास और लोहारों की धौंकनी के सामने बैठने का आनन्द मिलता है, यद्यपि नीची गलियों में सूर्य की उल्वण किरणें नहीं पहुँचतीं तौ भी वे उन संतप्त गृहों के संताप से ऐसी संतप्त हो जाती हैं और उमस जाती हैं कि संकेत बदे हुए नायिका नायक के अतिरिक्त जिनको ऐसे प्राणों का शत्रु सूर्य भी शरद्-ऋतु के चन्द्रमा सा आनन्ददायक होता है, एक 'चिड़िया का पूत' भी नहीं रहता।"

मनुष्यों और पशुओं में सबसे ज्यादा दुर्दशा कुत्तों की है जो "साहिब मजिस्ट्रेट की आज्ञा से भी विशेष त्रस्त होकर जीभ निकाले दुम दबाये इधर-उधर आकुल हो दौड़ा करते हैं।" वन, पर्वत, पशु, पक्षी—सभी की दुर्दशा है। इस ऋतु में गरीबों और अमीरों के जीवन का भेद इस तरह दिखाई देता है—"धनवान लोग खसखानों में थर्मेन्टीडोट के सामने बर्फ का पानी पिया करते हैं परन्तु धनहीन लोगों को तो किसी प्रकार से भी इस ऋतु में सुख नहीं

मिलता कबूतर के दरबे की भाँति किराये के घरों में कलोंजी से कसे सड़ा करते हैं और वायु के स्वच्छ न रहने से अनेक रोगों से भी पीड़ित रहते हैं।"

रेल में चलने वाले ग़रीब यात्रियों की और भी दुर्दशा है। "रेल पर जाने वाले पथिक कपड़ा पहिने बोझे से लदे सिपाहियों का धक्का खाये रुपया गँवाये भूखे प्यासे बिना नहाये धोये गाड़ी की कोठड़ियों में अचार के मटके में पसीने से पसीजे नमकीन नीबू से ठसे जी से खट्टे होने को धूप में तपाये जाते हैं।"

कैसी सजीव उपमाएँ हैं ! चित्रण में कैसी यथार्थता है ! ग़रीब जनता से कैसी सहानुभूति है ! निस्सन्देह भारतेन्दु ने निबन्ध-कला को यहाँ वैसे ही निखारा है जैसे प्रेमचन्द ने उपन्यास-कला को। यह निबन्ध-कला ही रीतकालीन साहित्य से पूरी तरह नाता तोड़ती है और हिन्दी में यथार्थवाद के विकास का रास्ता दिखाती है। इस यथार्थवाद का स्रोत देश-प्रेम है, उसकी शैली लोकप्रिय है और उसका दृष्टिकोण साधारण जनता का है।

भारतेन्दु के लिए कहा जाता है कि वे प्रकृति-प्रेमी न थे वरन् शहरू आदमी थे। उनका प्रकृति-प्रेम उनके यात्रा-सम्बन्धी निबन्धों में देखने को मिलता है। 'वैद्यनाथ की यात्रा' नाम के निबन्ध में सुबह के वक्त पहाड़ी दृश्य का यह सुन्दर वर्णन मिलता है—

"खैर इसी सात पाँच में रात कट गई० बादल के परदों को फाड़कर उषादेवी ने ताकझाँक आरम्भ कर दी० परलोकगत सज्जनों की कीर्ति की भाँति सूर्य्य नारायण का प्रकाश पिशुन मेघों के वागाडम्बर से घिरा हुआ दिखलाई पड़ने लगा० प्रकृति का नाम काली से सरस्वती हुआ० ठंढी-ठंढी हवा मन की कली खिलाती हुई बहने लगी० दूर से धानी और काही रंग के पर्वतों पर सुनहरापन आ चला० कहीं आधे पर्वत बादलों से घिरे हुए, कहीं एक साथ वाष्प निकलने से उनकी चोटियाँ छिपी हुईं और कहीं चारों ओर से उन पर जलधारा पात से बुक्के की होली खेलते हुए बड़े ही सुहावने मालूम पड़ते थे० पास से देखने से भी पहाड़ बहुत ही भले दिखलाई पड़ते थे० काले पत्थरों पर हरी हरी घास और जहाँ तहाँ छोटे-बड़े पेड़ बीच बीच में मोटे पतले झरने नदियों की लकीरें, कहीं चारों ओर से सघन हरियाली, कहीं चट्टानों पर ऊँचे-नीचे अनगढ़ ढोके, और कहीं जल-पूर्ण हरित तराई विचित्र शोभा देती थी०।"

हरिद्वार के वर्णन में भी उनका प्रकृति-प्रेम अच्छी तरह प्रकट हुआ है। आस-पास के पहाड़, हरे वृक्षों पर चिड़ियों के गीत, स्वच्छ जल वाली गंगा और गंगा-तट पर हरिश्चन्द्र का रसोई बनाना—इस सबका वर्णन बहुत ही स्वाभाविक है और पढ़कर एक बार ऐसा लगता है जैसे लेखक का जीवन शहरों के बदले इसी तरह प्रकृति-दर्शन करने में ही बीता हो। लेकिन भारतेन्दु सामाजिक जीवन से उदास होकर प्रकृति से राहत पाने वाले रोमांटिक कवि नहीं हैं। उनके अध्ययन का केन्द्रबिन्दु मनुष्य है और प्रकृति उसका कार्यक्षेत्र है। इस कार्यक्षेत्र के रंगरूप, संगीत और सौन्दर्य को वह देखते-सुनते हैं, दाद देते हैं लेकिन न तो उन्हें नक्षत्रों

से मौन निमन्त्रण मिलता है, न सारी प्रकृति आध्यात्मिक आनन्द में डूबी हुई दिखाई दिती है।

'एक अद्‌भुत अपूर्व स्वप्न' भारतेन्दु का उत्कृष्ट व्यंग्यपूर्ण निबन्ध है। वास्तव में यह एक काल्पनिक कहानी-जैसा है जो निबन्ध की सीमाएँ पार कर जाता है। भारतेन्दु की निबन्ध-कला उपन्यास-कौशल की सीमाएँ छूती है। स्वप्न के माध्यम से सामाजिक व्यंग्य लिखना—यह भी भारतेन्दु-युग की अपनी विशेषता थी। राजा शिवप्रसाद ने इसी तरह 'राजा भोज का सपना' लिखा था। राधाचरण गोस्वामी ने अपना सुन्दर व्यंग्यपूर्ण निबन्ध 'यमपुर की यात्रा' इसी परम्परा के अनुकूल लिखा था।

संसार में सभी कुछ अस्थिर है। इसलिए हरिश्चन्द्र कुछ ऐसा काम कर जाना चाहते हैं जिससे उनका नाम रहे। पुस्तक लिखने का विचार करते हैं लेकिन उस समय भी पेशेवर आलोचक काफ़ी उत्पात मचाने लगे थे। उन्हें भय होता है कि "बनाने की देर न होगी कि कीट-क्रिटिक काट कर आधी से अधिक निगल जायेंगे।" फिर वह समाधिस्थ हो जाते हैं। इकसठ या इक्यावन वर्ष इसी ध्यान में बीत जाते हैं। राधाकृष्ण के उपासक हरिश्चन्द्र योगियों के ध्यान लगाने पर फबती कसे बिना कैसे सन्तुष्ट होते? अन्त में उन्होंने पाठशाला बनाने का विचार किया। अपनी मुफलिसी से अच्छा मज़ाक किया है। जब थैली में हाथ डाला तो केवल ग्यारह गाड़ी मोहरें निकलीं। ऋणभार से पीड़ित हरिश्चन्द्र मानो सचमुच मोहरों का सपना देख रहे हों।

खैर, मित्रों से सहायता ली और इतना धन इकट्ठा हो गया कि ईंटों की जगह मोहरें ही चुनवा देते तो भी दस-पाँच रेल रुपये बच रहते! मित्रों की उदारता की भी अच्छी ख़बर ली! आधी रात को पाठशाला का उद्‌घाटन हुआ। परमेश्वर को बार-बार धन्यवाद दिया, "जिसने विद्या, शील, बल के सिवाय मान, मूर्खता, परद्रोह, परनिन्दा आदि परम गुणों से इस संसार को विभूषित किया है।" कहना न होगा कि ये परम गुण हिन्दुस्तानियों के हिस्से ही में ज़्यादा पड़े थे। परमात्मा ने पाठशाला बनाने का काम पूरा करके "हमारे यश के डहडहे अंकुर फिर हरे कर दिये।" उद्‌घाटन-भाषण भी परम मनोहर हुआ। अध्यापक एक से एक नियुक्त हुए। इन्हीं में नीतिशास्त्र के अध्यापक पं० शीलदावानल नीतिदर्पण हैं जिनके लिए लिखा है—"इनसे नीति तो बहुत से महात्माओं ने पढ़ी थी, परन्तु वेणु, बाणासुर, रावण, दुर्योधन, शिशुपाल, कंस आदि इनके मुख्य शिष्य थे। और अब भी कोई कठिन काम आकर पड़ता है, तो अंग्रेजी न्यायकर्त्ता भी इनकी अनुमति लेकर आगे बढ़ते हैं।"

भारतेन्दु का काल्पनिक विद्यालय बहुत-से वास्तविक विद्यालयों से मिलता-जुलता है। अंग्रेज़ों ने जो शिक्षा-नीति अपनाई थी, उससे रावण, दुर्योधन-जैसे लोग ही लाभ उठा सकते थे। 'एक अद्‌भुत अपूर्व स्वप्न' की शैली ऊपर से गम्भीर और भीतर से व्यंग्यपूर्ण है। स्वप्न की अतिरंजित बातों के साथ यथार्थ चित्रण का

विचित्र मेल किया गया है। शब्द-चयन इतना सरस है कि गद्य में काव्य का आनन्द मिलता है।

स्वप्न-जैसा ढाँचा अपनाकर भारतेन्दु का दूसरा व्यंग्यपूर्ण निबन्ध 'स्वर्ग में विचार-सभा का अधिवेशन' लिखा गया है। शुरुआत यों होती है कि स्वामी दयानन्द सरस्वती और बाबू केशवचन्द्र सेन स्वर्ग पहुँच गये हैं। इनके वहाँ पहुँचने से स्वर्ग में बहुत बड़ा आन्दोलन खड़ा हो गया। स्वर्गवासियों में दो दल हो गए, एक इन समाज सुधारकों को अच्छा कहता था, दूसरा बुरा। एक दल कंसरवेटिव (पुराणपंथी) हुआ, दूसरा लिबरल (उदार)। कंसरवेटिव दल में कौन-कौन हैं? "जो पुराने जमाने के ऋषी मुनी यज्ञ करके या तपस्या करके अपने-अपने शरीर को सुखा-सुखा कर और कर्म में पच-पच कर मर के स्वर्ग गए हैं उनके आत्मा का दल 'कंसरवेटिव' है।" इस व्याख्या से पता चलता है कि भारतेन्दु यज्ञ और तपस्या से मुक्ति के उम्मीदवारों को क्या समझते थे। प्रेममार्ग के पथिक हरिश्चन्द्र के लिए यज्ञ-तपस्या की राह रूढिवाद की राह थी। इसके विपरीत "जो अपनी आत्मा ही की उन्नति से, या और किसी अन्य सार्वजनीन उच्च भाव सम्पादन करने से या परमेश्वर की भक्ति से स्वर्ग में गये हैं वे 'लिबरल'-दल-भक्त हैं।" लिबरलों की इस व्याख्या से पता चलता है कि हरिश्चन्द्र आत्मा की उन्नति, सार्वजनीन भाव या भक्ति को यज्ञ और तपस्या से श्रेष्ठ समझते थे।

इन दोनों दलों में वैष्णव किस ओर थे? भारतेन्दु का कहना है कि "वैष्णव दोनों दल के क्या दोनों से खारिज थे, क्योंकि इनके स्थापकगण तो लिबरल दल के थे किन्तु अब ये लोग 'रेडिकल्स' क्या महा महा रेडिकल्स हो गए हैं।" पुराने वैष्णवों से हरिश्चन्द्र जैसे नये वैष्णवों की तुलना करने से इस उक्ति की सचाई मालूम होगी। स्वर्ग का लिबरल दल स्वामी दयानन्द और बाबू केशवचन्द्र सेन को अच्छा कहता था, सम्भवतः रैडिकल वैष्णव उनकी निन्दा तो न करते थे लेकिन उनके सुधारों को नाकाफ़ी समझते थे।

व्यासजी दोनों दलों में पूछे जाते थे और "अपने प्राचीन अव्यवस्थित स्वभाव और शील के कारण जिसकी सभा में जाते थे वैसी ही वक्तृता कर देते थे।" फिर भी दोनों दलों में ब्रिटेन के राजनीतिक दलों की तरह कंसरवेटिवों का दल ही प्रबल था। "इसका मुख्य कारण यह था कि स्वर्ग के ज़मींदारों की भाँति उदार लोगों की बढ़ती से उन बेचारों को विविध सर्वोपरि बलि और भाग न मिलने का डर था।"

स्वर्ग के ज़मींदारों का उल्लेख करके भारतेन्दु ने इस संसार के ज़मींदारों के प्रति भी अपनी धारणा स्पष्ट कर दी है। ज़मींदारों की विशेषता यह है कि उन्हें सर्वोपरि बलि और भाग मिलता है। उन्हें डर है लिबरलों से, जो स्वभावतः उनकी 'सर्वोपरिता' पर कन्ट्रोल लगाना चाहते हैं।

देवताओं ने भी दोनों दलों के आन्दोलन में हिस्सा लेना शुरू किया। मुसलमानों, जैनों और ईसाइयों के स्वर्ग से भी पैग़म्बर, सिद्ध, मसीह आदि

लिबरल दल की सहायता करने लगे, शायद कंसरवेटिव दल वाले स्वर्ग के अपवित्र होने के डर से उन्हें अपनी सभा में आने ही न देते। यह दिलचस्प बात है कि स्वामी दयानन्द ने इस्लाम, ईसाई धर्म आदि का खण्डन किया था, लेकिन भारतेन्दु उन्हीं के समर्थन में लिबरल दल की सहायता के लिए मुस्लिम और ईसाई स्वर्गों में कुमक बुलाते हैं। ज़ाहिर है, यह कुमक सिर्फ़ केशवचन्द्र सेन की सहायता के लिए आई न थी।

कंसरवेटिव दल का कहना है कि स्वामी दयानन्द ने पुराणों का खण्डन किया, मूर्तिपूजा की निन्दा की, वेदों का अर्थ उल्टा-पुलटा कर डाला, दस नियोग करने की विधि निकाली, देवताओं का अस्तित्व मिटाना चाहा और अन्त में संन्यासी होकर अपने को जलवा दिया। इसलिए उन्हें कभी स्वर्ग में न रहने देना चाहिए।

काशी के विश्वनाथजी और उदयपुर के एकलिंगजी में स्वामी दयानन्द को लेकर दिलचस्प बातें होती हैं। विश्वनाथजी कहते हैं कि स्वामी दयानन्द-से पतित को क्यों मुँह लगाया। एकलिंगजी उत्तर देते हैं—"हम उसकी बुरी बातों को न मानते, न उसका प्रचार करते, केवल अपने यहाँ के जंगल की सफाई का कुछ दिन उसको ठेका दिया, बीच में वह मर गया। अब उसका मालमत्ता ठिकाने रखवा दिया तो क्या बुरा किया?" सम्भवतः यही मत भारतेन्दु का भी था। वह स्वामी दयानन्द के सभी कार्यों के प्रशंसक न थे लेकिन उन्हें जंगल की सफ़ाई का ठेका लेने वाला समाज-सुधारक ज़रूर मानते थे।

केशवचन्द्र सेन के बारे में भी कंसरवेटिव दल कहता था कि उन्होंने वेद-पुराण मिटा डाले, क्रिस्तान-मुसलमान सबको हिन्दू बना डाला, खाने-पीने का कुछ भी विचार न रखा इत्यादि। लेकिन लिबरलों में भी दो गुट हो गए, एक केशवचन्द्र सेन का प्रशंसक था और दूसरा स्वामी दयानन्द का। स्वामी दयानन्द के प्रशंसक कहते हैं कि उन्होंने "हज़ारों मूर्खों को ब्राह्मणों के (जो कंसरवेटियों के पादरी और व्यर्थ प्रजा का द्रव्य खाने वाले हैं) फन्दे से छुड़ाया।" प्रेमचन्द के लिए पुरोहित-वर्ग कहता था कि ब्राह्मण-विरोधी और घृणा के प्रचारक हैं। प्रेमचन्द से पहले भारतेन्दु ने पुरोहितों को व्यर्थ प्रजा का द्रव्य खाने वाला लिखा था। इसीलिए स्वर्ग के स्मृति-ग्रन्थकार कंसरवेटिव दल के साथ हैं। इनके विपरीत "लिबरल दल में चैतन्य प्रभृति आचार्य, दादू, नानक, कबीर प्रभृति भक्त और ज्ञानी थे।" इससे यह स्पष्ट होता है कि भारतेन्दु, दादू, नानक, कबीर आदि सन्तों को वैष्णवों की भाँति देश की उदार सांस्कृतिक परम्परा का अंग मानते थे।

दोनों दलों ने अपने मेमोरियल तैयार किये और ईश्वर के पास डेपुटेशन भेजे। लेकिन ईश्वर लोगों की धर्म-सम्बन्धी अवज्ञा से नाराज़ थे। इसलिए उन्होंने दोनों दलों के प्रतिनिधियों को करारी डांट बतलाई। प्रतिनिधि डर गए, फिर "बड़ा निवेदन सिवेदन किया।" आखिर ईश्वर का क्रोध शान्त हुआ। उन्होंने एक सेलेक्ट कमेटी बना दी जिसमें भिन्न-भिन्न मत के लोग चुने गए। सदस्यों

को ताकीद की गई कि उनकी किसी कार्रवाई की ख़बर एडीटरों को न मिले। सेलेक्ट कमेटी की रिपोर्ट में कहा गया—"हम लोगों की सम्मति में इन दोनों पुरुषों ने प्रभु की मंगलमयी सृष्टि का कुछ विघ्न नहीं किया वरंच उसमें सुख और सन्तति अधिक हो इसी में परिश्रम किया।"

सेलेक्ट कमेटी की रिपोर्ट के बहाने भारतेन्दु ने विधवा-विवाह के विरोधियों, अनमेल विवाह के हिमायतियों, पुरोहितों के अन्धे अनुयाइयों और धार्मिक अन्ध-विश्वासों को सत्य कहने वालों को कड़ी फटकार बतलायी है। भारतेन्दु आवेश में आकर व्यंग्य और हास्य का सहारा न लेकर ठेठ हिन्दी में खरी-खरी यों सुनाते हैं—"विधवा गर्भ गिरावें, पण्डित जी या बाबू साहब यह सह लेंगे, वरंच चुप-चाप उपाय भी करा देंगे, पाप को नित्य छिपावेंगे, अन्ततोगत्वा निकल ही जायं तो सन्तोष करेंगे, पर विधवा का विधिपूर्वक विवाह न हो, फूटी सहेंगे, आँजी न सहेंगे, इस दोष को इन दोनों ने निःसन्देह दूर करना चाहा।" समाज के ठेकेदार इसी शैली के योग्य थे, यद्यपि उन पर असर इसका भी न हुआ।

सेलेक्ट कमेटी ने स्वामी दयानन्द के कार्यों में दोष भी दिखलाये हैं। "भाष्य में भी रेल तार आदि कई अर्थ जबर्दस्ती किये। इसी से संस्कृत विद्या को भली-भाँति न जाननेवाले ही प्रायः इनके अनुयायी हुए। जाल को छुरी से न काटकर दूसरे जाल ही से जिसको काटना चाहा इसी से दोनों आपस में उलझ गये और इसका परिणाम गृह-विच्छेद उत्पन्न हुआ।" भारतेन्दु के अनुसार स्वामी दयानन्द ने जाल को जाल से काटा, पुरोहित-वर्ग का जाल काटने के लिए एक नया पुरोहित-वर्ग बन गया। इसके विपरीत वह भक्ति के आधार पर सबको एक करना ज़्यादा अच्छा समझते थे।

रिपोर्ट पर परमात्मा ने क्या आज्ञा दी, यह जब "हम भी वहाँ जाएँगे और फिर लौटकर आ सकेंगे तो पाठक लोगों को बतलावेंगे। या आप लोग कुछ दिन पीछे आप ही जानोगे।"

हास्य और मनोरंजन के साथ अपनी कला से जनता को अपनी दशा के प्रति कैसे सचेत करना चाहिए, इसका उत्कृष्ट उदाहरण है—'स्वर्ग में विचार सभा का अधिवेशन।'

'कविवचन-सुधा' का प्रकाशन आरम्भ करके भारतेन्दु ने वास्तव में एक नये युग का सूत्रपात किया। पत्र-पत्रिकाओं ने हमारे जातीय जीवन को पहले कभी इतना प्रभावित न किया था और कोई भी पत्रिका हिन्दी के चोटी के लेखकों को प्रभावित करने का ऐसा निरपवाद श्रेय नहीं ले सकती जैसे 'कविवचन-सुधा'। यह पत्रिका जनता का पक्ष लेनेवाली, जनता के हितों के लिए संघर्ष करनेवाली, राजनीति के पीछे चलनेवाली इकाई नहीं वरन् उसे मशाल दिखानेवाली सचाई थी। भारतेन्दु ने 'कविवचन-सुधा' के द्वारा हिन्दी में निर्भीक देश-भक्त पत्रकार-कला का आदर्श लोगों के सामने रखा। उनसे पहले लोगों ने पत्र निकाले थे, लेकिन उनमें से कोई भी इस लगन से एक निश्चित उद्देश्य के लिए जमकर न लड़ा था।

भारतेन्दु ने सत्य और न्याय का पक्ष लिया। चाटुकारों, राजभक्तों और रूढ़िवादियों की उन्होंने ज़रा भी पर्वाह न की। 'कविवचन-सुधा' और 'हरिश्चन्द्र मैगज़ीन' हिन्दी जनता का सशक्त स्वर बन गयीं। सरकार का उन्हें कोपभाजन बनना पड़ा, लेकिन देशसेवा का बीड़ा उठाकर उन्होंने इतिहास में अपना नाम अमर कर लिया।

संवाद, नाटक, उपन्यास, व्यंग्य और हास्य, सभी साधनों से भारतेन्दु ने देश की जनता को सचेत किया। उनके साहित्य का निरन्तर यही उद्देश्य रहता है कि जनता अपनी हीन दशा पहचाने और उन्नति के लिए प्रयत्न करे। इस पवित्र उद्देश्य की पूर्ति करते हुए उन्होंने हिन्दी के अपने विशेष साहित्यिक रूप-निबन्ध का विकास किया। इस निबन्ध-कला पर हम उचित गर्व कर सकते हैं। इस कला में यथार्थवाद का रंग है, कल्पना की उड़ान है, करुणा का स्वर है, तीखा व्यंग्य और ठेठ कटूक्तियाँ भी हैं, भारतेन्दु के निबन्ध मानो हिन्दी जनता के चरित्र की सभी खूबियों के सबसे अच्छे चित्र हैं। भारतेन्दु के निबन्धों से राधाचरण गोस्वामी, बालमुकुन्द गुप्त, प्रतापनारायण मिश्र, बालकृष्ण भट्ट आदि ने प्रेरणा पाकर हिन्दी के अद्भुत् निबन्ध-साहित्य का विकास किया। यह निबन्ध-कला कहानी-कला की सीमाएँ छूती है और बालकृष्ण भट्ट-जैसे लेखक निबन्धों की सीमाएँ पार करके बड़ी आसानी से कथा-साहित्य के क्षेत्र में आ गए।

हिन्दी भाषा के प्रसार में, हिन्दी-साहित्य का स्तर ऊँचा करने में और हिन्द प्रदेश की जनता को जगाने में भारतेन्दु की पत्रकारिता और निबन्ध-कला ने अपनी अपूर्व भूमिका पूरी की।

६. नाटक—१

'नाटक अथवा दृश्य काव्य' नाम के निबन्ध में भारतेन्दु ने अपने पूर्ववर्ती नाटककारों का विवरण दिया है। नेवाज, ब्रजवासीदास आदि के नाटकों के लिए भारतेन्दु ने लिखा है कि "इन सबों की रचना काव्य की भाँति है।"

हिन्दी में गद्य-साहित्य के विकास के साथ ही नाटक-साहित्य की भी माँग हो रही थी। भारतेन्दु के अनुसार उनके पिता गोपालचन्द्र उपनाम गिरिधरदास ने विशुद्ध नाटक रीति से हिन्दी का पहला नाटक 'नहुष' लिखा। भारतेन्दु के पिता अंग्रेज़ी पढ़े न थे, फिर भी उन्होंने नाटक-रचना की तरफ़ ध्यान दिया। इस तथ्य का उल्लेख स्वयं भारतेन्दु ने किया है। साहित्य के अन्य अंगों की तरह नाटक की भी मूल प्रेरक शक्तियाँ इसी देश और समाज की थीं। जब भारतेन्दु सात बरस के थे, तब उनके पिता हिन्दी का पहला नाटक रच रहे थे। उस घटना के अठारह साल बाद—पच्चीस वर्ष की अवस्था में—भारतेन्दु ने अपना सारगर्भित 'नाटक' नाम का निबन्ध लिखा।

'नहुष' के बाद राजा लक्ष्मणसिंह के 'शकुन्तला' नाटक को भारतेन्दु ने हिन्दी का दूसरा नाटक बताया है। यद्यपि यह नाटक अनुवाद था, पर भाषा की सुघराई और मिठास के कारण हिन्दी में इसे मौलिक रचना की-सी ख्याति मिली। हिन्दी नाटकों के प्रारम्भिक विकास में संस्कृत पुस्तकों का अनुवाद होना महत्त्व की बात है। इससे इस भ्रान्त धारणा का खण्डन होता है कि भारतेन्दु-युग का नवीन साहित्य-जागरण अंग्रेज़ों और अंग्रेज़ी की प्रेरणा से हुआ।

हिन्दी नाटकों के विकास में उस समय बहुत-सी कठिनाइयाँ थीं। हिन्दी गद्य का विकास अभी शुरू ही हुआ था। हिन्दी का अपना कोई रंगमंच न था। जनता के रंगमंच और ग्रामीण स्वाँगों आदि से शिक्षित जनता काफ़ी दूर थी। 'नाटक' में भारतेन्दु ने हिन्दी में रंगमंच के अभाव की तरफ़ ध्यान दिलाया है। पारसी कम्पनियों का रंगमंच ज़रूर था। व्यापारियों के इस रंगमंच का उद्देश्य पैसा कमाना था। देश की उन्नति और साहित्य के विकास से इन्हें कोई सरोकार न था। भारतेन्दु ने इन कम्पनियों के नाटक भी देखे थे। बनारस में शकुन्तला नाटक के

अभिनय के बारे में उन्होंने लिखा है—"काशी में पारसी नाटकवालों ने नाचघर में जब शकुन्तला नाटक खेला और उसमें धीरोदात्त नायक दुष्यन्त खेमटेवालियों की तरह कमर पर हाथ रखकर मटक-मटककर नाचने और 'पतरी कमर बल खाय' यह गाने लगा तो डॉक्टर थिबो, बाबू प्रमदादास मित्र प्रभृति विद्वान् यह कहकर उठ आये कि अब देखा नहीं जाता। ये लोग कालिदास के गले पर छुरी फेर रहे हैं।"

भारतेन्दु ने अपने मौलिक और अनुवादित नाटकों के जरिये एक साथ कई काम किये। उन्होंने नाटकों के माध्यम से नयी हिन्दी को लोकप्रिय बनाया, पारसी रंगमंच का विरोध किया और प्राचीन नाटकों का उद्धार किया। उन्होंने भोंडे और ग़लत अनुवादों के मुकाबले में सरस और रचनात्मक अनुवादों की मिसालें रखीं।

डॉ० लक्ष्मीसागर वार्ष्णेय ने 'रत्नावली' की भूमिका में लिखा है कि हिन्दी में नाटक-रचना के लिए संस्कृत-साहित्य के अध्ययन के अलावा अंग्रेज़ी-साहित्य से प्रोत्साहन मिला और अंग्रेज़ों ने यहाँ जो नाटक-घर बनाये थे, उनसे प्रेरणा मिली। भारतेन्दु के नाटकों पर संस्कृत और बंगला का प्रभाव तो दिखाई देता है, लेकिन अंग्रेज़ी प्रभाव उन पर कहाँ तक पड़ा है, इसका कोई स्पष्ट प्रमाण अभी नहीं मिला।

भारतेन्दु और राधाचरण गोस्वामी-जैसे लेखकों के प्रहसनों का उल्लेख करते हुए डॉ. वार्ष्णेय ने राय दी है कि "ये प्रहसन उच्चकोटि के नहीं हैं।" हो सकता है कि ये प्रहसन उच्चकोटि के न हों लेकिन इनसे उच्चतर कोटि के प्रहसन अभी लिखे नहीं गये।

आगे डॉ. वार्ष्णेय ने लिखा है—"हिन्दी वालों ने कोट-पतलून पहनना भले ही सीख लिया हो, अन्तर्जगत् में वे अभी भारतीय ही बने हुए थे (भला इससे बड़ी मुसीबत और क्या हो सकती थी!) कालान्तर में जिस प्रकार भारतीय जन का अन्तर पश्चिम से प्रभावित हुआ, उसी प्रकार नाटकों का भी।" लेकिन कालान्तर में हिन्दी का नाटक-साहित्य वैसा लोकप्रिय नहीं हुआ, जैसे भारतेन्दु-युग में। हिन्दी के कुछ नाटककारों ने पच्छिम की नकल करते हुए अभिनय के लिए लम्बे-लम्बे निर्देश लिखना भले सीख लिया हो, लेकिन इससे उनकी नाटक-रचना रंग-मंच के ज्यादा उपयुक्त नहीं हो गयी। वास्तव में उन्हीं लेखकों के नाटक सफल हुए हैं जिन्होंने यहाँ के नाट्य-साहित्य का विकास ध्यान में रखते हुए समाज की महत्त्वपूर्ण समस्याओं पर सरल भाषा में नाटक रचे हैं। छायावादी कवित्वपूर्ण नाटक इसका अपवाद हैं: वे नाटक से ज्यादा काव्य हैं।

भारतेन्दु ने अपने किसी नाटक को रूपक लिखा है, किसी को व्यायोग, किसी को सट्टक, किसी को नाट्यरासक, गीतिरूपक, प्रहसन, नाटिका इत्यादि। नाटकों का यह विभाजन उन्हें अंग्रेज़ी साहित्य से न मिला था। संस्कृत के पुराने रूप लेकर भारतेन्दु नये दृष्टिकोण से उनका सजीव उपयोग कर सके, यह उनकी प्रतिभा का

भी प्रमाण है और उन पुराने रूपों की सजीवता का भी।

यह ध्यान देने की बात है कि भारतेन्दु के केवल दो नाटक दृश्यों में विभाजित हैं, एक तो 'विद्यासुन्दर', दूसरा 'प्रेमजोगिनी'। 'विद्यासुन्दर' बंगला से छाया लेकर लिखा गया है, 'प्रेमजोगिनी' अधूरा ही रह गया। शेष सभी नाटक संस्कृत-परम्परा के अनुसार अंकों ही में विभाजित हैं।

'पाखण्ड-विडम्बन' और 'धनंजय-विजय' एकांकी हैं। एकांकी नाटकों के लिए अंग्रेजी का ही उपकार मानने की जरूरत नहीं। 'विषस्य विषमौषधम्' भी एकांकी है लेकिन उसमें एक ही पात्र है।

हिन्दी में जननाट्यसंघ के नाटक देखकर मैं इस नतीजे पर पहुँचा हूँ कि दृश्यों के बदले अंकों में नाटक विभाजित करने से अभिनय-कौशल और नाटक-रचना दोनों ही में काफी सहायता मिलती है। इस दृष्टि से प्रेमचन्द के 'गोदान' और 'प्रेमाश्रम' उपन्यासों के आधार पर रचे हुए नाटक आगरा में सफलतापूर्वक खेले जा चुके हैं। भारतेन्दु ने अधिकांश नाटकों में जो अंकों के विभाजन का हिसाब रखा है, वह आज भी अमल से लाभदायी सिद्ध होता है। 'मुद्राराक्षस' और 'सत्य हरिश्चन्द्र' के अन्तिम अंकों का प्रभाव छोटे-छोटे दृश्यों में बंटने से बहुत-कुछ कम हो जाता।

भारतेन्दु ने नाटक की व्याख्या करते हुए लिखा है—"काव्य के सर्वगुण संयुक्त खेल को नाटक कहते हैं। इसका नाटक कोई महाराज (जैसा दुष्यन्त) व ईश्वरांश (जैसा श्रीराम) वा प्रत्यक्ष परमेश्वर (जैसा श्रीकृष्ण) होना चाहिए। रस श्रृंगार वा वीर। अंक पाँच के ऊपर और दस के भीतर। आख्यान मनोहर और अत्यन्त सुन्दर उज्ज्वल होना चाहिए। उदाहरण—शाकुन्तल, वेणीसंहार आदि।"

भारतेन्दु ने 'विद्यासुन्दर' को नाटक की ही संज्ञा दी है, लेकिन उसमें तीन ही अंक हैं। 'सत्य हरिश्चन्द्र' भी नाटक है, लेकिन उसमें चार ही अंक हैं। इससे पता चलता है कि भारतेन्दु संस्कृत रूपों का उपयोग करते हुए उनका कट्टर अनुकरण ज़रूरी न समझते थे। भारतेन्दु की यह स्वाधीन वृत्ति उन्हें प्राचीन रूपों के निर्जीव अनुकरण से बचाती है।

भाण में एक ही अंक होता है और नट आप ही सारी कहानी कहता है। "इसका उद्देश्य हँसी, भाषा उत्तम और बीच-बीच में संगीत भी होता है।" भारतेन्दु ने इसकी मिसाल के लिए खुद 'विषस्य विषमौषधम्' का नाम लिया है। लेकिन दोहा, छप्पय आदि कुछ छन्द छोड़कर उसमें संगीत नहीं है।

व्यायोग में स्त्री पात्र नहीं होते। कथा एक ही दिन की होती है। युद्ध का निदर्शन होता है। भारतेन्दु ने 'धनंजय-विजय' का उदाहरण दिया है।

प्रहसन 'हास्य रस का मुख्य खेल' है। "यद्यपि प्राचीन रीति से इसमें एक ही अंक होना चाहिए किन्तु अब अनेक दृश्य दिए बिना नहीं लिखे जाते।" भारतेन्दु की यह व्याख्या यह साबित करती है कि आवश्यकतानुसार पुराने रूपों में तबदीली करने में वे ज़रा भी न हिचकिचाते थे।

नाटिका की व्याख्या करते हुए लिखा है—"नाटिका में चार अंक होते हैं

और स्त्री पात्र अधिक होते हैं तथा नाटिका की नायिका कनिष्ठा होती है अर्थात् नाटिका के नायक की पूर्व-प्रणयिनी के वश में रहती है।" इस हिसाब से चन्द्रावली तो नाटिका ठहरती है लेकिन 'प्रेम-जोगिनी' में न तो स्त्री पात्र अधिक हैं, न पहले अंक के चार दृश्यों में कहीं कनिष्ठा की समस्या उठती दिखाई देती है।

'प्रेम-जोगिनी' के बारे में पारिपार्श्विक कहता है—"उसके खेलने से लोगों को वर्तमान समय का ठीक नमूना दिखाई पड़ेगा और वह नाटक भी नई-पुरानी दोनों रीति मिल के बना है।"

यह वाक्य उस दिशा की तरफ़ संकेत करता है, जिसमें भारतेन्दु हिन्दी नाटकों का विकास कर रहे थे और अपने अन्तिम वर्षों में चाहते थे कि विकास हो। नाटक खेलने से लोगों को वर्तमान समय का ठीक नमूना दिखाई पड़ना चाहिए। दूसरे शब्दों में, उसकी विषयवस्तु यथार्थवादी होनी चाहिए। साथ ही उसकी रचना में पुरानी रीति के अंधानुकरण के बदले उसमें आवश्यक हेर-फेर भी करना चाहिए। इस तरह नाटक का जातीय रूप विकसित होगा। साहित्य के अन्य अंगों की तरह भारतेन्दु नाटकों में भी यथार्थवाद के जन्मदाता हैं और उनके लोकप्रिय जातीय रूप को सँवारने वाले हैं।

सट्टक की व्याख्या यह है—"जो सब प्राकृत में हो और प्रवेशक, विष्कंभक जिसमें न हों और शेष सब नाटिका की भाँति हो।" 'कर्पूरमंजरी' सट्टक है लेकिन हिन्दी के नाटक में 'सब प्राकृत' में लिखने का सवाल नहीं उठता।

'भारत-दुर्दशा' नाट्यरासक है। पुरानी व्याख्याएं नई विषयवस्तु से कितने पीछे छूट गई थीं, यह नाट्यरासक की व्याख्या से मालूम होता है। व्याख्या यह है—"इसमें एक अंक, नायक उदात्त, नायिका वासकसज्जा, पीठमर्द उपनायक और अनेक प्रकार के गान नृत्य होते हैं।" अंकों के हिसाब से भी 'भारत-दुर्दशा' में छः अंक हैं।

'नीलदेवी' ऐतिहासिक गीतिरूपक (वियोगान्त) है। इस तरह के नाटक की व्याख्या भारतेन्दु के निबन्ध में नहीं है। स्पष्ट ही भारतेन्दु ने अपनी तरफ़ से इस संगीत-प्रधान नाटक का नामकरण किया है।

भारतेन्दु के नाटकों में एक-दो ही ऐसे मिलेंगे जिनमें रीतिकालीन कवियों के शृंगार रस की प्रधानता हो। 'विद्यासुन्दर' और 'कर्पूरमंजरी' में पुरानी चाल का शृंगार अवश्य है, 'चन्द्रावली' में शृंगार है लेकिन प्रेम की प्रधानता होने से नायिकाभेदी तत्त्व दबा हुआ है। बाकी नाटक रीतिकालीन शृंगार रस की परम्परा से दूर हैं। इससे यह सिद्ध होता है कि नाटक-साहित्य में भारतेन्दु सामन्ती साहित्य की लीक छोड़कर समाजोपयोगी और यथार्थवादी साहित्य की नई लीक बना रहे थे।

'विद्यासुन्दर' की भूमिका में भारतेन्दु ने लिखा है कि बंगला में यतीन्द्र-मोहन ठाकुर के नाटक की छाया लेकर यह रचा गया है। वर्द्धमान नगर के राजा

की लड़की का नाम विद्या है। राजा काँचीपुर के युवराज सुन्दर के बारे में सुनता है। उसे बुलाने के लिए वह अपना आदमी भेजता है। सुन्दर वर्द्धमान आता है और हीरा मालिन के यहाँ ठहरता है। हीरा के द्वारा वह फूलों के साथ अपने प्रेम के परिचय-स्वरूप फूल के धनुष-बाण विद्या के पास भेजता है। विद्या की प्रतिज्ञा है कि जो उसे शास्त्रार्थ में हरायेगा उसी के साथ वह विवाह करेगी। राजकुमार सुन्दर ने हारने पर बदनामी से बचने के लिए छिपकर वर्द्धमान आने का विचार किया।

हीरा की कृपा से सुन्दर विद्या के दर्शन करता है और उसके साथ उसका गन्धर्व-विवाह हो जाता है। राजा को यह तो मालूम नहीं होता कि विद्या का प्रेमी सुन्दर है लेकिन कोई प्रेमी आता है, यह जानकर वह उसे पकड़ने की आज्ञा देता है। सुन्दर और हीरा मालिन गिरफ़्तार कर लिये जाते हैं। अन्त में सुन्दर कौन है, यह भेद खुल जाता है और प्रसन्नता से नियमानुसार ब्याह की तैयारी होने लगती है।

इस नाटक में विद्या को देखकर बरबस शकुन्तला की याद आ जाती है। हीरा मालिन से यह सुनने पर कि सुन्दर उसके नगर आया है, वह कह उठती है, कहाँ, कहाँ; लेकिन फिर 'कुछ लज्जित होकर' पूछती है, "नहीं, क्या सचमुच यहाँ आया है?" विद्या शकुन्तला से ज्यादा ढीठ है, उसे अपने ऊपर इतना विश्वास है कि विवाद में परास्त होने पर ही उसने ब्याह करने की प्रतिज्ञा की थी। घर वालों से छिपकर प्रेमी से मिलने में वह स्वावलम्बन का परिचय देती है। सुन्दर भी स्वावलम्बी है, लेकिन भाग्य भी उसकी कम सहायता नहीं करता। हीरा मालिन से उसकी मुलाकात उसके सौभाग्य से ही होती है और सौभाग्य से ही विद्या शास्त्रार्थ में उसकी परीक्षा न करके उसे वैसे ही अपना हृदय अर्पित कर देती है।

'विद्यासुन्दर' एक रोमांटिक नाटक है जिसमें 'रोमियो' और 'जूलियट' असफल प्रेम के कारण प्राण देने के बदले एक-दूसरे से मिल जाते हैं। विद्या अपने प्रेमी को देखने से पहले ही उसके प्रेम में दीवानी है और सुन्दर भी विद्या के रूप-गुण की प्रशंसा सुनकर ही उसे पाने के लिए वर्द्धमान आ पहुँचा है। विद्या और सुन्दर का वियोग होता है तो थोड़ी देर के लिए जिससे मिलन और मधुर हो जाए लेकिन प्रेमी-प्रेमिका तड़प-तड़पकर कुम्हला न जाएँ। बीच-बीच में गीत नाटक का रोमांटिक सौंदर्य और निखार देते हैं।

लेकिन नाटक का सबसे सजीव पात्र हीरा मालिन है। वह जितनी बातें बनाने में चतुर है, उतनी ही डरपोक भी। हीरा मालिन और कुछ दूसरे साधारण पात्रों की बातचीत से प्रकट हो जाता है कि भारतेन्दु की प्रतिभा का एक विशेष क्षेत्र प्रहसन था।

'पाखंड-विडंबन' भी अनुवादित नाटक है। इसमें हास्य रस और उभरकर आया है। पात्रों के अनुसार भारतेन्दु ने उनकी भाषा में भी परिवर्तन किया है। शान्ति करुणा के साथ श्रद्धा को ढूँढ़ती फिरती है। पहले उनकी भेंट दिगंबर सिद्धान्त

से होती है। नमो अर्हंत कहते हुए दिगंबर आता है, उसकी भाषा राजस्थानी से मिलती-जुलती है। दिगंबर के पास तमोगुणी श्रद्धा है लेकिन सतोगुणी श्रद्धा, जिसे शान्ति ढूँढ़ रही है, उसके पास नहीं है। दिगंबर के बाद शान्ति की भेंट भिक्षुक बुद्धागम से होती है। र की जगह ल और स की जगह छ का प्रयोग उसकी बोली की विशेषता है। जब वह क्षणिकवाद का प्रतिपादन करता है, तभी श्रद्धा भिक्षुकी बनी आती है। यह भी तामसी श्रद्धा है। दिगंबर और भिक्षुक अपने-अपने मत का समर्थन करते हैं, तभी कापालिक आता है। उसके देवता भैरवनाथ हैं। कापालिक अपने भोगवाद का महत्त्व समझाता है, तभी कपालिनी बनी हुई रजोगुणी श्रद्धा आती है। कापालिक उसे आज्ञा देता है कि वह भिक्षु से लिपट जाए। भिक्षुक उसके आलिंगन से परम आनन्द प्रकट करता है और कहता है :

"औरहु भोग अनेक किये कुचवारिन कों लपटायो।
जो सुख मोहिं कपालिनी दीन न सो कबहूँ हम पायो॥"

इसके बाद रजोगुणी श्रद्धा दिगबर सिद्धान्त का आलिंगन करती है। दिगंबर आलिंगन से प्रसन्न होकर स्वगत कहता है—"अरे ऐसे समय नागो रहिबो उचित नहीं, तासूँ लिंगोटी लगाय लेऊँ तो ठीक परै।" श्रद्धा की जूठी मदिरा दिगंबर और भिक्षुक दोनों पीते हैं और फिर नाचते हैं। दिगंबर के मुँह से शान्ति सुनती है कि वास्तविक श्रद्धा कृष्णभक्ति के साथ साधुजनों के हृदय में रहती है।

इससे सिद्ध यह हुआ कि शान्ति न दिगंबर को मिली, न भिक्षु और कापालिक को। शान्ति और श्रद्धा श्रीकृष्ण की भक्ति में हैं। 'पाखंड-विडंबन' एक प्रहसन है जिसमें अन्य मतों की व्यर्थता दिखाकर भक्ति की श्रेष्ठता सिद्ध की गयी है। गद्य के साथ इसमें जगह-जगह पद्य का भी प्रयोग किया गया है। दिगंबर, भिक्षु और कापालिक बहुत ही सजीव हैं। इस प्रहसन से भारतेन्दु के धार्मिक विचारों पर प्रकाश पड़ता है। वह न संसार को क्षणिक मानते थे, न केवल भोग का जीवन बिताने में विश्वास करते थे। उनके लिए भक्ति-मार्ग ही सबसे कल्याणकारी मार्ग था। इस नाटक में शान्ति, करुणा, श्रद्धा जैसे पात्र 'भारत-दुर्दशा' के उन पात्रों की अग्रसूचना हैं जो किन्हीं विचारों या भावनाओं के रूप में हमारे सामने आते हैं।

'धनंजय-विजय' में पाण्डव कौरवों से गायें छुड़ाते हैं। अनेक पद्यों में रीतिकालीन कवियों की तरह 'वीररस' का वर्णन है—'कटे कुण्ड सुण्डन के रुण्ड मैं लगाय तुण्ड' इत्यादि। लेकिन इसका भरतवाक्य महत्त्वपूर्ण है :

"राजवर्ग मद छोड़ि निपुन विद्या में होई।
आलस मूरखतादि तजैं भारत सब कोई॥
पण्डितगन परकृति लखिकै भति दोष लगावैं।
छूटै राजकर मेघ समै पै जल बरसावैं॥
कजरी ठुमरिन सो मोरि मुख सत कविता सब कोउ कहै।
हिय भोगवती सम गुप्त हरि प्रेमधार नित ही बहै॥"

'धनंजय-विजय' १८७३ में लिखा गया था। तेईस वर्ष की अवस्था में भारतेन्दु ने यहाँ नयी कविता और नये साहित्य की माँग की थी जो कजरी-ठुमरी की लीक से हटकर प्रेम और देशभक्ति की राह पर चले। उन्होंने यहाँ पहले-पहल कविता में यह आवाज बुलन्द की थी कि राजकर से छुटकारा मिले और भारतवासी आलस्य और मूर्खता-जैसे दुर्गुण छोड़ें। 'धनंजय-विजय' के इस भरत-वाक्य को समाज-सुधार और देशभक्ति की नयी कविता का पहला सूत्र समझना चाहिए।

'कर्पूरमंजरी' राजशेखर की प्राकृत रचना का अनुवाद है। सूत्रधार के अनुसार वह 'राजशेखर और हरिश्चन्द्र का' रचा हुआ है। भैरवानन्द अपने मंत्र-बल से राजा के लिए विदर्भ नगर से कर्पूरमंजरी बुलाता है। नाटक में कर्पूरमंजरी के सौन्दर्य-वर्णन में कई अंश अच्छे हैं, वैसे कथावस्तु में घटनाओं की कमी है। राजा और कर्पूरमंजरी एक-दूसरे को पसन्द करते हैं और जब भैरवानन्द ने विदर्भनगर से एक लड़की पकड़ बुलाई, तब उसे राजा के हवाले करते क्या देर लगती। राजा विदूषक से कहता है—"मित्र, तुमने कहीं कोई बड़ी सुन्दर स्त्री देखी हो तो बुलवावें?" इस सवाल से ही पता चल सकता है कि राजा का प्रेम कितना गम्भीर रहा होगा। नारी उसके लिए विलास की सामग्री है। नाटक में रसोत्कर्ष के लिए देव और पद्माकर के छन्द भी दिये गए हैं। राजा और विचक्षणा का पद्य-संवाद एक नया प्रयोग है। 'कर्पूरमंजरी' में हरिश्चन्द्र ने पद्यमय नाटक लिखने की कला-विशेष का भी प्रदर्शन किया है।

विशाखदत्त के संस्कृत नाटक का अनुवाद 'मुद्राराक्षस' भारतेन्दु के अनुवादों में सबसे सफल और लोकप्रिय हुआ है। नाटक के आरम्भ में भारतेन्दु ने पूर्वकथा में मगध के इतिहास और चाणक्य के अभ्युदय से पहले की घटनाओं का परिचय दिया है। नाटक के उपसंहार में भारतेन्दु ने मगध पर एक विद्वत्तापूर्ण लेख भी जोड़ दिया है। कूटनीति को लेकर शायद ही किसी ने ऐसा प्रभावशाली नाटक लिखा हो। मूल पात्र चाणक्य और राक्षस हैं। दोनों प्रतिद्वन्द्वी हैं। राक्षस नन्द का स्वामिभक्त मन्त्री है। चाणक्य राज्य और राजाओं का विधाता है। काले रंग का होने के कारण उसका अपमान किया गया। उस अपमान का उसने बदला लिया। बदला लेने में उसने सत्य, अहिंसा से काम नहीं लिया। लेकिन उसके शत्रु भी सत्य, अहिंसा के उपासक न थे। चाणक्य ने अपने विरोधियों के अस्त्रों को और भी पैना कर उन्हीं के विरुद्ध उनका प्रयोग किया। पूर्वकथा में भारतेन्दु ने चाणक्य के लिए एक जगह 'धूर्ताधिराज' शब्द का प्रयोग किया। सूत्रधार नेपथ्य में चाणक्य की आवाज सुनकर कहता है—'दृष्ट टेढ़ी मतिवारो।'

चाणक्य धूर्त नहीं चतुर है। वह धूर्तों की नस पहचानता है और उनसे फरेब का व्यवहार करके उन्हें परास्त करना जानता है। वास्तव में चाणक्य अपने हृदय में राक्षस की जितनी इज़्ज़त करता है, उतनी नन्द भी न करता था। चाणक्य की एक प्रतिज्ञा कि वह नन्दों का नाश करेगा, नाटक आरम्भ होने से पहले ही पूरी हो चुकती है। नाटक में उसकी प्रतिज्ञा दूसरी है। वह राक्षस का हृदय जीतना

चाहता है, उसे चन्द्रगुप्त का मन्त्री बनाना चाहता है। नन्दों का नाश करने से राक्षस का हृदय जीतना कहीं ज्यादा कठिन है। लेकिन चाणक्य कठिनाइयों से नहीं घबराता। हर समस्या के लिए उसके पास समाधान है। 'मुद्राराक्षस' में उसके चरित्र की अद्भुत दृढ़ता, धीरज और आत्मविश्वास का चित्रण हुआ है। एक क्षण के लिए भी चाणक्य को सन्देह नहीं होता कि वह अपने उद्देश्य में असफल होगा। वह कुशल खिलाड़ी की तरह मोहरे बिछा देता है और अन्त में जब उन्हें समेटता है, तब पाठक और दर्शक उसकी सिद्धि देखकर चमत्कृत रह जाते हैं।

राक्षस की स्वामिभक्ति संस्कारवश है, बुद्धिसंगत नहीं। इसीलिए चाणक्य अपने बुद्धिबल से उसे परास्त करता है। महाभारत के कृष्ण की तरह चाणक्य राजा का अन्न खाकर उसकी चाकरी करने में विश्वास नहीं करता, वह उसी को धर्म समझता है जिससे देश का कल्याण हो। वह अन्यायी के साथ छल करना पाप नहीं समझता। वास्तव में वह मनुष्य के गुणों का पारखी है। इसीलिए इतनी लगन से वह एक ही लक्ष्य सिद्ध करने में अपनी सारी शक्ति लगा देता है —राक्षस को अपनी तरफ करके उसे चन्द्रगुप्त का मंत्री बनाना।

राक्षस के सामने स्वामिभक्ति से बड़ा आदर्श नहीं है। चाणक्य देश की बात सोचता है, विदेशी आक्रमणकारियों से देश की रक्षा करने का उपाय करता है। इसका मतलब यह हुआ कि चाणक्य-नीति सामन्ती स्वामिभक्ति से बढ़कर है। राक्षस पर चाणक्य की विजय नयी नैतिकता की विजय है। राक्षस दाँव-पेंच करने में कम नहीं है, लेकिन इस अखाड़े में वह चाणक्य का शिष्य ही हो सकता है, उसका प्रतिद्वंद्वी नहीं। फिर भी उसे परास्त करने पर चाणक्य अपने विजय-गर्व से उसे नीचा नहीं दिखाता वरन् अपनी नम्रता से पाठक और श्रोता का और भी आदर पाता है।

राक्षस जब पहले-पहल चाणक्य को देखता है तब आप-ही-आप कहता है, "अरे! क्या यही दुरात्मा या महात्मा कौटिल्य है?" लेकिन चाणक्य के मन में ऐसी कोई दुविधा नहीं है। राक्षस को देखते ही वह कहता है, "अरे! यही अमात्य राक्षस हैं। जिस महात्मा ने" फिर पर्दे से बाहर निकलकर—"अजी-अजी अमात्य राक्षस! मैं विष्णुगुप्त आपको दंडवत करता हूँ।" (पैर छूता है)।

क्या यह कोरा अभिनय है? क्या चाणक्य अपनी नम्रता दिखाकर राक्षस को चिढ़ाना चाहता है? ऐसा होता तो वह पर्दे के पीछे स्वतः उसे महात्मा न कहता। चाणक्य के वाक्य और उसके पैर छूने की क्रिया में एक विजयी राजनीतिज्ञ की वास्तविक महत्ता है।

शकटदास को धोखा देकर चाणक्य ने कैसे पत्र लिखाया था, वह सब बताते हुए चाणक्य को संकोच होता है, संकोच अपनी कूटनीति पर नहीं वरन् उसकी विजय-चर्चा पर होता है।

> **"वह दुख चंदनदास को, जो कछु दियो दिखाय।**
> **सो सब मम (लज्जा से कुछ रुककर)**

सो सब राजा चन्द्र को, तुम सों मिलन उपाय ॥"

चन्द्रगुप्त को देखकर राक्षस को पता चलता है, चाणक्य ने अपनी नीति को कार्यान्वित करने के लिए कैसा सुपात्र चुना था। उसके मुँह से यही निकलता है —"चाणक्य सब स्थान पर यशस्वी है।"

शस्त्र ग्रहण करके जब राक्षस चन्द्रगुप्त का बाकायदा मंत्री हो जाता है, तब चाणक्य अपनी अन्तिम आज्ञा यह देता है कि राक्षस का मित्र चन्दनदास सब नगरों का जगत् सेठ बना दिया जाए। सब बन्धुओं को छोड़ने की आज्ञा देकर दृढ़व्रती चाणक्य अपनी शिखा बाँधता है। और जब चाणक्य पूछते हैं— "अमात्य राक्षस ! मैं इससे बढ़कर और कुछ भी आपका प्रिय कर सकता हूँ ?" तब राक्षस उनसे चन्द्रगुप्त के लिए आशीर्वाद ही माँग सकता है। इस तरह चाणक्य ने राक्षस के हृदय पर विजय पाई।

'मुद्राराक्षस' मदन-पीड़ा से व्यथित नायक-नायिकाओं के वाक्य-विलास और क्रियात्मक चित्रित करने वाले प्राचीन नाटकों से बिल्कुल भिन्न है। यह नाटक इस बात की मिसाल है कि शृङ्गार रस के बिना भी महान् साहित्य रचा जा सकता है। इसकी कथावस्तु को हृदयंगम करने के लिए थोड़ा बुद्धि पर ज़ोर अवश्य देना पड़ता है, लेकिन चाणक्य श्रोता और पाठक का ध्यान इतने बलपूर्वक अपनी ओर खींचता है कि इतना बुद्धिप्रयास किसी भी स्वस्थ पाठक और श्रोता को न खलेगा। हरिश्चन्द्र ने यह नाटक अनुवाद के लिए चुना, इससे साबित होता है कि वह शृंगारी नाटकों से असंतुष्ट हो रहे थे। 'मुद्राराक्षस' का आज के सांस्कृतिक जीवन के लिए भी महत्त्व है। चाणक्य में हमें ऐसा पात्र मिलता है जो झूठी नैतिकता की बातें नहीं बघारता। उसमें इतनी मनुष्यता है कि वह अपमान की पीड़ा जानता है। यह पीड़ा ही उसका क्रोध और उसका क्रोध ही उसकी दृढ़ता बन जाती है, अन्यायी से न्याय का व्यवहार करने की नीति के बदले वह साम, दाम, दंड, भेद की भारतीय नीति से उसे निर्मूल करने की शिक्षा देता है।

पहले ही अंक में चाणक्य कहता है, "क्या सब लोग यह बात जान गए कि मेरे नंद वंश के नाश से क्रुद्ध होकर राक्षस, पितावध से दुखी मलयकेतु से मिलकर यवनराज की सहायता लेकर चन्द्रगुप्त पर चढ़ाई किया चाहता है।"

राक्षस की स्वामिभक्ति उसे विदेशियों की सहायता लेकर चन्द्रगुप्त को हराने की राह पर चलने के लिए विवश कर रही थी। यदि चाणक्य ने राक्षस की 'स्वामिभक्ति' को परास्त न किया होता तो मगध और भारत का इतिहास ही दूसरा होता।

राक्षस की स्वामिभक्ति का आदर करते हुए चाणक्य ने पहले ही अंक में कहा था, "अहा ! राक्षस की नन्दवंश में कैसी दृढ़ भक्ति है ! जब तक नन्दवंश का कोई भी जीता रहेगा तब तक वह कभी शूद्र का मंत्री बनना स्वीकार न करेगा, इससे उसके पकड़ने में हम लोगों को निरुद्यम रहना अच्छा नहीं।" चाणक्य की प्रतिज्ञा पूरी होने में दोहरी कठिनाई थी। राक्षस को नन्दवंश की स्वामिभक्ति

से छुड़ाकर किसी क्षत्रिय राजा का मंत्री न बनाना था वरन् चन्द्रगुप्त 'मौर्य' का मंत्री बनाना था। चाणक्य ने शूद्र के प्रति राक्षस की घृणा जीत ली और 'मौर्य' को देखते ही राक्षस को कहना पड़ा, "चन्द्रगुप्त पर डाह के बदले उलटा अनुराग होता है।"

चाणक्य कर्मयोगी है। निष्क्रियता उसके पास नही फटकती। वह कर्म करने पर अपना अधिकार तो मानता ही है, उसका फल पाने पर भी अपना अधिकार प्रकट करता है। कर्म करके फल को ईश्वर की इच्छा पर छोड़ने वाला वह नहीं है। कर्म का फल पाने के लिए यानी सफल कर्म करने के लिए वह अपने अनुभव और अपने विवेक का सहारा लेता है। शास्त्रों में उसने बहुत-कुछ पढ़ा है, लेकिन वह अपने शास्त्र-ज्ञान से किसी को चमत्कृत नहीं करता। वह अपने अभ्यास और अनुभव से अपना शास्त्र-ज्ञान समृद्ध करता रहता है। लेकिन उसका ज्ञान और कर्म अपने लिए नहीं हैं। वह कर्म का फल चाहता है लेकिन दूसरों के लिए। अपने लिए केवल गौण रूप से। उसके घर में जीर्ण छप्पर है, जव, कंडे, कुश, सिल आदि उसकी सारी गृहस्थी हैं। जब वह अपने शिष्यों से बात करता है, तब उसके चरित्र का दूसरा पहलू दिखाई देता है। वह उनके लिए सहृदय पिता के समान है, राजनीति के दाँव-पेंच से दूर, केवल सहृदय विष्णुगुप्त। दालान में बेंत की चटाई न दिखने पर आचार्य विष्णुगुप्त शारंगरव से कहते हैं, "बेटा! केवल कार्य में तत्परता मुझे व्याकुल करती है, न कि और उपाध्यायों के तुल्य शिष्यजन से दुःशीलता।" आचार्य विष्णुगुप्त और उपाध्यायों से भिन्न हैं; उन्हें शिष्यजन से दुःशीलता के बदले आदर और प्रेम ही मिला था। जब योगी के वेष में निपुणक आता है, तब शारंगरव अपने गुरु की सर्वज्ञता सिद्ध करने के लिए लड़ पड़ता है।

चाणक्य और चन्द्रगुप्त को लेकर हिन्दी में और भी नाटक लिखे गए हैं, लेकिन 'मुद्राराक्षस' के चाणक्य की गरिमा और इस नाटक की भाषा की मधुरता वे नहीं पा सके।

'सत्य हरिश्चन्द्र' के उपक्रम में भारतेन्दु ने लिखा है, "मेरे मित्र बाबू बालेश्वरप्रसाद, बी० ए० ने मुझसे कहा कि आप कोई ऐसा नाटक भी लिखें जो लड़कों के पढ़ने-पढ़ाने योग्य हो, क्योंकि शृंगार रस के आपने जो नाटक लिखे हैं वे बड़े लोगों के पढ़ने के हैं, लड़कों को उनसे कोई लाभ नहीं। उन्हीं के इच्छा-अनुसार मैंने यह 'सत्य हरिश्चन्द्र' नामक रूपक लिखा है।"

रीतिकालीन परम्परा का विरोध शिक्षित जनता की तरफ से भी हो रहा था। जो लोग साहित्य को नौजवानों की शिक्षा के लिए आवश्यक समझते थे, वे शृंगार रस की पुरानी परम्परा से असंतोष प्रकट कर रहे थे। भारतेन्दु ने इस असंतोष को ध्यान में रखकर 'सत्य हरिश्चन्द्र' लिखा। यह नाटक नवयुवकों के लिए था जैसे आगे चलकर 'नीलदेवी' उन्होंने विशेष रूप से स्त्रियों के लिए लिखा।

उपक्रम में भारतेन्दु ने आर्य क्षेमेश्वर के 'चंड कौशिक' नाटक का ज़िक्र किया है जो 'इन्हीं हरिश्चन्द्र के चरित्र में बनाया' गया है। आचार्य शुक्ल ने लिखा है, 'सत्य हरिश्चन्द्र' मौलिक समझा जाता है, पर हमने एक पुराना बंगला नाटक देखा है जिसका वह अनुवाद कहा जा सकता है।" लेकिन आचार्य शुक्ल ने उस बंगला नाटक का नाम नहीं लिखा। भारतेन्दु ने भले ही क्षेमेश्वर और उनके अनुवर्ती किसी बंगला नाटककार से सहायता ली हो, 'सत्य हरिश्चन्द्र' की आत्मा हरिश्चन्द्र की है, उसका रूप-विन्यास, उसकी भाषा का लालित्य, उसके सरस पद्य सब हरिश्चन्द्र के हैं। इस नाटक की प्रेरणा भारतेन्दु की नवीन देश-भक्ति है जो उन्हें रीतिकालीन शृङ्गार की परम्परा से हटाकर नवयुवकों की शिक्षा के लिए नाटक लिखने पर बाध्य करती है। हरिश्चन्द्र के सामने सोद्देश्य साहित्य को लेकर कोई निषेध भावना न थी। उन्होंने खुल्लमखुल्ला लिखा था: "इस भारतवर्ष में उत्पन्न और इन्हीं हम लोगों के पूर्वपुरुष महाराज हरिश्चन्द्र भी थे। यह समझकर इस नाटक के पढ़ने वाले कुछ भी अपना चरित्र सूधारेंगे तो कवि का परिश्रम सुफल होगा!" 'सत्य हरिश्चन्द्र' लिखकर भारतेन्दु देश की जनता का राष्ट्रीय गर्व जगाना चाहते थे। उनका उद्देश्य था कि यह नाटक पढ़कर लोग अपना चरित्र सुधारें।

नाटक अपने आराध्यदेव को समर्पित करते हुए भारतेन्दु ने लिखा है, "तुम्हारे सत्यपथ पर चलने वाले कितना कष्ट उठाते हैं, यही इसमें दिखाया है।" राजा हरिश्चन्द्र सत्य के लिए कष्ट उठाने वाले नायक हैं। इस सत्य का सम्बन्ध भी ऋण से है। भारतेन्दु हरिश्चन्द्र ने भी बहुत कष्ट सहा था। यह कष्ट कुछ कम हो जाता यदि वह अपनी सत्यवादिता पर अड़े न रहते। सैयद अहमद खाँ के इजलास में महाजन ने पाँच देकर दस लिखाये थे, वह सब उन्होंने उचित ऋण मानकर स्वीकार कर लिया। 'सारसुधा निधि' ने लिखा था, "जब नालिश हुई तब बनारस के सुयोग्य जज सैयद अहमद खाँ बहादुर सी० एस० आई० की आंतरिक इच्छा थी कि जिन लोगों ने व्यर्थ एक का दो किया है उन्हें उचित शासन मिले परन्तु इन्होंने स्पष्ट कहा कि चाहे एक का दो वा चार हो जो जिसको हमने देने को कहा है, वही देंगे।"* भारतेन्दु ने हरिश्चन्द्र के चरित्र में अपने चरित्र की झलक देखी, उनके कष्टों में अपने कष्ट देखे। इसीलिए 'सत्य हरिश्चन्द्र' की करुणा इतनी मार्मिक है। समर्पण में उन्होंने कहा भी है, "सत्य का शब्द सार्थ है, कुछ पुस्तक के बहाने समर्पण नहीं है।" नाटक के मंगलाचरण का दोहा श्लेष से शिव, राजा हरिश्चन्द्र, कृष्ण, चंद्रमा और कवि का वर्णन करता है। उसमें 'जनहित कमलातजन' का टुकड़ा जितना कवि पर लागू होता है, उतना औरों पर नहीं। नाटक के नायक और नाटककार के चरित्रों की समता दिखाते हुए सूत्रधार कहता है, "और फिर उनके मित्र पंडित शीतलाप्रसादजी ने

* ब्रजरत्नदास 'भारतेन्दु हरिश्चन्द्र', पृ० ११६।

इस नाटक के नायक से उनकी समता भी की है, इससे उनके बनाये नाटकों में भी सत्य हरिश्चन्द्र ही आज खेलने को जी चाहता है।" नटी के पूछने पर कि समता किस तरह की है, सूत्रधार कहता है—

> "जो गुन नृप हरिश्चन्द्र मैं, जगहित सुनियत कान।
> सो सब कवि हरिचन्द मैं, लखहु प्रतच्छ सुजान॥"

'स्वर्ग में विचार-सभा का अधिवेशन' नाम के निबन्ध में जैसे भारतेन्दु ने देवताओं में दो दल कर दिए थे, वैसे ही इस नाटक में दो दल दिखाई देते हैं। एक दल इन्द्र और विश्वामित्र-जैसे लोगों का है, दूसरा दल नारद आदि हरिश्चन्द्र के समर्थकों का है। 'सत्य हरिश्चन्द्र' का कथानक देव-सम्बन्धी है, लेकिन नाटक की भावधारा सामयिकता में डूबी हुई है। नारद इन्द्र के झूठे शिष्टाचार पर उसे फटकारते हुए कहते हैं, "केवल जैसा राजा लोगों में एक सहज मुँह-देखा व्यापार होता है वैसी ही बातें आप इस समय कर रहे हैं।" नारद की इस उक्ति से सूत्रधार के उस कथन की तुलना करनी चाहिए जिसमें वह साहित्य के प्रति उच्च वर्गों की उदासीनता और उनकी झूठी शिष्टता पर खेद प्रकट करता है, "परन्तु हा! शोच की बात है कि जो बड़े-बड़े लोग हैं और जिनके किए कुछ हो सकता है वे ऐसी अन्धपरम्परा में फँसे हैं और ऐसे बेपरवाह और अभिमानी हैं कि सच्चे गुणियों की कहीं पूछ ही नहीं है। केवल उन्हीं की चाह और उन्हीं की बात है जिन्हें झूठी खैरखाही दिखानी वा लम्बा-चौड़ा गाल बजाना आता है।" 'सत्य हरिश्चन्द्र' का इन्द्र ऐसे ही बड़े-बड़े लोगों के वर्ग का प्रतिनिधि है। गुणियों की कद्र करना तो दूर, वह उनसे ईर्ष्या करता है। उनके गुणों का उत्कर्ष उसे अपने राजसिंहासन के लिए ही खतरा मालूम होता है। लेकिन नारद ऐसे लोगों को बड़ा नहीं मानते। उनकी राय में बड़ा वह है जिससे ऐसे आदमी बुरा मानें। राजा हरिश्चन्द्र के बड़प्पन का स्मरण करते हुए वह स्वगत कहते हैं, "और उसकी बड़ाई का यह भी तो एक बड़ा प्रमाण है कि आप ऐसे लोग उससे बुरा मानते हैं, क्योंकि जिससे बड़े-बड़े लोग डाह करें, पर उसका कुछ बिगाड़ न सकें, वह निस्संदेह बहुत बड़ा मनुष्य है।" 'अन्धेर नगरी' के समर्पण में भारतेन्दु ने फिर बड़े-छोटे का भेद करते हुए लिखा है—

> "मान्य योग्य नहिं होत कोऊ कोरो पद पाये।
> मान्य योग्य नर ते, जे केवल परहित जाये॥"

इस तरह मनुष्य का बड़प्पन जाति, जन्म और सम्पत्ति से न आँककर भारतेन्दु ने उसके लिए परहित की कसौटी रखी। परोपकार केवल शब्दों में न होना चाहिए बल्कि मनुष्य के कर्मों से भी प्रकट होना चाहिए। नारद ने बहुत ठीक कहा था, "महात्मा और दुरात्मा में इतना ही भेद है कि उनके मन, वचन और कर्म एक रहते हैं, इनके भिन्न-भिन्न।" इस मन-वचन-कर्म की एकता की कसौटी पर भारतेन्दु ने अपने युग और समाज के बहुत-से बड़ों-बड़ों को परखा और जितना ही उन्हें खोटा पाया, उतना ही उन्हें अपने ऊपर विश्वास बढ़ा।

'सत्य हरिश्चन्द्र' ऐसे ही आत्मविश्वास से भरे हुए लेखक की रचना है।

इन्द्र आगे चलकर हरिश्चन्द्र से क्षमा माँगते हुए कहता है, "यह सब चरित्र भगवान नारायण की इच्छा से केवल आपके सुयश के हेतु किया गया।" लेकिन भगवान नारायण ने भले ही राजा हरिश्चन्द्र की परीक्षा ली हो, इन्द्र का विचार परीक्षा लेने का कभी न था। नारद से हरिश्चन्द्र की प्रतिज्ञा सुनकर इन्द्र अपने मन में कहता है, "तो फिर इसी सत्य के पीछे नाश भी होंगे।" देवाधिदेव इन्द्र सत्य की उन्नति नहीं चाहते, सत्यवादी हरिश्चन्द्र की कीर्ति नहीं चाहते, वह उनका नाश चाहते हैं। बड़प्पन का ढोंग करने वालों की ईर्ष्या यहाँ तक बढ़ जाती है। इन्द्र की क्षुद्रता देखकर नारद को कहना पड़ता है, "अहा! बड़ा पद मिलने से कोई बड़ा नहीं होता। बड़ा वही है जिसका चित्त बड़ा है।"

स्वप्न की बात सच मानकर हरिश्चन्द्र अपना सारा राज्य विश्वामित्र को दान में दे देते हैं, लेकिन दक्षिणा के लिए कुछ नहीं रहता। एक महीने की अवधि पाकर वह पत्नी-पुत्र और अपने को भी बेचकर विश्वामित्र की दक्षिणा चुका देने का प्रण करते हैं। काशी के वर्णन में भारतेन्दु ने अपने काशी-प्रेम का परिचय दिया है। काशी-महिमा के बखान में उन्होंने अपने पिता गिरिधरदास के कई छन्द भी जोड़ दिये हैं। 'नव उज्ज्वल जलधार' आदि भारतेन्दु का पद्य उनकी वर्णन-शक्ति का अच्छा परिचय देता है। काशी आकर हरिश्चन्द्र अपने बिकने का प्रबन्ध करते हैं। इन्द्र की तरह विश्वामित्र को भी हरिश्चन्द्र पर वास्तविक क्रोध है, वह दक्षिणा का तकाज़ा उनकी परीक्षा लेने के लिए नहीं करते। विश्वामित्र अपने मन में कहते हैं—"कुछ इन्द्र के कहने ही पर नहीं, हमारा इस पर स्वतः भी क्रोध है।" लेकिन हरिश्चन्द्र का चरित्र इतना दृढ़ है कि विश्वामित्र का क्रोध उनका कुछ बिगाड़ नहीं पाता। विश्वामित्र चाहते हैं कि हरिश्चन्द्र को सत्यभ्रष्ट किया जाए लेकिन चाणक्य को देखकर जैसे एक बार राक्षस दुविधा में पड़ गया था कि वह दुरात्मा है या महात्मा, वैसे ही हरिश्चन्द्र को देखकर विश्वामित्र कहते हैं, "अरे! यही दुरात्मा (कुछ रुककर) वा, महात्मा हरिश्चन्द्र हैं? बिकने से पहले, श्मशान में शैव्या से कफन माँगने के पहले ही विश्वामित्र पर हरिश्चन्द्र की यह नैतिक विजय हो जाती है।

राजा हरिश्चन्द्र जब ऋण-ग्रस्त मनुष्य की दशा पर क्षोभ प्रकट करते हैं, तब मानो कवि हरिश्चन्द्र उनके मुँह से अपना अनुभव ही व्यक्त करते हैं, "हा! ऋण भी कैसी बुरी वस्तु है, इस लोक में वही मनुष्य कृतार्थ है जिसने ऋण चुकाने को कभी क्रोधी और क्रूर लहनदार की लाल-लाल आँखें नहीं देखी हैं।" हरिश्चन्द्र की यह कातरता उन्हें अलौकिक कथा के स्तर से नीचे उतारकर सामान्य जीवन के स्तर पर ला खड़ा करती है। हरिश्चन्द्र की इस उक्ति में भारतेन्दु ने अपना अनुभव व्यक्त करने के अलावा हिन्दुस्तान के उन करोड़ों निर्धन कर्ज़दारों के प्रति संवेदना भी प्रकट की है, जिन्हें अपना सम्मान भुलाकर क्रूर महाजनों की लाल-लाल आँखें देखनी पड़ी हैं। ऋण न दे सकने पर महाजन की

गुलामी करना या अपने और परिवार के लोगों को बेचकर ऋण चुकाना पवित्र भारत-भूमि का अपना चलन रहा है। यह चलन मुग़लों और अंग्रेजों के शासन-काल में रहा और आजकल भी ऋण-दासता का अन्त नहीं हुआ। भारतेन्दु की सहानुभूति ऋण के लिए बिकने वाले दासों के प्रति थी। इसीलिए उनके नाटक का नायक इस पक्ष में है कि कानून बनाकर इस तरह का नरविक्रय बन्द कर देना चाहिए। राजा हरिश्चन्द्र कहते हैं, "देखो कोई दिन वह था कि इसी मनुष्य-विक्रय को अनुचित जानकर हम दूसरे को दंड देते थे पर आज वही कर्म हम आप करते हैं।"

'सत्य हरिश्चन्द्र' की कथावस्तु का ऊपरी ढाँचा अलौकिक है, लेकिन वास्तव में यह नाटक यथार्थवाद के नये प्राणों से स्पंदित है। इस नाटक में हम ऋण से दुखी लोगों को अपनी पत्नी, अपने पुत्र और अपने को ही बेचते नहीं देखते, यहाँ काशी की भीड़भाड़ भी है जहाँ "कामकाजी लोग इधर से उधर फिर रहे हैं, भीड़ के मारे पैर धरने की जगह नहीं है। और मारे कोलाहल के कान नहीं दिया जाता।" यह भारतेन्दु की काशी है जहाँ हरिश्चन्द्र सिर पर तृण रखे बिकने को घूमते हैं। धर्म और सत्य चांडाल और उसके सेवक का भेस बनाकर बनारसी लहज़े में एक-दूसरे से बातें करते हैं—

"धर्म—अरे! हरजनवाँ! मोहर का संदूक ले आवा है न?

सत्य—क चौधरी! मोहर ले के का करबो?

धर्म—तोह से का काम पूछै से?"

काशी ही में सदा जागने वाले मसान देखकर भारतेन्दु ने लिखा था, "वर्षा से नदी का भयंकर प्रवाह, साँझ होने से श्मशान के पीपल पर कौओं का एकसंग अमंगल शब्द से काँव-काँव करना और रात के आगमन से सन्नाटे का समय चित्त में कैसी उदासी और भय उत्पन्न करता है।"

इस धर्मस्थान काशी में हरिश्चन्द्र के धैर्य और सत्यप्रेम की परीक्षा होती है। उनकी आँखों के सामने ब्राह्मण देवता बालक रोहिताश्व को धकेल देते हैं और निस्सहाय बालक "अत्यन्त क्रोध और करुणा से माता-पिता की ओर देखता है।" क्रोध और करुणा—'सत्य हरिश्चन्द्र' की मूल भावधारा का यही परिचय है। विश्वामित्र का क्रोध पाठक को डराता नहीं है वरन् हरिश्चन्द्र के प्रति सहानुभूति पैदा करने के साथ वह विश्वामित्र के प्रति घृणा भी पैदा करता है। हरिश्चन्द्र सहनशील हैं लेकिन यह आवश्यक नहीं कि हिंदी पाठक और श्रोता भी उतने सहनशील हों। भारतीय महाकाव्यों की परम्परा रही है कि युधिष्ठिर के साथ भीम, राम के साथ लक्ष्मण जैसे वीरों का चित्रण करके पाठक के क्रोध और असंतोष की भावना को तुष्ट किया जाए। 'सत्य हरिश्चन्द्र' में भी रोहिताश्व की घटना के बाद पाठक और श्रोता की इच्छा होती है कि कोई विश्वामित्र को अच्छी तरह धिक्कारे। उनके तप, ज्ञान और ऋषिपन का मुलम्मा उतारकर उनकी वास्तविकता प्रकट कर दे। यह काम नेपथ्य से विश्वेदेवा करते हैं। जब

आधी दक्षिणा अस्वीकार करके विश्वामित्र पूरी-की-पूरी देने की ज़िद करते हैं तब पाठक, श्रोता, लेखक और बालक रोहिताश्व की तरफ से विश्वेदेवा सबको सुनाकर धिक्कारते हैं—

"धिक् तपो धिग् व्रतमिदं धिग् ज्ञानं धिग् बहुश्रुतम् ।
नीतवानसि यद् ब्रह्मन् हरिश्चन्द्रमिमां दशाम् ।।"

जब चांडाल के हाथ अपने को भी बेचकर हरिश्चन्द्र पूरी दक्षिणा चुका देते हैं, तब विश्वामित्र 'मुँह चिढ़ाकर' यही पूछ सकते हैं, 'सचमुच देता है ?'

श्मशान में हरिश्चन्द्र अपने लिए कुछ नहीं चाहते, देवताओं आदि की ओर से उन्हें जो कुछ भेंट किया जाता है, वह दास होने के नाते वह अपने स्वामी को देने की सिफारिश करते हैं। हरिश्चन्द्र जब सत्य से नहीं डिगते, तब स्वर्ग के प्रतिद्वंद्वी कहते हैं, "तो अप्सरा को भेजें ?" और नेपथ्य से दूसरा स्वर इन्द्र को धिक्कारता हुआ सुनाई देता है, "छिः मूर्ख ! जिसको अष्टसिद्धि नवनिधियों ने नहीं डिगाया उसको अप्सरा क्या डिगावेंगी ?" इन्द्र के मूर्ख पुकारे जाने से पाठक और श्रोता को थोड़ा सन्तोष होता है। और जब साँझ हो गई और "सब विद्यार्थी लोग घर फिर आए", तब रोहिताश्व वापस नहीं आया, उसका शव लिये हुए शैव्या मसान आती है। शैव्या-विलाप नाटक का सबसे करुण अंश है। एक बार हरिश्चन्द्र भी विचलित होकर आत्महत्या का विचार करते हैं। जब शैव्या व्याकुल होकर नदी में डूबने के लिए दौड़ती है, तब हरिश्चन्द्र, फिर प्रकृतिस्थ होकर, उसे चेतावनी देते हैं, "पराधीन सपनेहुँ सुख नाहीं।" और अन्त में जब हरिश्चन्द्र दुखी शैव्या से साड़ी के कफन से श्मशान-कर के रूप में थोड़ा भाग फाड़ने को कहते हैं, तब पाठक का धैर्य चरम सीमा तक पहुँचकर टूट जाता है और उसके बाद हरिश्चन्द्र की जय-जयकार से ही कथा का अन्त हो सकता है। 'सत्य हरिश्चन्द्र' का अन्तिम अंक हिन्दी साहित्य के अन्यतम करुण अंशों में अमर रहेगा। वह भारतीय जनता के धैर्य और उसके हृदय की अथाह करुणा की अपूर्व व्यंजना है।

हरिश्चन्द्र अन्त में यह इच्छा प्रकट करते हैं कि भारत अपना सत्व गहे, नारी नर सम हों और ग्राम-कविता छोड़कर सब लोग सुकवियों की अमृतवाणी सुनें। यह भरतवाक्य 'सत्य हरिश्चन्द्र' की मूलप्रेरणा—भारतेन्दु की देशभक्ति—का एक और प्रमाण है। इसके साथ ही हरिश्चन्द्र यह भी चाहते हैं कि दुष्टों के कारण सज्जन दुखी न हों। राजा हरिश्चन्द्र तो ऋण से छूट गए थे, लेकिन कवि हरिश्चन्द्र अभी ऋण के बन्धनों से जकड़े हुए थे। भरतवाक्य में टैक्स का दुख दूर हो और हरिपद-रति रहे, ये दोनों कामनाएँ एक साथ प्रकट की गई हैं। इसका कारण यह है कि भारतेन्दु के लिए हरिभक्ति और देशभक्ति दो विरोधी वस्तुएँ नहीं हैं। उनकी भक्ति मानव-मात्र से प्रेम करना सिखाती है, इसलिए देशवासियों से प्रेम करना पहले सिखाती है। यह भक्ति नर-नारी की समानता और सुकविजन की नई कविता का विरोध नहीं करती वरन् उन्हें विकसित होने में सहायता देती है।

'सत्य हरिश्चन्द्र' भारतेन्दु की अनुपम कृति है और जब से यह नाटक प्रकाशित हुआ, हिन्दी जनता सम्पूर्ण हृदय से उसे प्यार करती आई है।

७. नाटक–२

राजा हरिश्चन्द्र की प्रतिज्ञा थी––

"चन्द टरै सूरज टरै, टरै जगत ब्यौहार।
पै दृढ़ श्री हरिचन्द को, टरै न सत्य विचार॥"

'चन्द्रावली' में सूत्रधार के अनुसार कवि हरिश्चन्द्र की प्रतिज्ञा यह है––

"चन्द टरै सूरज टरै, टरै जगत के नेम।
यह दृढ़ श्री हरिचन्द को, टरै न अविचल प्रेम॥"

राजा हरिश्चन्द्र और कवि हरिश्चन्द्र में सत्यव्रत की समानता थी, तो कवि हरिश्चन्द्र और चन्द्रावली में प्रेम की समानता है।

हरिश्चन्द्र और चन्द्रावली में चन्द्र शब्द का सामान्य होना आकस्मिक नहीं है। चन्द्रावली भक्ति-परम्परा के कवि भारतेन्दु की वास्तविक प्रतिनिधि है। जिस तरह भारतेन्दु ने अपने पत्रों पर अर्द्धचन्द्र की मुद्रा आँकी थी, उसी तरह चन्द्रावली भी जब कृष्ण को पत्र लिखती है, तब हस्ताक्षर की जगह अर्द्धचन्द्र की मुद्रा बना देती है। चन्द्रावली भारतेन्दु की आत्मा का ही प्रतिरूप है। चन्द्रावली के माध्यम से भारतेन्दु ही अपने आराध्य देव के प्रति अपना प्रेम निवेदन करते हैं। समर्पण में वह कहते हैं, "हाँ, एक अपराध तो हुआ जो अवश्य क्षमा करना होगा। वह यह कि यह प्रेम की दशा छापकर प्रसिद्ध की गयी। वा प्रसिद्ध करने ही से क्या जो अधिकारी नहीं हैं उनकी समझ ही में न आवेगा।" 'चन्द्रावली' में ऐसा क्या है जो अनधिकारियों की समझ ही में न आएगा? समझ में न आने वाली बात हरिश्चन्द्र और चन्द्रावली का तादात्म्य ही हो सकता है। फिर भी यह समझना भ्रम होगा कि 'चन्द्रावली' सखी-सम्प्रदाय के दृष्टिकोण से लिखी हुई नाटिका है। चन्द्रावली को सखी-सम्प्रदाय की तरह भारतेन्दु का प्रतीक मानना कवि के साथ अन्याय करना होगा। भारतेन्दु की अन्य कविताओं से भी यह धारणा पुष्ट न होगी कि वह अपना पुरुषत्व भूलकर स्त्रैण भाव से कृष्ण की उपासना करते थे।

चन्द्रावली राजा हरिश्चन्द्र की तरह प्रेम के लिए कष्ट नहीं उठाती। वह वियोग में बहुत दुखी रहती है, लेकिन उसे सताने वाले इन्द्र या विश्वामित्र-जैसे

लोग नहीं हैं। फिर भी लोकलाज, कुलमर्यादा आदि के बन्धन उसे दु:ख देने के लिए काफ़ी हैं। 'चन्द्रावली' की रचना सूर और मीरा की परम्परा के अनुकूल हुई है, जहाँ गोपियाँ उद्धव के ज्ञान की धज्जियाँ उड़ा देती हैं और प्रेम में दिवानी होकर लोकलाज और कुलमर्यादा के बन्धन तोड़ डालती हैं। चन्द्रावली कृष्ण के प्रेम के लिए कहती है, "यह तुम्हारा जो अखण्ड परमानन्दमय प्रेम है और जो ज्ञान वैराग्यादिकों को तुच्छ करके परम शान्ति देने वाला है उसका कोई स्वरूप ही नहीं जानता।" चन्द्रावली यह स्पष्ट कहती है कि किसी सौन्दर्य पर मुग्ध होना प्रेम नहीं है, न प्रेम लम्बी-चौड़ी पूजा करने में है। चन्द्रावली में सूर और मीरा की परम्परा के अनुकूल भक्ति और प्रेम के पदों की भरमार है। इन पदों में प्रेम के आगे सामाजिक निषेध-भावना को तुच्छ बताया गया है। 'सत्य हरिश्चन्द्र' में नारद-जैसे हरिश्चन्द्र के सत्य के हिमायती थे, वैसे ही 'चन्द्रावली' में वह गोपियों के प्रेम के हिमायती हैं। वह गोपियों का प्रेम देखकर गाते हैं---

"गोपिन की सरि कोऊ नाहीं।
जिन निज बस कीने नंदनन्दन बिरहीं दै गलबाहीं॥"

गोपियों की तन्मयता से ही वह गाते हैं 'ब्रज के लता पता मोहिं कीजै।' चन्द्रावली किस तरह तमाम निषेध भावनाएँ खत्म करके कृष्ण-प्रेम में मगन है, इसका वर्णन करते हुए नारद कहते हैं, "यद्यपि माता-पिता, भाई-बन्धु सब निषेध करते हैं और उधर श्रीमतीजी का भी भय है, तथापि श्रीकृष्ण से जल में दूध की भाँति मिल रही हैं। लोकलाज, गुरुजन कोई बाधा नहीं कर सकते।"

'चन्द्रावली' में घटनाएँ प्राय: नहीं हैं। नाटिका का सौन्दर्य उसकी कथावस्तु में नहीं, वरन् उसकी कविता, उसके गेय पदों और तन्मयता में विभोर उसके छन्दों में है। भारतेन्दु ने यहाँ अपनी कवि-प्रतिभा को पूरी छूट दे दी है। यद्यपि 'सत्य हरिश्चन्द्र' में गंगा-वर्णन की तरह यहाँ भी यमुना-वर्णन है, फिर भी कवि-प्रतिभा इस तरह के वर्णनों में प्रकट नहीं हुई। भारतेन्दु की रोमांटिक भावधारा भक्ति-काव्य की सरिता से मिल गयी है। एक तरफ 'ब्रज के लता पता मोहि कीजै' है तो दूसरी तरफ 'इन दुखियान को न सुख सपनेहू मिल्यो' है। सूर, मीरा और रसखान के युग के बाद हिन्दी में पहली बार घनाक्षरी, सवैया और पदों की ऐसी सरस चहल-पहल एक जगह देखी गयी थी।

"पिय तोहि राखौंगी भुजन मैं बाँधि।
जान न दैहों तोहि पियारे अंतर बरौंगी समाधि।
हरीचंद छूटन नहिं पैहौ लाल चतुरई साधि॥"

इस तरह के पद मीरा और सूर के पदों से होड़ करते हैं। इनमें लोकलाज और सामन्ती समाज की मर्यादा को वैसे ही चुनौती दी गई है, हृदय की तल्लीनता, कवि की विह्वलता वैसे ही प्रकट हुई है जैसे उन अमर गायकों में।

हरिश्चन्द्र ने आँखों पर विशेष रूप-से बहुत से और बहुत ही चुभते हुए छन्द 'चन्द्रावली' में दिए हैं। 'सखी ये नैना बहुत बुरे', 'होत सखि ये उलझैहैं नैन',

'नैना वह छवि नाहिन भूले' आदि पद सूर की उत्कृष्ट काव्यपरम्परा के अनुकूल हैं। इसी तरह 'ये दुखिया सदा रोयो करैं', 'जिय सूधी चितौन की साधै रहै', 'पहिले मुसुकाइ लजाइ कछू', आदि संसार को माया समझने वालों को रसवाद की विकट चुनौती देते हैं। 'चन्द्रावली' के वर्षा-सम्बन्धी छन्द सावन-भादों की घटा की तरह सरस और हृदय पर छा जाने वाले हैं। 'देखि घनस्याम घनस्याम की सुरति करि' आदि कवित्त देव, सेनापति पद्मनाकर के सुघर रचना-कौशल के प्रतिद्वन्द्वी हैं। और बहुत-से छन्दों में कुलकानि, लोकलाज आदि छोड़ने की बात दोहराई गई है। 'धारन दीजिए धीर हिए कुलकानि को आजु बिगारन दीजिए'—आदि मुक्तक कल्पना और शब्दयोजना में अनूठे हैं। 'पचि मरत वृथा सब लोग जोग सिरधारी' में लावनीबाज हरिश्चन्द्र के दर्शन होते हैं। अधिकांश नाटिका का सम्बन्ध चन्द्रावली की वियोगदशा से है। लेकिन भारतेन्दु ने इस अंश को भी आँसुओं का सागर नहीं बना दिया। पहले तो इस वियोगदशा को संयोग की स्मृति ने सरस बना दिया है, दूसरे पाठक का जी हलका करने के लिए 'ऊनरी घटा मैं देखि हूनरी लगी है आहा कैसी आज चूनरी फबी है मुख गोरे पै' आदि की छटा भी विद्यमान है।

यह सब होने पर भी 'चन्द्रावली' की गिनती 'सत्य हरिश्चन्द्र' जैसे नाटकों के साथ नहीं हो सकती। 'चन्द्रावली' के लिए अधिक-से-अधिक यही कहा जा सकता है कि सूर, मीरा, रसखान, देव और सेनापति के काव्य का-सा आनन्द यहाँ भी मिलता है। लेकिन यह परम्परा अपने उत्कर्ष तक कभी की पहुँच चुकी थी। भक्ति और प्रेम के साहित्य के स्वस्थ तत्त्व लेकर उन्हें विकसित किया जा सकता था, पिछली परम्परा में सीमित रहकर महान् साहित्य-रचना सम्भव न था। भारतेन्दु की मौलिक प्रतिभा अनुकरण मात्र के लिए न थी, वह प्राचीन परम्परा से आगे बढ़कर नयी परम्पराएँ कामय करने में समर्थ थी। इसके सिवा 'चन्द्रावली' के प्रेम का क्रान्तिकारी पक्ष अनेक मध्यकालीन कवियों की तुलना में कमज़ोर है। प्रेम का वर्ण-विरोधी, योग-विरोधी, नारी की असमानता और दासता का विरोधी पहलू यहाँ उभरकर नहीं आया।

'चन्द्रावली' में ब्रज और खड़ीबोली दोनों के गद्य में भारतेन्दु ने अपने को सिद्ध रचनाकार साबित किया है। वनदेवी और चन्द्रावली, ललिता और जोगिन के पद्य-संवाद में उन्होंने गीति-नाट्य का सूत्रपात किया है।

भारतेन्दु की रोमांटिक रचनाओं में 'चन्द्रावली' सर्वश्रेष्ठ है।

'नीलदेवी' लिखने का कारण बताते हुए हरिश्चन्द्र ने लिखा है कि वे इस नाटक द्वारा यह भ्रम दूर करना चाहते थे कि भारत में स्त्रियों की सदा वही दशा रही है जो उनके समय में थी। अमीर अब्दुश्शरीफ़ ख़ाँ और राजा सूर्यदेव में युद्ध होता है जिसमें राजा सूर्यदेव हार जाते हैं। पिंजड़े में उन्हें बन्दी बनाकर रखा जाता है, लेकिन वे पिंजड़ा तोड़कर लड़ते हुए मरते हैं। रानी नीलदेवी गायिकावेश में अमीर को छलकर उसका वध करती है। इस कथानक से भारतेन्दु का मूलसूत्र

कि पूर्वकाल में स्त्रियाँ स्वावलम्बी और युद्ध में भी पीछे न हटने वाली थीं सिद्ध हो जाता है।

'नीलदेवी' 'भारत-दुर्दशा' के बाद ही लिखा हुआ नाटक है। इसकी मूल समस्या नारी की स्वाधीनता नहीं, भारत की पराधीनता है। इस नाटक में मुसलमानों को भारत के पतन का कारण दिखाया गया है। वीरता पर एकाधिकार क्षत्रियों का है। पिंजड़े की छड़ें तोड़ने वाले वीर भी अमीर के विलासप्रिय सैनिकों का मुकाबला नहीं कर पाते। क्यों नहीं कर पाते, इसका उत्तर 'नीलदेवी' में नहीं है। क्या भारत का उद्धार क्षत्रिय लोग अथवा राजों-महाराजों का वर्ग करेगा? इस प्रश्न का उत्तर 'नीलदेवी' में है और वह यह कि भारत का उद्धार उनके बूते पर न होगा। सातवें अंक में कोई मनुष्य नहीं, वरन् देवता गाता है—

"सब भाँति दैव प्रतिकूल होइ एहि नासा।
अब तजहु वीर-वर भारत की सब आसा॥"

'नीलदेवी' राजा-महाराजा वर्ग से देशोद्धार की आशा करने की विफलता प्रकट करती है। लेकिन भारत का जो कुछ नाश हुआ, उसके कारण हमारे समाज में थे, उसके लिए दैव को दोषी नहीं ठहराया जा सकता। इन कारणों में से एक यह भी था कि वीरता पर एकाधिकार एक वर्ग-विशेष के लोगों का समझा जाता था। जिस समाज में बहुसंख्यक जनता का काम दूसरों की सेवा करना होगा और देश-रक्षा का भार और वीरता का उत्तरदायित्व मुट्ठी-भर—और वह भी परस्पर लड़ते-भिड़ते—शासक-वर्ग पर होगा, वह समाज किसी भी आक्रमणकारी दल के लिए सहज आकर्षण बन जाएगा। तब वर्ग-विशेष की वीरता के गुण गाने से सिवा निराशा के क्या हाथ लगता? फिर यह ऐतिहासिक सत्य भी नहीं है कि वीरता किसी वर्ग-विशेष के ही पल्ले पड़ी थी, भारतीय जनता के प्रतिरोध की कहानी अभी लिखी जाने को है। 'नीलदेवी' की कथावस्तु की यह कमज़ोरी है। इसी कारण नीलदेवी या सूर्यदेवी के चरित्र चाणक्य या हरिश्चन्द्र की तरह गम्भीर और उदात्त नहीं हैं, न उनकी तरह शिक्षाप्रद और स्फूर्तिदायक हैं।

लेकिन 'नीलदेवी' में भारतेन्दु के कुछ बहुत ही सरस गीत हैं। देवीसिंह सिपाही का 'सोओ सुख निंदिया प्यारे ललन' और 'प्यारी बिन कटत न कारी रैन' बहुत ही मधुर और गेय है। 'मोसे सेजिया चढ़ल न जाय' की बनारसी ठुमरी अपनी जगह चौकस है। चौथे अंक में भटियारी, चपरगट्टू ख़ाँ और पीकदान अलीख़ाँ की बातचीत भारतेन्दु की प्रहसन-कला का सुन्दर रूप पेश करती है।

'भारत-दुर्दशा' की कथावस्तु बिखरी हुई है। 'सत्य हरिश्चन्द्र' या 'नीलदेवी' की तरह किसी घटना-विशेष को केन्द्र मानकर नाटक नहीं रचा गया। विभिन्न दृश्यों का उद्देश्य जनता को देश-दशा के प्रति सजग करना है। कौओं, कुत्तों और स्यारों की चहल-पहल के बीच मसान में फटेहाल भारत का प्रवेश होता है। 'अंगरेज राज सुख-साज सजे सब भारी' पर भारत का यह वेश व्यंग्यपूर्ण टिप्पणी है। उसे सहारा अब निर्लज्जता का है जो उसे भीख माँगना सिखाती है। भारत-

दुर्दशा, सत्यानाश फौजदार, रोग, आलस्य, मदिरा, अंधकार आदि भारत का नाश करने पर तुले हुए हैं। अंतिम दृश्य में बहुत देर तक विलाप करने के बाद भारत का मुँह चूमकर भारत-भाग्य आत्महत्या कर लेता है।

'भारत-दुर्दशा' अंग्रेजी राज्य की अप्रत्यक्ष रूप से कटु और सच्ची आलोचना है। भारत दुर्दैव अंग्रेज़ी राज्य का ही प्रतीक है। 'भारत-दुर्दशा' देशभक्त भारतेन्दु के व्यथित हृदय की पुकार है। इस तरह का नाटक लिखने के लिए सहृदयता के साथ वीरता भी आवश्यक थी। भारतेन्दु अब अंग्रेज़ी राज्य की प्रशंसा में जो भी लिखें, देश की वास्तविक दशा का चित्रण करके उन्होंने अंग्रेज़ी राज्य के हिमायतियों से अपने को अलग कर लिया था। नए ज़माने के कई लेखकों को 'भारत-दुर्दशा' की देशभक्ति बहुत कमज़ोर मालूम होती है। आज की हालत देखते हुए वह कमज़ोर मालूम हो तो आश्चर्य ही क्या, जब इस देश की वीर जनता ने यूनियन जैक उतारकर सात समुन्दर पार फेंक दिया। भारतेन्दु की सूझबूझ देखिए कि 'धन विदेस चलि जात यहै अति ख्वारी' का सूत्र पकड़कर उन्होंने अंग्रेजों की लूट का बुनियादी तौर से पर्दाफ़ाश कर दिया था। लेकिन जिन वीर हिन्दी लेखकों को भारतेन्दु की देशभक्ति कमज़ोर मालूम होती है, वही आज के भारत से, 'धन विदेस चलि जात' को न तो ख्वारी समझते हैं और न उसके बारे में ज़बान हिलाना पसंद करते हैं। भारत से यूनियन जैक चला गया है लेकिन अंग्रेज़ों द्वारा भारत के धन की लूट आज भी जारी है। इस पर उपर्युक्त लेखक खामोश क्यों हैं ?

'भारत-दुर्दशा' का सबसे सजीव हिस्सा किताबखाने वाला दृश्य है, जहाँ भारत, भारत-दुर्दशा, भारतभाग्य आदि अमानवीय विचार-प्रतीकों के बदले एडिटर, कवि, बंगाली, महाराष्ट्री, देशी सज्जन आदि बहुत ही स्पष्ट मानव-आकार में दिखाई देते हैं। इस दृश्य में जितनी गहरी भारतेन्दु की राजनीतिक सूझ-बूझ है, उतनी ही ऊँची उनकी प्रहसन-कला है। जनता से विच्छिन्न बुद्धिजीवियों की असहाय दशा का इससे अच्छा चित्रण हिन्दी में न मिलेगा। सबके चरित्र अलग-अलग, सबकी बोली-बानी अलग-अलग; 'भारत-दुर्दशा' के दुःस्वप्न में मानों यथार्थ की एक सजीव झाँकी जड़ दी गयी हो। इसके साथ डिसलायल्टी की बातचीत से अंग्रेज़ों की आतंकवादी नीति पर अलग प्रकाश पड़ता है।

'वैदिकी हिंसा हिंसा न भवति' भारतेन्दु के शुरू के प्रहसनों में है। पत्रिकाओं में व्यंग्यपूर्ण स्तोत्र और संवाद लिखकर भारतेन्दु ने दिखा दिया था कि व्यंग्य-लेखन के वे आचार्य हैं। नाटकों में भी उनका व्यंग्य और हास्य खूब निखरा है। 'वैदिकी हिंसा' धर्म के नाम पर बलि देने के विरोध में लिखा गया है। सनातनधर्मी पंडितों में बहुत-से बलिप्रेमी विद्यमान थे जो दूसरों का परलोक साधने के बहाने अपनी लौकिक तृष्णा मिटाते थे। भारतेन्दु ने इन पुरोहितों की अच्छी खबर ली है। पहले अंक में 'रक्त से रंगा हुआ राजभवन' दिखाई देता है। राजा और पुरोहित दोनों जनता को ठगकर अपनी इच्छाएँ पूरी करते हैं। बलिदान के साथ

जुआ, मदिरा और मैथुन को भी न्यायपूर्ण ठहराकर ठगों का वर्ग धर्म-साधना करता है। दूसरे अंक में विदूषक के मुँह से भारतेन्दु ने धूर्त वैष्णवों की आलोचना कराई है। तीसरे अंक में राजा और मन्त्री अपने अनाचार के लिए शास्त्रों की दुहाई देने में एक-दूसरे के कान काटते हैं। यमपुरी में इन सबको दंड मिलता है। चलते-चलते भारतेन्दु चित्रगुप्त से यह कहलाना नहीं भूले कि "अंगरेज़ के राज्य में जो उन लोगों के चित्तानुसार उदारता करता है उसको 'स्टार ऑफ़ इंडिया' की पदवी मिलती है।" मंत्री की व्यवस्था के बारे में चित्रगुप्त से कहलाया है, "प्रजा पर कर लगाने में तो पहिले सम्मति दी पर प्रजा के सुख का उपाय एक भी न किया।" इस तरह भारतेन्दु ने बलिदान-प्रथा का विरोध करते हुए अंगरेज़ी राज्य की भी नुक्ताचीनी की है और उसके हिमायतियों का मखौल उड़ाया है।

भारतेन्दु का व्यंग्य और हास्य पैना और मार्मिक है। वह दूसरों पर निडर होकर फब्तियाँ कसते हैं, उनका उद्देश्य मनोरंजन करना ही नहीं है, वरन् अपने व्यंग्यशरों की मार से कुरीतियों और उनकी दाद देने वालों को निर्मूल कर देना भी है। उनकी प्रहसन-कला का आधार यथार्थ जीवन का अनुभव, समाज-सुधार का स्वस्थ दृष्टिकोण और अनाचार के प्रति उनकी घृणा है। मंदिरों में होने वाले व्यभिचार के बारे में जानते सब थे लेकिन पंडों और पुरोहितों के डर से कोई बोलता न था। आज से अस्सी साल पहले मन्दिरों में होने वाले व्यभिचार के खिलाफ काशी में आवाज़ बुलन्द करना साहस का काम था। चित्रगुप्त यम से कहते हैं, "महाराज, ये गुरु लोग हैं, इनके चरित्र कुछ न पूछिए केवल दंभार्थ इनका तिलकमुद्रा और केवल ठगने के अर्थ इनकी पूजा, कभी भक्ति से मूर्ति को दंडवत् न किया होगा पर मंदिर में जो स्त्रियाँ आईं उनको सर्वदा तकते रहे; महाराज इन्होंने अनेकों को कृतार्थ किया है और इस समय तो मैं 'श्री रामचन्द्रजी का, श्रीकृष्ण का दास हूँ' पर जब स्त्री सामने आवे तो उससे कहेंगे 'मैं राम तुम जानकी, मैं कृष्ण तुम गोपी' और स्त्रियाँ भी ऐसी मूर्ख कि फिर इन लोगों के पास जाती हैं।"

नाटक के अन्त में शैव और वैष्णव मिलकर यह कामना प्रकट करते हैं कि "निज स्वारथ को धर्म दूर या जग सों होई।" भारतेन्दु ने दिखाया है कि शैवों और वैष्णवों से उन्हें कोई द्वेष नहीं है। वे स्वार्थ के लिए धर्म का ढोंग करने वालों का विरोध करते हैं। इस तरह भारतेन्दु ने धार्मिक अंधविश्वासों का विरोध करते हुए संत कवियों की परम्परा को आगे बढ़ाया और वर्तमान युग के लेखकों को रास्ता दिखाया कि निर्भीकता से धार्मिक अंधविश्वासों का विरोध करके ही हम उन्नति कर सकते हैं।

शैव और वैष्णव के मुँह से एक साथ भरतवाक्य कहलाकर भारतेन्दु ने सभी मतों के लोगों को एक होने की सीख भी दी है। ईश्वर-भक्ति के साथ वे यह भी चाहते हैं कि राज-कर से छुटकारा मिले, मेघ समय पर जल बरसाएँ, कजरी-ठुमरियों से मुँह मोड़कर सब लोग सत् कविता कहें और "यह कवि बानी बुध बदन में रवि

ससि लों प्रगटित रहे।"

'विषस्य विषमौषधम्' में मल्हार राव को व्यभिचार के कारण गद्दी से उतारने की चर्चा है। इस भाग में एक ही पात्र है, भंडाचार्य। भंडाचार्य मल्हार राव की ऐयाशी की तुलना मुहम्मद शाह और वाजिदअलीशाह से करता है। अंग्रेज़ों का राज्य कैसे फैला, इस पर सोचते हुए भंडाचार्य कहता है, "धन्य है ईश्वर! सन् १५९९ में जो लोग सौदागरी करने आए थे वे आज स्वतन्त्र राजाओं को यों दूध की मक्खी बना देते है।" भारतेन्दु यह भी याद करते हैं कि हिन्दुस्तानियों ने ही अंग्रेज़ों के लिए हिन्दुस्तान जीता था, "साढ़े सत्रह सौ के सन् में जब आरकाट में क्लाइव किले में बन्द था तो हिन्दुस्तानियों ने कहा कि रसद घट गई है सिर्फ चावल हैं सो गोरे खाएँ हम लोग माँड़ पीकर रहेंगे।" भारतेन्दु यह भी याद दिलाते हैं कि मल्हार राव का खानदान अंग्रेज़ों के प्रति हमेशा वफ़ादार रहा था, लेकिन उसके प्रति भी अंग्रेज़ों का व्यवहार सहृदयता का नहीं रहा। भंडाचार्य कहता है, "सन् १६१७ में जब सरकार से सब मरहटे मात्र बिगड़े थे तब सिर्फ बड़ोदे वाले साथ थे। उनके कुल की यह दशा।" भारतेन्दु ने नाटक के अन्त में अंग्रेज़ी राज्य की तारीफ की है और उसके चिरकाल तक स्थिर रहने की कामना की है, लेकिन उसके मुख्य भाग में अंग्रेज़ी राज्य, उसके समर्थक कठपुतली राजाओं और खुशामदियों के प्रति उनका असन्तोष साफ ज़ाहिर हुआ है। भारतेन्दु ने भारत के सामन्तीवर्ग की असमर्थता पहचानी थी और राजाओं को अंग्रेज़ों की कठपुतली कहा था। भंडाचार्य ऐसे राजाओं की मिसाल देते हुए कहता है, "कलकत्ते के प्रसिद्ध राजा अपूर्वकृष्ण से किसी ने पूछा था कि आप लोग कैसे राजा हैं तो उन्होंने उत्तर दिया जैसे शतरंज के राजा, जहाँ चलाइए वहाँ चलें।" भारतेन्दु ने यह भी दिखलाया है कि लोग राजाओं की यह दशा समझते हुए भी बोलने की हिम्मत न करते थे। भंडाचार्य के अनुसार, "राजा और देव बराबर होते हैं, ये जो करें सो देखते चलो बोलने की जगा ही नहीं।"

'विषस्य विषमौषधम्' में एक ही पात्र की बात होने से शुरू से आखिर तक उसे रोचक बनाये रखना कठिन था। कुछ अंश ज़रूर नीरस हो गए हैं। फिर भी कहावतों और मुहावरों के इस्तेमाल से, स्त्रियों पर अनेक पदों से, श्लोकों, चुटकुलों, व्यंग्य और हास्य के सहारे भंडाचार्य लोगों का मन ऊबने नहीं देता। राजभक्ति के प्रदर्शन के बावजूद 'विषस्य विषमौषधम्' में देशी राजाओं की असमर्थता और अंग्रेजी राज्य की स्वार्थपरता की खरी आलोचना है।

'अंधेर नगरी चौपट राजा' भारतेन्दु का सबसे लोकप्रिय प्रहसन है। हिन्दी में पेशेवर रंगमंच का अभाव होने पर भी नाटक खेलने के ग़ैरपेशेवर शौकीन इसका अभिनय करते हैं। राज्य-व्यवस्था, जातिप्रथा, उच्च वर्गों की काहिली और खुशामद-पसंदी की यहाँ तीखी और समर्थ आलोचना की गई है। भारतेन्दु ने अंधेर नगरी चौपट राजा की लोककथा लेकर उसमें नई जान ढाल दी है। उन्होंने यहाँ दिखाया है कि पुराने लोक-संस्कृति के रूपों को राजनीतिक चेतना फैलाने

के लिए किस तरह इस्तेमाल करना चाहिए।

अंधेर नगरी का वातावरण यथार्थ जीवन का ही प्रतिबिंब है। उसके बाज़ार में कबाबवाला, चने जोर गरमवाला, नारंगीवाला, हलवाई, कुँजड़िन, मेवा बेचनेवाला पठान, चूरनवाला आदि-आदि उत्तर भारत के किसी शहर से मानो सीधे अन्धेर नगरी चले आए हैं। इनमें एक जात बेचने वाला ब्राह्मण भी है जो लोगों की जात ही नहीं बदलता वरन् जिसका पेशा है—'टके के वास्ते धर्म्म और प्रतिष्ठा दोनों बेचें, टके के वास्ते झूठी गवाही दें।"

मेवाफ़रोश पठान का ध्यान आते ही भारतेन्दु यह सोचे बिना नहीं रहते कि पठानों ने अंग्रेज़ों का वीरता से मुकाबला किया था। पठान गर्व से कहता है, "आमारा ऐसा मुलक जिसमें अंग्रेज़ का भी दाँत कट्टा ओ गेया।" चूरनवाले के लटकों में ग्रामीण और अपढ़ जनता की भी समझ में आनेवाली बातें लिखकर भारतेन्दु ने समाज सुधार के लिए नए ढंग के लोक-साहित्य की लीक बनाई। आजकल आएदिन सेठों, मुनाफाखोरों और काँग्रेसी नेताओं पर हिन्दी पत्रों में जो व्यंग्यपूर्ण रचनाएँ छपा करती हैं, उनका सूत्रपात "चूरन साहेब लोग जो खाता। सारा हिंद हजम कर जाता।" लिखकर भारतेन्दु ने किया था।

अपने गुरु की आज्ञा न मानकर गोबरधनदास टके सेर मिठाई खाता है और चौपट राज्य की व्यवस्था में फँस जाता है। कल्लू बनिये की दीवार गिर पड़ने से किसी की बकरी दबकर मर जाती है। फर्यादी के साथ न्याय करने के लिए कल्लू बनिया, चूने वाला, भिश्ती, गड़रिया और कोतवाल पकड़ बुलाए जाते हैं। राजा कोतवाल को दोषी ठहराकर उसे फाँसी की सजा देता है, लेकिन कोतवाल दुबला था और फाँसी का फन्दा बड़ा था, इसीलिए फन्दे के अनुरूप अभियुक्त की तलाश में गोबरधनदास को पकड़कर फाँसी के तख्ते तक ले जाया जाता है। अपने गुरु की युक्ति से गोबरधनदास छूट जाता है और स्वर्ग जाने की आशा में अंधेर नगरी के चौपट राजा फाँसी लगाकर इस संसार से विदा होते हैं।

अंधेर नगरी अंग्रेज़ी राज्य का ही दूसरा नाम है। अंग्रेजी राज्य के हाकिम ही घासीराम के चने खाकर लोगों पर दूना टैक्स लगाते हैं। यहीं हिंदुस्तान का मेवा—फूट और वैर—टके सेर बिकता है। यहीं जैसे काज़ी वैसे पाजी हैं। यहीं दालमंडी है जहाँ की देवियाँ चूरन की शौकीन हैं और जहाँ अमले चूरन खाकर दूनी रिश्वत पचाते हैं। यहीं वेद-धर्म, कुलमर्यादा, सचाई, बड़ाई, सब टके सेर बिकती है। इसी अंधेर नगरी के राजा को फाँसी पर चढ़ाया जाता है।

'अंधेर नगरी चौपट राजा' अंग्रेज़ी राज्य की अंधेरगर्दी की आलोचना ही नहीं, वह इस अंधेरगर्दी को खत्म करने के लिए भारतीय जनता की प्रबल इच्छा भी प्रकट करता है। इस तरह भारतेन्दु ने नाटकों को जनता का मनोरंजन करने के साथ उसका राजनीतिक शिक्षण करने का शक्तिशाली साधन भी बनाया। इसके गीत और हास्य-भरे वाक्य लोगों की ज़बान पर चढ़ गए हैं और भारतेन्दु की प्रहसन-कला यहाँ अपने चरमोत्कर्ष पर दिखाई देती है।

'प्रेमजोगिनी' में सूत्रधार आँसू बहाता हुआ आता है और कहता है कि ईश्वर पर से उसका विश्वास उठा जाता है। उसके विश्वास उठते जाने के दो कारण हैं। एक तो यह कि—'क्या अब भरतखंड के लोग ऐसे कापुरुष और दीन उसकी इच्छा के बिना ही हो गए?' और दूसरा—"क्या सारे संसार के लोग सुखी रहें और··· हरिश्चन्द्र ही दुखी हो?" भारतेन्दु को एक तरफ अपने देशवासियों की कायरता पर दुःख होता है जो चुपचाप अन्याय सहते जाते हैं, दूसरी तरफ 'जगत् से विपरीत गति चलके' प्रेम की टकसाल खोलने के कारण उन्हें स्वयं कष्ट सहना पड़ता है। 'प्रेमजोगिनी' में एक तरफ उस संस्कृति का चित्रण है जो भारतवासियों को कापुरुष और दीन बनाती है, दूसरी तरफ एक झलक उस संस्कृति की भी है जो उन्हें इस दीनता और कापुरुषता से निकालना चाहती है। पहली तरह की संस्कृति के प्रतीक वे तमाम निठल्ले लोग हैं जो मंदिरों में इकट्ठे होकर धर्म के नाम पर अनाचार करते हैं, दूसरी तरह की संस्कृति के प्रतीक 'देखी तुमरी कासी' गाने वाला परदेसी और रामचन्द्र हैं। 'प्रेमजोगिनी' अधूरा नाटक है, उसमें पहली तरह की संस्कृति की तस्वीर तो भरी-पूरी मिलती है, लेकिन दूसरी तरह की संस्कृति के प्रतिनिधियों का चित्रण विस्तार से नहीं हो पाया। उस संस्कृति की झलक भर मिलती है।

पहले ही अंक में भारतेन्दु हमें काशी के मंदिरों में ले चलते हैं। सबसे पहले झपटिया दिखाई देता है। वह मंदिर का साधारण टहलुआ है। पुजारी के समय पर न आने से बिगड़कर कहता है, "आधी रात तक बाबू किहाँ बैठ के ही-ही ठी-ठी करा चाहैं, फिर सबेरे नींद कैसे खुलै।" नाटक के आरम्भ से ही पुजारी पर यह टिप्पणी करके झपटिया मानो आगे की घटनाओं की पहले ही सूचना दे देता है। पूजा और उपासना का अर्थ धनी लोगों के साथ बैठकर ही-ही ठी-ठी करना है। इस काम में पुजारीवर्ग भगवान् से ज्यादा धनीवर्ग की सेवा करता है।

मंदिर में छक्कूजी और माखनदास आते हैं। इन्हें बाबू रामचन्द का रंग-ढंग पसन्द नहीं है। इनके अनुसार बाबू रामचन्द के यहाँ दिन-रात नाच-गाना हुआ करता है और बाबू साहब का सबसे बड़ा करतब यह है कि वह दो-चार कवित्त बना लेते हैं। छक्कूजी को मालूम है कि बाबू रामचन्द के पिता भी कवित्त बनाते थे, लेकिन—"कवित्त बनावै से का होवै और कवित्त बनावना कुछ अपने लोगन का काम थोरै हय, ई भाँटन का काम है।" इससे पता चलता है कि मंदिरों में उपासना के लिए आनेवाले छक्कूजी जैसे लोग कला और संस्कृति के कैसे प्रेमी हैं। बाबू रामचन्द के बारे में जितनी बातें कही गई हैं, उनसे स्पष्ट है कि बाबू रामचन्द के बहाने भारतेन्दु हरिश्चन्द्र ने अपनी बात ही कही है। माखनदास का कहना है कि रामचन्द को अपनी विद्या का बड़ा घमंड है, सारे ज़माने को मूर्ख समझते हैं, सिर्फ अपने को पंडित। छक्कूजी का विचार है कि बाबू रामचन्द को आता-जाता कुछ नहीं है, "एहर-ओहर की दुइ-चार बात सीख लिहिन किरिस्तानी मते की, अपने मारग की बात तो कुछ जनबै नाहीं कतैं।" यह बात प्रसिद्ध है कि

भारतेन्दु के कट्टरपंथी विरोधी उन्हें क्रिस्तान कहकर उनकी निन्दा करते थे। राधाचरण गोस्वामी के पिता ने इस क्रिस्तान से ही अपने बेटे के मिलने पर पाबन्दी लगा रखी थी।

झपटिया गरम पानी लाने वाले जलधरिया को डाँटता है। जलधरिया पानी ढोते-ढोते अपने कंधे छिल जाने की दुहाई देता है। झपटिया और जलधरिया-जैसे लोग मानो मन्दिर की सीढ़ियाँ हैं जिन पर धार्मिक सज्जन पैर रखकर भगवान की उपासना के लिए आगे बढ़ते हैं। इनके कठिन जीवन की तुलना में धनदास और वनितादास—यथानाम तथागुण—पंछियों को ढूँढ़ते हुए, 'पलकबाज़ी' का सामान जुटाते हुए नज़र आते हैं। ये दोनों सज्जन किसी मर्यादा का ध्यान रखे बिना दिल खोलकर नारी-चर्चा का रस लूटते हैं। इनके पीछे बाबू रामचन्द आकर खड़े हो जाते हैं। उन्हें देखते ही धनदास और वनितादास का रस भंग हो जाता है। रामचन्द बाबू बालमुकुन्द से धनदास और वनितादास की शिकायत करते हैं कि घंटों से ये 'स्त्रियों ही की बात करते थे।' बालमुकुन्द के लिए 'यह भवसागर है' जहाँ सब तरह की बातें होती हैं, उनसे परेशान होने की ज़रूरत नहीं। फिर 'अंधरी मजिस्टरों' की चर्चा करते हुए यह दृश्य समाप्त होता है।

दूसरे दृश्य में दलाल, गंगापुत्र आदि की बातचीत पद्य में है। परदेसी के गीत तक यह दृश्य एक तरह का हास्यरसपूर्ण गीतिनाट्य है। काशी की पतनशील संस्कृति का सही चित्रण करने वाला उसका तीव्र आलोचक परदेसी है। परदेसी ने अपने व्यंग्यपूर्ण पद्य में इस तीर्थ-स्थान के निठल्ले लोगों की डटकर खबर ली है। इस पर दलाल, गंगापुत्र आदि को बहुत बुरा लगता है, लेकिन परदेसी से आमदनी की आशा करके कोई उससे झगड़ा नहीं करता। सिर्फ झूरीसिंह उसकी आलोचना से नाराज़ होकर उसे गालियाँ सुनाना शुरू करता है। परदेसी की तरह सुधाकर काशी की आलोचना नहीं करता बल्कि उसे काशी से बहुत स्नेह है, लेकिन उसे वहाँ की लोगों की दशा देखकर, दुःख होता है। कहता है—"हा! क्या इस नगर की यही दशा रहेगी? जहाँ के लोग ऐसे मूर्ख हैं वहाँ आगे किस बात की वृद्धि की सम्भावना करें! केवल यह मूर्खता छोड़ इन्हें कुछ आता ही नहीं!"

चौथे दृश्य में बुभुक्षित दीक्षित, गप्प पण्डित, रामभट्ट, चम्बू भट्ट आदि पान-बीड़ा खाते और भाँग-बूटी की तजवीज़ करते दिखायी देते हैं। कहाँ दक्षिणा मिलेगी, कहाँ भोजन मिलेगा, यह इनकी शास्त्र-चर्चा का मुख्य विषय है।

'प्रेमजोगिनी' में कथावस्तु का कोई संगठित रूप नहीं है। चार दृश्यों में काशी के जीवन की झलक दिखाई गयी है। भारतेन्दु इसे आगे कैसे ले चलते, यह कहना कठिन है। चौथे दृश्य का अन्त बाबू रामचन्द की चर्चा के साथ होता है। सम्भव है, वह आगे चलकर आपबीती के आधार पर कुछ दृश्य और लिखते जिनसे पता चलता कि परदेसी, सुधाकर और बाबू रामचन्द जैसे लोग समाज को धनदास, वनितादास, बुभुक्षित दीक्षित और गप्प पण्डित जैसे लोगों के प्रभाव से छुड़ाने के

लिए क्या करते हैं। फिर भी कथावस्तु के गठन के विचार से यह नाटक शिथिल रहता, इसमें सन्देह नहीं। 'प्रेमजोगिनी' का महत्व यह है कि यथार्थवादी रचना करने में यह भारतेन्दु का एक नया प्रयास है। यहाँ काशी का नव उज्ज्वल जल-धार और पापविनाशिका वाला रूप नहीं मिलता, वरन मैली गली भरी कतवारन की कासी यहाँ दिखाई देती है। यहाँ भारतेन्दु ने उस काशी की निर्मम आलोचना की है जिसने उन्हें एक तरह से समाज-बहिष्कृत-सा कर दिया था। यह काशी धनदास, वनितादास जैसे लंपटों और भोजन-दक्षिणा के प्रेमी पुरोहितों की काशी है। 'प्रेमजोगिनी' इस पतनशील सामन्ती संस्कृति की तीव्र आलोचना करने वाला नाटक है।

'सतीप्रताप' का द्युमत्सेन भारतेन्दु की याद दिलाता है। वह अब धनहीन हो गया है और उसे अपनी निर्धनता तभी खलती है जब दूसरों को वह धन के अभाव से दुखी देखता है। यह नाटक सावित्री-सत्यवान् की कथा के आधार पर रचा गया है, लेकिन यह स्पष्ट नहीं है कि उनके विवाह से ही समाप्त हो जाता या सत्यवान् की मृत्यु और उसके बाद की घटनाएँ भी दिखाई जातीं। तीसरे अंक में 'नैन लाल कुसुम पलास से रहे हैं फूलि' आदि छन्दों से रोमांटिक वातावरण की सृष्टि की गई है।

अनुवादित और अपने रचे हुए नाटकों, दोनों से ही भारतेन्दु ने हिन्दी साहित्य की उत्कृष्ट सेवा की। उनकी भाषा सरस और चुटीली है, संस्कृत-गर्भित न होकर वह अपने में ब्रजभाषा की मिठास लिये हुए है। दो नाटक छोड़कर उन्होंने पुरानी चाल के शृंगार रस को दूर रखा। हर नाटक लिखने के पीछे एक उद्देश्य है। नाटकों की कथावस्तु उनके अपने जीवन से और उनके चारों ओर के सामाजिक जीवन से ली गई है। 'सत्य हरिश्चन्द्र' के हरिश्चन्द्र में उन्होंने अपने जीवन की करुणा उँडेल दी है, 'प्रेमजोगिनी' में उन्होंने अपनी परिचित काशी का चित्र खींचा है। जगह-जगह उनके रोमांटिक छंद उनके नाटकों को काव्यमय बना देते हैं और जब वे चाहते हैं, तब उनका गद्य भी कविता की तरह सरस और उदात्त हो जाता है। वह हास्य और व्यंग्य के धनी हैं और उनका आलोचनात्मक यथार्थवाद प्रहसनों और हास्य-प्रधान दृश्यों में खूब निखरा है। भारतेन्दु ने नाटकों को देशभक्ति की भावना जगाने और चरित्र-निर्माण करने का साधन बनाया, यह उनकी सफलता का रहस्य है।

८. कवि, उपन्यासकार और आलोचक

अपनी कविता में भारतेन्दु ने बहुमुखी प्रतिभा का परिचय दिया है। उन्होंने सूर और मीरा की चाल पर भक्ति के बहुत-से पद लिखे हैं, रीतिकालीन कवियों की चाल पर बहुत-से श्रृंगार रस के छन्द लिखे हैं, लोककवियों की चाल पर लावनी और मुकरियाँ लिखीं हैं, उर्दू की चाल पर गज़लें भी लिखी हैं। अधिकतर उन्होंने ब्रजभाषा का प्रयोग किया है, लेकिन खड़ी बोली में भी उनकी रचनाएँ कम नहीं हैं। उन्होंने बहुत-सी रोमाँटिक कविताएँ लिखी हैं और साथ ही सामाजिक उन्नति के उद्देश्य से लोक-कविता की रचना भी की है।

भारतेन्दु ने बहुत-से कवित्त, सवैया समस्या-पूर्ति के लिए रचे हें। लेकिन समस्या-पूर्ति करते हुए भी उनका कौशल देखते ही बनता है, उदाहरण के लिए 'अँखियाँ दुखियाँ नहीं मानती हैं' इस समस्या पर 'प्रेममाधुरी' में दिए हुए छन्द। वास्तव में भारतेन्दु हरिश्चन्द्र कवित्त, सवैया लिखने में देव, मतिराम और पद्माकर-जैसे कवियों से किसी तरह घटकर नहीं हैं। एक बात में वह बढ़कर हैं कि नायिकाभेद से आगे बढ़कर वह रोमांटिक रंग में लिखते हैं और इसलिए व्यर्थ के अनुप्रासों और शाब्दिक चमत्कार-प्रदर्शन से अपने को दूर रखते हैं।

छायावादी कवियों पर वेदान्त, बंगला और अंग्रेज़ी कविता का प्रभाव पड़ा था। भारतेन्दु वेदान्ती नहीं थे, न अंग्रेज़ी के रोमांटिक कवियों की निराशा और थकन की अनुभूति ही उन्हें थी। भारतेन्दु पर वैष्णव साहित्य और मध्यकालीन श्रृंगार रस की धारा, दोनों का प्रभाव था। उनका रोमांटिक रंग छायावादी कवियों और बंगला, अँग्रेज़ी कविता, दोनों से भिन्न है। उनमें अनन्त के प्रति आसक्ति या निराकारवाद के दर्शन नहीं होते, न वे अस्पष्ट और लाक्षणिक व्यंजना पसन्द करते हैं। उनका रोमांटिक रंग उनके वियोग-श्रृंगार में झलकता है और यह वियोग-श्रृंगार केवल नायिकाओं का नहीं है, नायकों का भी है। इसके साथ प्रकृति-वर्णन में उनका अन्दाज़ मर्मी कवियों जैसा है और सबसे अधिक उनकी आत्माभिव्यक्ति उन्हें रीति-कालीन परंपरा से अलग करके नयी रोमांटिक धारा से ला मिलाती है।

रोमांटिक कवियों की विशेषता यह रही है कि वे सामन्ती निषेध तोड़कर इन्द्रियग्राह्य अनुभूति का सरस वर्णन करते हैं। रूप, रस, गंध, स्पर्श के लिए उनके संवेदन सूक्ष्म और असाधारण होते हैं। एक रचना देखिए—

"चन्दन की डारन मैं कुसुमित लता कैधौं,
पोखराज माखन मैं नव रत्नजाल है।
चन्द्र की मरीचिन मैं इन्द्रधनु सोहै कै,
कनक जुग कामी मधि रसन रसाल है।।
'हरीचन्द' जुगुल मृनाल मैं कुमुद बेलि,
मूँगा की छरी मैं हार गूथ्यौ हरि लाल है।
कैधौं जुग हंस एकै मुक्त-माल लीने कै,
सिया जू करने माँह चारु जयमाल है।।"

हरिश्चन्द्र का रोमांटिक रंग उनके ललित प्रकृति-वर्णन में है। मनुष्य और प्रकृति की सूक्ष्म समानता भी उनकी आँखों से छिपी नहीं रहती। जो कुछ कवि नहीं कह पाते, वह मनुष्य के बारे में मानो प्रकृति के चित्र कह देते हैं—'पीरो तन पर्यो फूली सरसों सरस सोई, मन मुरझानो पतझार मानो लाई है।'

रोमांटिक कवियों की तरह भारतेन्दु के मन पर यदि कभी-कभी हल्की उदासी की छाया दिखाई देती है, तो इसे उनका सहज गुण न मानना चाहिए। भारतेन्दु-युग की ज़िन्दादिली में किसी तरह की उदासी के लिए देर तक टिकने को ठौर कहाँ था? 'फूलैंगे पलास बनं आगि सी लगाइ कूर' आदि छन्दों में यहाँ की लोक-संस्कृति की छवि दिखाई देती है; कहीं चंग के साथ होली गाने और अबीर उड़ाने के दृश्य हैं तो कहीं पैंगें भरते हुए सावन की घटाओं के नीचे कजली की बहार है। हरिश्चन्द्र की मस्ती धनाक्षरी की मनहरण गति में घुल-मिल जाती है। यह छन्द मानो हरिश्चन्द्र का अपना है जैसे अनुष्टुप वाल्मीकि का और चौपाई तुलसीदास का।

हरिश्चन्द्र ने आँखों पर बहुत-से छन्द लिखे हैं, इनमें भी 'इन दुखियान को न चैन सपनेहूँ मिल्यौ' सबसे ज़्यादा प्रसिद्ध है। शायद इसकी प्रेरणा उन्हें बिहारी के इस दोहे से मिली थी---

"इन दुखिया अँखियान को, सुख सिरजौई नाँहि।
देखे बनैं न देखतें, बिन देखे अकुलाँहि।।"

इस दोहे पर भारतेंदु ने तीन कुण्डलियाँ लिखी हैं। इसी तरह बिहारी के ८५ दोहों पर एक-एक या एक से ज़्यादा कुण्डलियाँ लिखी हैं जो 'सतसई-सिंगार' में संग्रहीत हैं। कई कुण्डलियों में भारतेन्दु की कल्पना का चमत्कार बिहारी से आगे बढ़ जाता है। बिहारी ने 'मिलि परछाँही जोन्ह सों' आदि दोहे में कृष्ण और राधा को चाँदनी और छाया-सा मिलाकर छोड़ दिया था, लेकिन भारतेन्दु ने गली में चाँदनी का वास्तविक प्रकाश कराके राधा को जोन्ह में और कृष्ण को छाया में मिल जाने दिया है। इससे उनके वर्णन में एक रोमांटिक चित्रमयता

उत्पन्न हो गई है। पूरी कुण्डलियाँ इस प्रकार हैं—

"मिलि परछाँही जोन्ह सों, रहे दुहुन के गात।
हरि राधा इक संग ही, चले गलिन में जात॥
चले गलिन में जात, जुगल नहिं देत दिखाई।
राधा मिलि रहिं जोन्ह, छाँह मिलि रहे कन्हाई॥
गौर-स्याम 'हरिचंद' अबहिं दोउ देखो झिलि मिलि।
दिये हाथ पै हाथ साथ ही जाते हिलि मिलि॥"

इसी तरह 'मोरचन्द्रिका स्याम सिर' आदि दोहे में बिहारी ने मानिनी राधा के पैरों तले मोरचन्द्रिका दिखाकर छोड़ दी थी, लेकिन भारतेन्दु ने लाल की मोरचन्द्रिका को जावक रंग से लाल भी कर दिया है। बिहारी के दोहे में केवल विचार का अनूठापन है, भारतेन्दु की कुण्डलियों में चित्र का अनूठापन है।

'अधर धरत हरि के परत' आदि दोहे में बिहारी ने ओठ-दीठि-पट-ज्योति से हरी बाँसुरी के इन्द्रधनुषी होने की कल्पना की है। भारतेन्दु की उक्ति है कि वह इन्द्रधनुष-सी होकर श्यामघन के संपर्क से और सुन्दर हो जाती है। घनश्याम के साथ बक-पाँति भी चाहिए, सो मुक्तामाल उसका काम देती है और उड़ता हुआ पीताम्बर बिजली की तरह चमक जाता है। रीतिकालीन कवि की कल्पना गणित का हिसाब है, भारतेन्दु की कल्पना प्रकृति की विविधता और चित्रमयता पर मुग्ध है। यथा—

"अधर धरत हरि के परत, ओठ दीठि पट जोति।
हरित बाँस की बाँसुरी, इन्द्रधनुष रंग होति॥
इन्द्रधनुष रंग होति, स्याम घन लहि छबि पावत।
याही तें हरि सुधा धार सम रस बरसावत॥
मुक्तमाल बकपाँति साँझ फूली माला मध।
बिजुरी सम 'हरिचन्द' पीतपट रह्यो लपटि अध॥"

'ताहि देखि मन तीरथनि' आदि दोहे में मृगनैनी की पैरों तक लटकती बेनी देखकर कवि तीर्थयात्रा का विचार छोड़ देता है। लेकिन भारतेन्दु वहीं तीर्थों के दर्शन करते हैं। बेनी तो जमुना-सी लहराती है और मोतियों के बहाने, साथ-साथ गंगा भी कल्लोल करती है। पैरों का महावर सरस्वती की छवि देता है। इसलिए तीरथों में हमारी बला जाए, यह न कहकर भारतेन्दु उस मृगनैनी को ही तीर्थपति कहते हैं और उसे देखकर सब फल पा लेते हैं। चण्डीदास या 'निराला' के गीतों में नारी के जिस रोमांटिक सौंदर्य का वर्णन है, उसी ने यहाँ भी रीतिकाल पर विजय पाई है।

भारतेन्दु ने प्रेम और भक्ति पर बहुत-से पद लिखे हैं, लेकिन उनमें उन्हें उतनी सफलता नहीं मिलती जितनी कवित्त-सवैया में। भारतेन्दु की भक्ति बहुत-कुछ बौद्धिक थी। १९वीं सदी में सूर या तुलसी की तरह राम या श्याम के हो रहना सम्भव न था, कारण कि भारतेन्दु राम और श्याम से ज्यादा भारत के थे।

पदों में उस रोमांटिक काव्य-सज्जा की गुंजाइश कम थी, जो उनके मनहरण छंदों की विशेषता है। 'उत्तरार्द्ध भक्तमाल' में भक्ति का सामाजिक पक्ष पाठक का ध्यान अवश्य खींचता है। भारतेन्दु ने वैष्णव भक्तों का वर्णन करते हुए दिखलाया है कि यह मत विभिन्न जातियों, वर्गों और मतों के लोगों को प्रेम के आधार पर मिलाने वाला था। भारतेन्दु ही लिख सकते थे—

"पिरजादी बीबी रास्ती पदरज नित सिर धारियै।
इन मुसलमान हरिजनन पैं कोटिन हिन्दुन वारियै॥"

एक हद तक भारतेन्दु की भक्ति सूफ़ीवाद का रंग लिये हुए उनकी लावनियों में ज़्यादा निखरी है। उनके पदों की ब्रजभाषा लावनियों की खड़ी बोली के प्रवाह के आगे शिथिल मालूम होती है। 'पी प्रेम पियाला भर-भरकर कुछ इस मै का भी देख मज़ा।' यहाँ भारतेन्दु उर्दू कविता की लोकप्रिय परंपरा के अनुवर्ती दिखाई देते हैं। नज़ीर के रस में किसी ने इतने उम्दा खयाल नहीं कहे, न हिन्दी में न उर्दू में। अध्यात्मवादी, हिन्दू-संस्कृतिवादी, इस्लाम के रक्षक ज़रा भारतेन्दु के स्वर में स्वर मिलाकर कहें—

"नाभ तुम्हारा दिलबर है, हैं बुत व खुदा दोनों झूठे।"

रवीन्द्रनाथ ठाकुर ने मध्यकालीन समाज की बालू के नीचे जिस अमर सरस्वती के बहने की बात कही थी, वह यही है। मर्मी कवियों की वाणी में हरिश्चन्द्र कहते हैं—

"मैं क्या हूँ इसको जी देकर पहिचाने।
अपने को अपना सिरजनहारा माने॥"

इस मस्ती में काले-गोरे का भेद खो जाता है, इस प्रेम के रस में मन्दिर-मस्जिद डूब जाते हैं। अमरीकी जनतन्त्र के हामी भारतीय जनता की यह उदार वाणी सुनें—

"काले-गोरे का एक रंग बस सूझे।
दुश्मन को दोस्त को एक नज़र से देखे।
मैख़ाना मसजिद मंदिर एकी समझे।
दो की गिनती भूले न ज़बाँ पर लावे।
अपने को खोये तब अपने को पावे।"

प्रेममार्ग के पथिक उस काबे को ढहने का शाप देते हैं जहाँ सिज्दे में उसका ध्यान न हो। उन्हें—"मज़ा मिला वह जिससे हेच दिखलाते हैं मज़हब सारे" उनकी प्रतिज्ञा है—"कभी न देखैं नज़र उठाकर गरचे सामने खड़ा हो शाह।" मानना होगा, इन प्रेम-मार्गियों का अपना विश्वदर्शन है, अपना सामाजिक दृष्टिकोण है। उनका दर्शन धार्मिक विद्वेष खतम करने वाला है, उनका दृष्टिकोण सत्ताधारी वर्गों की परवाह नहीं करता। जो लोग समझते हैं कि वैष्णव कवियों और भक्तों ने तो वर्णाश्रम धर्म की रक्षा की, गिरती हुई मध्यकालीन संस्कृति को बचा लिया और प्रेममार्गी कवियों और निर्गुणपंथी सन्तों ने ही

धार्मिक द्वेष और वर्ण-भेद मिटाने की चेष्टा की, वे इस बात पर ध्यान दें कि ऊपर की ये पंक्तियाँ परम वैष्णव भक्त भारतेन्दु हरिश्चन्द्र की ही लिखी हुई हैं।

प्रेम के इन दीवाने कवियों का एक विश्वदर्शन, एक सामाजिक दृष्टिकोण ही न था, उनका साहित्य के प्रति भी अपना एक मत था। भारतेन्दु का कहना था—

"झूठी है सब शायरी अगर नहीं दिल कहीं फिदा।"

उनका यह भी कहना था—

"मिलें जहन्नुम में वे बातें जिनका कुछ भी उसूल न हो।"

हिन्दी में निरुद्देश्य साहित्य के हामी निश्चय करें कि वह भारतेन्दु के रचे हुए हिन्दी-साहित्य के प्रासाद में रहना पसन्द करेंगे या जहन्नुम जाकर ही अपनी बे-उसूल ज़िन्दगी चरितार्थ करेंगे।

भारतेन्दु ने अपने को इस प्रेममार्गी परम्परा के दायरे में सीमित नहीं रखा। उन्होंने इस दिलबर के प्रेम से देश-प्रेम को मिला दिया। भारतेन्दु ने हिन्दी में राजनीतिक विषयों पर, समाज-सुधार के अन्य विषयों पर कविता रचने की लीक बनाई। इस लीक का अभाव न था लेकिन उस पर चलने वाले कम थे। तुलसीदास ने जिन छन्दों में काशी की महामारी, अपने बचपन की गरीबी, किसानों की दुर्दशा और नौकरीपेशा लोगों की बेकारी, राजाओं के अन्याय आदि का वर्णन किया है, वे भारतेन्दु के यथार्थवाद की पूर्वपीठिका हैं। भारतेन्दु ने 'भारत-दुर्दशा' के पदों में देश-दशा का करुण वर्णन किया। 'हिन्दी की उन्नति' नाम के व्याख्यान में उन्होंने हिन्दी के माध्यम से शिक्षा-प्रचार और सामाजिक उन्नति करने के लिए जनता का आह्वान किया। हास्यरस के छन्दों और मुकरियों द्वारा उन्होंने जनता में राजनीतिक चेतना फैलाई। भारतेन्दु ने 'जातीय संगीत' नाम के निबन्ध में कवियों से लोकगीतों की चाल पर समाज-सुधार के उद्देश्य से गीत लिखने को कहा था। उन्होंने स्वयं इस बात की मिसाल रखी कि पुराने काव्य-रूपों में नयी विषयवस्तु किस तरह सजानी चाहिए। 'भारत में मची है होरी' में वह अबीर, गुलाल और रंग खेलने का वर्णन नहीं करते। वह कहते हैं—

"पीरे मुख भई प्रजा दीन ह्वै सोइ फूली सरसों री।"

वे जनता को याद दिलाते हैं कि सब-कुछ होली में जल चुका है, अब धूल-ही-धूल बची है। राधाचरण गोस्वामी आदि कवियों ने भारतेन्दु से प्रेरणा लेकर 'ढफ बाज्यो भरत भिखारी को' अपनी ओजपूर्ण होली लिखी थी। सन् '30 के बाद लोकगीतों द्वारा जनता की सामाजिक चेतना को उन्नत करने का काम हिन्दी कवियों ने विशेष रूप से किया है। हिन्दी-साहित्य में यह लोक-संस्कृति की धारा प्रवाहित करने का श्रेय भारतेन्दु को है।

भाषा और भावों के साथ भारतेन्दु की छन्द-योजना भी अनूठी है। दोहों, कुंडलियों से लेकर घनाक्षरी, लावनी, भजन तक सभी में भारतेन्दु ने अपनी प्रतिभा दिखाई। 'खूब लड़ी मर्दानी वह तो झाँसी वाली रानी थी', इस छन्द में भी वह मस्ती के साथ लिखते हैं—

"छूट्यौ केस खुलौ है अंचल पीक छाप पहिचानी सी।
टूटी माल हार अरु पहुँची कुसुम-माल कुम्हिलानी सी॥"

भारतेन्दु की गद्य-रचना और नाटकों के कारण उनका कविरूप कुछ दब-सा गया है। लेकिन वह बहुत ही सरस और गेय कवि हैं। उनमें 'लिरिकल' कवियों की-सी आत्माभिव्यक्ति है, वह लक्षणग्रंथ देखकर काव्य रचने वालों की तरह कविता में अपना व्यक्तित्व ओट में नहीं रखते। एक तरफ उनके प्रकृति के सूक्ष्म संवेदन, रूप, रस, गंध, स्पर्श पर उनकी सहज आसक्ति उन्हें हिन्दी की रोमांटिक कविता का अग्रदूत बना देती है, तो दूसरी तरफ उनकी देशभक्ति और समाज-सुधार की कविताएँ उन्हें राष्ट्रीय परम्परा के सूत्रधार के रूप में सामने लाती हैं। भारतेन्दु में अनेक पुरानी परम्पराएँ आकर मिलती हैं तो अनेक नई परम्पराएँ जन्म भी लेती हैं। यह एक बात ही उनकी बहुमुखी प्रतिभा और सहृदयता का बहुत बड़ा प्रमाण है। वह एक तरफ पुराने कवियों की पाँति में बैठकर समस्या-पूर्ति करते या भजन गाते हैं तो दूसरी तरफ लावनीबाज़ों के साथ बैठकर कलंगी पर तुर्रा जमाते हैं। कहीं वह मरने के बाद भी आँखों के खुली रह जाने का करुण वर्णन करते हैं तो कहीं मुकरी और चूरन के लटकों से साधारण जनता का शिक्षाप्रद मनोरंजन करते हैं। साहित्य के अन्य अंगों की तरह यहाँ भी उन्होंने यथार्थवाद की धारा चलाई और दिखलाया कि कविता का भविष्य देश की जनता के भविष्य के साथ जुड़ा हुआ है। छन्दों के चयन में, अपनी अनूठी शब्दयोजना में, मस्ती और ज़िन्दादिली में, अपनी कोमल संवेदना और तन्मयता में भारतेन्दु अद्भुत काव्य-प्रतिभा का परिचय देकर हिन्दी-कवियों में अपना अन्यतम स्थान पा चुके हैं।

साहित्य के सभी अंगों का विकास करने के विचार से भारतेन्दु ने उपन्यास-रचना की ओर भी ध्यान दिया। 'पूर्णप्रकाश चन्द्रप्रभा' अधूरा न होकर अपने में पूर्ण उपन्यास है। चन्द्रप्रभा एक कुलीन कन्या है जो कैनिंग कालेज, लखनऊ के छात्र पूर्णप्रकाश से प्रेम करती है। लेकिन पूर्णप्रकाश सर्वगुणसम्पन्न होते हुए भी कुल में चन्द्रप्रभा से नीचा है। इसलिए सनातन प्रथा के अनुसार वह चन्द्रप्रभा से ब्याह नहीं कर सकता। लेकिन—"चिन्ता करके, स्वभाव विद्यावृद्धि की परीक्षा करके कब किसका किसी से प्रणय हुआ है?" जन्मपत्री मिलाकर ब्याह करने वालों को प्रेम-जैसी निरर्थक चीज़ों से क्या वास्ता? उनके लिए दहेज और कुल-मर्यादा ही सार्थक वस्तुएँ हैं। प्रेमचन्द के कथा-साहित्य में जिस तरह प्रचलित विवाह-प्रथा की आलोचना मिलती है और वह प्रथा सम्पत्ति के आधार पर टिकी हुई दिखाई देती है, वैसे ही इस उपन्यास में दो प्रेमियों के विवाह-सम्बन्ध में कुल-मर्यादा और सम्पत्ति के विचार बाधक होते हैं।

पूर्णप्रकाश का प्रतिद्वंद्वी है—ढुंढिराज। इनके चित्रण में भारतेन्दु ने एक समर्थ उपन्यासकार की प्रतिभा दिखाई है। उनकी व्यंग्यपूर्ण शैली का नमूना भी यहाँ देखने को मिलता है। लिखा है—"देखने में दीर्घाकार कृष्ण वर्ण और

कृश था। अवस्था अनुमान चौंतीस बरस की। सिर के बाल दो-एक पकने लगे हैं। और सामने के दो दाँत भी गिर गए हैं।···ब्याह करना ही ढुंढिराज का रोजगार है। अब तक ग्यारह कन्या को ब्याह कर चुके हैं अर्थात् इन सबों का कुमारी नाम मिटा चुके हैं। चन्द्रप्रभा को उधार करें तो पूरी बारह हों।··· ढुंढिराज बोले उपयुक्त दहेज मिले तो ब्याह करने में कोई बाधा नहीं है। और एक बात यह भी है कि वह आप स्त्री के भरण-पोषण का भार नहीं लेंगे।''

ढुंढिराज पात्री की अवस्था के अनुसार दहेज लेते हैं। अवस्था जितनी ही ज़्यादा होती है, दहेज उतना ही ज़्यादा लेते हैं। अन्त में पन्द्रह रुपये दहेज तय हुआ और यह भी कि कन्या के भरण-पोषण का भार ढुंढिराज पर न रहेगा। ढुंढिराज के ब्याह में एक बाधा चन्द्रप्रभा की माँ गुणमंजरी है। उसने प्रतिज्ञा कर ली है कि वह ऐसे पात्र को कभी कन्या न देगी। ब्याह में जितनी ही बाधाएँ आईं, उतना ही ढुंढिराज का आग्रह और बढ़ा। ढुंढिराज ने यह भी कहा कि अभी उनका विवाह नहीं हुआ है और चन्द्रप्रभा को पाकर ही वह घर बसायेंगे। बेचारे पन्द्रह रुपए में कुछ कमी करने के लिए तैयार हो गए। अन्त में जगहँसाई से बचने के लिए वह पूरा दहेज छोड़ने के लिए भी प्रस्ताव करते हैं। लेकिन गुणमंजरी पर कुछ असर नहीं होता। प्रेमचन्द के उपन्यासों में सुमन, धनिया, जालपा-जैसी स्वाभिमानिनी स्त्रियाँ हैं, उन्हीं के खानदान में गुणमंजरी भी है। गुणमंजरी और उनके पति आनन्दविग्रह की बातचीत का वर्णन यों है—

''आनन्दविग्रह ने समझाया कि ढुंढिराज के साथ ब्याह करने से रुपया भी नहीं लगेगा और कुल भी बना रहेगा, पात्र भी नितान्त नष्ट ही नहीं है। गुणमंजरी क्रोध से बोली, ''पन्द्रह रुपया ही जो बड़ी निधि है तो उतना रुपया हम तुमको देते हैं। तुम अपने घर जाओ।''

आनन्दविग्रह कातर स्वर में बोले, ''किन्तु कुलरक्षा का क्या उपाय होगा?''

गुणमंजरी पूर्व की भाँति क्रोध में बोली, ''हमको कुल से कोई प्रयोजन नहीं है, कुल न रहने से ही हमारा कल्याण है। हमारे पिता ने कुल किया था इसी से हमको यावत् जीवन दुःख भोगना पड़ा। अब हम कुल-क्रिया करके चन्द्रप्रभा को चिरकाल के हेतु दुःखभोगी करें यह हमसे कभी न होगा।''

आनन्दविग्रह थोड़ी देर चुप रहकर बोले, ''तुमको कौन बात का दुःख हुआ? तुमको किस बात की कमती है?'' गुणमंजरी फिर न सह सकी, वह चिल्लाकर बोली, ''कौन बात का दुःख है? क्या कमती है? कमती और दुःख यही है कि न तुम मरते हो न हम मरते हैं।'' यह कहकर रोते-रोते वह वहाँ से उठकर चली।

मानना होगा कि गुणमंजरी बड़ी ही बेअदब औरत है। कैसे निर्द्वन्द्व होकर पति को कोसती है! पति को ही नहीं पतिव्रत धर्म और हिन्दू संस्कृति को कोसती है। अन्धे, अपाहिज पति की सेवा करके जहाँ स्त्रियाँ अपने सतीत्व से हिन्दू धर्म

की रक्षा करती थीं, वहाँ की कुल-ललनाओं की यह दशा ! क्या किया जाए, समय बड़ा प्रबल है ! कठिनाई यह है कि भारतेन्दु की सहानुभूति भी खुल्लमखुल्ला इस असंतुष्ट और विद्रोही नारी के साथ है। गुणमंजरी न तो शरत् बाबू की महिलाओं की तरह घुल-घुलकर मरना जानती है न वह यशपाल, जैनेन्द्र, अज्ञेय आदि की महिलाओं की तरह चोरी से प्रेम-व्यापार करना जानती है। वह भारतीय नवजागरण की देहरी पर शेष जनता के साथ अपने अधिकारों के लिए आत्मविश्वास के साथ पुरुष के सामने आ खड़ी होती है।

आनन्दविग्रह को "यह दुःख होने लगा कि गुणमंजरी आज उनके घर में न हुई आज वह हमारे घर में होती तो मारे पंखे की डाँड़ी और लकड़ी के सीधी कर देते। किन्तु गुणमंजरी के नैहर में यह चिन्ता कर ही के क्या करैंगे। मौन भाव से आकर ढुंढिराज के पास बैठे।"

ढुंढिराज इस चिन्ता में पड़े हैं कि एकबारगी दहेज के त्याग की घोषणा कर दी, यह अच्छा नहीं किया। आनन्दविग्रह पत्नी को ताड़ना के अधिकार से वंचित करके आत्मताड़ना के मार्ग पर चले। उन्होंने प्रतिज्ञा की कि जब तक चन्द्रप्रभा से ढुंढिराज का ब्याह न होगा तब तक उपवास करेंगे। ढुंढिराज को चिंता हुई, पूछा, "क्या हमको भी अनाहार पड़ा रहना होगा ?" लेकिन आनन्दविग्रह ने ढुंढिराज को सत्याग्रह का अधिकारी न समझकर अकेले ही व्रत निभाने का प्रण किया। गुणमंजरी का भाई बड़े संकट में पड़ा। अंत में भाई-बहन ने महाभारत के कृष्ण की नीति अपनाई। आनन्दविग्रह से कह दिया गया कि उनकी इच्छानुसार चन्द्रप्रभा का ब्याह ढुंढिराज से ही होगा। ढुंढिराज ने यह सुसमाचार सुनकर तुरन्त घोषित किया कि बीस रुपया दायज लिये बिना ब्याह न करेंगे। जब आनन्दविग्रह और ढुंढिराज विवाह के मुहूर्त की बाट जोह रहे थे, तभी अन्तःपुर से वेदपाठ और ढोल आदि का शब्द हुआ। आनन्दविग्रह बोले, "लग्न का समय क्या उपस्थित हुआ ?" साले ने जवाब दिया, 'जान तो पड़ता है।' आनन्दविग्रह ने घबराकर पूछा, 'इसका अर्थ क्या है ?' जवाब मिला, 'इसका अर्थ यही है कि ब्याह हो गया।' और इसके साथ ही निमन्त्रण पाकर पड़ोस के लोग भोजन करने के लिए उठने लगे। विशेष बात यह हुई कि 'सब कोई उठने के समय ढुंढिराज का कान मल-मलकर जाने लगे।'

ढुंढिराज को केवल अंग्रेज़ सरकार का सहारा रह गया। चिल्ला-चिल्लाकर कहने लगे, "दोहाई मजिस्ट्रेट साहब की, दोहाई कंपनी बहादुर की।" और आनन्दविग्रह उन्हें जितना ही मना करते थे, उतना ही ढुंढिराज "दोहाई मजिस्ट्रेट साहिब की, हमारी जात भी लिया, हमारा कान भी मल रहे हैं—यह कहकर रोने लगा।" पूर्ण को देखकर ढुंढिराज और आनन्दविग्रह उसे कोसने लगे। इस पर आनन्दविग्रह के साले गोकुलोत्सव ने ढुंढिराज को धक्का दिया और वह आनन्दविग्रह को लिए-दिए ज़मीन पर आ रहे। आनन्दविग्रह ने घोषणा की, हाथ टूट गया है और वह थाने में रिपोर्ट लिखाने जाएँगे। ढुंढिराज ने कहा कि उनका

नकद दो सौ रुपया और पाँच थान मोहर लूट ली गयी हैं। उन्होंने प्रतिज्ञा की, "हमको इसके कारण लाट साहब के पास जाना होगा तो भी हम जायेंगे।" गोकुलोत्सव ने कहा, "जाओ तुम लोग कहाँ जाओगे, जाओ। यहाँ शोर करोगे तो मारकर हड्डी तोड़ देंगे।" और यह कह उन्होंने दोनों को बाहर कर दिया और दरवाज़ा बन्द कर लिया।

परम वैष्णव भारतेन्दु ने परम कुलीन ढुंढिराज की मरम्मत करा दी, गुणमंजरी से अपने ही पति से छल कराया और ढुंढिराज के साथ कम्पनी बहादुर और लाट साहब को घसीटकर उन्हें भी हास्यास्पद बना दिया। इस उपन्यास का यह ऐतिहासिक महत्त्व है। यदि यह हिन्दी का पहला उपन्यास है, तो कहना होगा कि हिन्दी कथा-साहित्य की शुरुआत ही साम्राज्य-विरोध और सामन्त-विरोध से होती है। भारतेन्दु ने यहाँ देश की जनता के हृदय में छिपे हुए सामाजिक विद्रोह को प्रकट किया है, उसे उभारा भी है। वह समाज-व्यवस्था की वेदी पर नारी की बलि देकर भारतीय संस्कृति का शाखोच्चार नहीं करते। उनका संदेश है, इस व्यवस्था के बन्धनों को बलपूर्वक छिन-भिन्न कर दो। वह शठ के साथ लठ का व्यवहार करने की नीति में विश्वास करते हैं। ब्राह्मणत्व, अहिंसा, कुलमर्यादा और व्रत-सत्याग्रह के विचार मनुष्यत्व से नीचे हैं। महाभारत की श्रेष्ठ परम्परा के अनुसार भारतेन्दु नियमों और विश्वासों का मूल्य मानवता की कसौटी पर परखते हैं। मानवता की रक्षा पूर्णप्रकाश और चन्द्रप्रभा का ब्याह कराने से होती है; कुलमर्यादा, सत्याग्रह और सनातन धर्म की रक्षा चन्द्रप्रभा को ढुंढिराज के हवाले करने से नहीं होती। भारतेन्दु का आदेश है कि मानवता की मर्यादा ही एक सही मर्यादा है, मानवता का आग्रह ही एक सच्चा आग्रह है और मानवता का धर्म ही एकमात्र सच्चा धर्म है। भारतेन्दु का यथार्थवाद समाज में प्रेम और विवाह के यथार्थ सम्बन्धों पर ही प्रकाश नहीं डालता, वह उन सम्बन्धों को बदलना भी सिखाता है। जहाँ-तहाँ उनकी शैली रूढ़िगत है तो उसकी कमी उनका सजीव चरित्र-चित्रण, उनका व्यंग्य और हास्य पूरी कर देता है। आनन्दविग्रह और गुणमंजरी का परस्पर सम्बन्ध कटु है तो उसकी तुलना में मन्दिरानन्द और मधुरिमा का अपूर्व प्रेम भी है। मन्दिरानन्द के अध्ययन और लापरवाही से उनकी आँखें जाती रहती हैं। उनके यहाँ पूर्णप्रकाश जब-तब आया करता है। मधुरिमा बड़े धैर्य से पति का सन्देह और कटु बातें सुनती है और पूर्ण का ब्याह हो जाने पर पति को सारा भेद बता देती है।

जो लोग समझते हैं कि निष्क्रियता, भाग्यवाद, सामाजिक सम्बन्धों के प्रति अन्धविश्वास भारतीय जनता की खास विरासत हैं, वे यह उपन्यास ध्यान से पढ़ें। जो लोग भारतीय संस्कृति की नित्य दुहाई देकर सामन्ती समाज के सम्बन्धों और पुरुष के विशेषाधिकारों की रक्षा करने पर कमर कसे हुए हैं, वे भी कृपा कर इसका पारायण करें। जो लोग भारतीय जनता की सिधाई का बहुत ज्यादा भरोसा करके उसे नित्य सत्य अहिंसा का पाठ पढ़ाते हैं और स्वयं दूसरी तरफ

कम्पनी बहादुर के वारिसों के साथ मिलकर जनता को ठगते हैं, वे ढुंढिराज की अन्तिम दशा याद रखें।

'पूर्णप्रकाश चन्द्रप्रभा' हिन्दी के यथार्थवादी कथा-साहित्य की पहली कड़ी है। वह प्रेमचन्द के अभ्युदय से पहले की प्रत्यूषवेला है। उसका महत्त्व कथा-साहित्य ही नहीं, समूची भारतीय संस्कृति के लिए है।

भारतेन्दु की कृति 'एक कहानी आपबीती कुछ जगबीती' अधूरी है। जैसाकि उसके शीर्षक से ही पता चलता है, उसमें भारतेन्दु ने अपने जीवन का ही चित्रण किया है। इसका अधूरा रह जाना वास्तव में हिन्दी के लिए दुर्भाग्य की बात है। इसमें भारतेन्दु-कला के सामाजिक और सांस्कृतिक जीवन की जो झाँकी मिलती, उस समय के साहित्यकारों के जो सजीव रेखाचित्र मिलते, वे कथा-साहित्य के इतिहास की निधि होते।

यहाँ भारतेन्दु की शैली और भी मँज गयी है। कहीं रूढ़िगत वर्णनों का प्रभाव नहीं है। वह बहुत ही आसान और मुहावरेदार ज़बान में अपने आसपास के जीवन का विस्तार से वर्णन करते हैं। उनकी शैली कम-से-कम शब्दों से काम लेती है। 'शतरंज के खिलाड़ी' से पहले इस तरह का चित्रण और कहाँ मिलता है ?

'एक मीर साहब चिड़िया वाले ने चोंच खोली, बेपर की उड़ाई, बोले कि आपके कबूतर किससे कम हैं, वल्लाह कबूतर नहीं परीजाद हैं, खिलौने हैं, तसवीर हैं। हुमां पर साया पड़े तो उसे शहबाज़ बना दें, ऐसे ही खूबसूरत जानवरों में ईसाई लोग खुदा का नूर उतरना मानते हैं, उनको उड़ते देखकर किसके होश नहीं उड़ते। कसम कलामुल्लाह शरीफ की, मटियाबुर्ज वालों ने ऐसे जानवर ख्वाब में नहीं देखे।'

चित्रण की यह चुस्ती और सफ़ाई देखकर हर किसी को अफ़सोस होगा कि भारतेन्दु का अधिक समय उपन्यास लिखने में न लगा। उनकी प्रतिभा जिस बुलन्दी पर यहाँ दिखाई देती है, उस बुलन्दी पर नाटकों और निबन्धों में भी नहीं दिखाई देती। दो कॉलमों की इस रचना में अपनी जवानी के वातावरण की तसवीर खींचकर भारतेन्दु ने जता दिया है कि सुविधा और समय मिलने पर वह देश के एक महान् उपन्यासकार होते। लेकिन उनके रचना-कौशल की इस अधूरी अभिव्यक्ति से भी यह सिद्ध हो जाता है कि प्रेमचन्द का अभ्युदय कोई आकस्मिक घटना न थी वरन् उसके लिए पहले से ही ज़मीन तैयार हो रही थी। और यदि प्रेमचन्द का अभ्युदय कोई आकस्मिक घटना नहीं थी तो उससे यह भी सिद्ध होता है कि भारतेन्दु और प्रेमचन्द की यथार्थवादी धारा हिन्दी कथा-साहित्य की अपनी जातीय धारा है और जो फ्रायडियन रोड़े उसे रोकेंगे, वे खुद बह जाएँगे।

आलोचना के क्षेत्र में हमें भारतेन्दु का 'नाटक' नाम का भरा-पूरा निबन्ध प्राप्त है। अब तक भी नाटकों पर जो कुछ लिखा गया है, उसमें यह निबन्ध सिरमौर है। कारण यह कि भारतेन्दु ने इसे नाट्य-शास्त्र का अध्ययन करके ही नहीं लिखा वरन् उसमें अपने रंगमंच और नाट्य-रचना के अनुभव का सार भी

मिला दिया है। यह बात बहुत-से दूसरे आलोचकों के बारे में नहीं कही जा सकती।'

आरम्भ में भारतेन्दु ने दृश्य और श्रव्य काव्य का भेद बताया है और नाटक शब्द की व्याख्या की है। यूरोप के नाटकों की चाल पर जो नाटक लिखे जाते हैं, खासकर जो बंगाल में लिखे गए थे, उनकी विशेषता बतलाते हुए उन्होंने लिखा है, 'प्राचीन की अपेक्षा नवीन की परम मुख्यता बारम्बार दृश्यों के बदलने में है और इसी हेतु एक-एक अंक में अनेक-अनेक गर्भांकों की कल्पना की जाती है।' जैसा कि हम ऊपर देख चुके हैं, यह विशेषता भारतेन्दु के अधिकांश नाटकों में नहीं मिलती। भारतेन्दु दृश्यों को बदलने की विशेषता से परिचित थे, फिर भी उन्होंने अधिकतर उस पद्धति को दूर ही रखा है। कारण यह कि उनकी नाट्य-रचना मौलिक थी, उन्हें हिन्दुस्तान के विलायती नाटकघरों से प्रेरणा न मिली थी।

नये नाटकों की रचना के मुख्य उद्देश्यों में शृंगार, हास्य और कौतुक के साथ उन्होंने समाज-संस्कार और देशवत्सलता की गिनती भी की है। 'जातीय संगीत' नाम के निबन्ध में उन्होंने जैसे देशोन्नति के लिए गीत रचने पर ज़ोर दिया था, वैसे ही नाटक-रचना के लिए भी समाज-संस्कार और देश-प्रेम के उद्देश्य रखे हैं। आगे उन्होंने लिखा है, 'समाज-संस्कार के नाटकों में देश की कुरीतियों का दिखलाना मुख्य कर्त्तव्य कर्म है; यथा शिक्षा की उन्नति, विवाह-सम्बन्धी कुरीति-निवारण, अथवा धर्म-सम्बन्धी अन्यान्य विषयों में संशोधन इत्यादि।' आजकल कहीं भी धर्म की ज़रा भी नुक्ताचीनी पुराणपंथियों ने देखी कि चीख-चीखकर आसमान सिर पर उठा लेते हैं। ये लोग भारतेन्दु के विरोधियों की परम्परा निबाह रहे हैं। भारतेन्दु के इन वाक्यों से पता चलता है कि वह सचेत समाज-सुधारक थे और उनकी रचनाओं में धर्म-सम्बन्धी विषयों में संशोधन या कुरीतिनिवारण देखना उन पर आलोचक के विचार थोपना नहीं है वरन् उन्हीं के सिद्धान्तों के अनुसार उनका साहित्य परखना है।

भारतेन्दु ने ऐतिहासिक कथावस्तु किस उद्देश्य से चुनी थी, यह भी उनकी इस उक्ति से स्पष्ट हो जाता है। लिखा है, 'किसी प्राचीन कथा-भाग का इस बुद्धि से संगठन कि, देश की उससे कुछ उन्नति हो, इसी प्रकार के अन्तर्गत है।' जो कथाकार प्राचीन इतिहास में नस्लों (आर्यों-अनार्यों) का उत्थान-पतन देखते हैं या ऐतिहासिक विकास के नाम पर चिरन्तन युवतियों की शाश्वत नग्नता का चित्रण करते हैं, वे कृपया भारतेन्दु के उस कथन पर विचार करें।

भारतेन्दु ने देश-प्रेम के उद्देश्य के बारे में लिखा है, 'देशवत्सल नाटकों का उद्देश्य पढ़ने वालों या देखने वालों के हृदय में स्वदेशानुराग उत्पन्न करना है और ये प्राय: करुण और वीर रस के होते है।' अनेक मित्रों का कहना है कि साहित्यकार में अनुभूति होनी चाहिए; देश-प्रेम की अनुभूति हो या देशद्रोह की अनुभूति, इसकी चिन्ता न करनी चाहिए। कुछ दूसरे सज्जन आत्माभिव्यक्ति के

पीछे दीवाने हैं, उनकी आत्मा काशी की गलियों-जैसी किस सड़ाँध को व्यक्त कर रही है, इसकी चिन्ता उन्हें नहीं है। जब से कुछ आलोचकों की राय में छायावाद ने 'इतिवृत्तात्मकता' का जनाज़ा उठाया और सूक्ष्म ने स्थूल के प्रति विद्रोह किया, तब से स्वदेशानुराग-जैसी चीज़ें तो स्थूल और इतिवृत्तात्मक हो गईं और सूक्ष्म अनुभूति पीड़ावाद के सागर पर लहराने लगी। लेकिन जैसे भारतेन्दु की हिन्दी को कोई नहीं मिटा सका, वैसे ही उनकी सोद्देश्य साहित्य की परम्परा को कोई नहीं मिटा सकता।

भारतेन्दु लोकरुचि को परिवर्तनशील मानते हैं। उनका उद्देश्य नाटक-रचना के शाश्वत नियम ढूंढ़ निकालना नहीं है, वह समय के साथ नाटक-रचना के नियमों में भी परिवर्तन चाहते हैं। ज्यादातर साहित्य-शास्त्री लोकरुचि को अपरिवर्तनशील मानकर अपने शास्त्र बनाते हैं और इसीलिए अक्सर उनके शास्त्र रचनात्मक प्रतिभा के साहित्यकारों के काम के नहीं होते। भारतेन्दु प्राचीन और आधुनिक काल की लोकरुचि में स्पष्ट भेद देखकर लिखते हैं, 'किन्तु वर्तमान समय में इस काल के कवि तथा सामाजिक लोगों की रुचि उस काल की अपेक्षा अनेकांश में विलक्षण है, उससे संप्रति प्राचीन मत अवलम्बन करके नाटक आदि दृश्य काव्य लिखना युक्तिसंगत नहीं बोध होता।' जो लोग साहित्य के मानदंडों को ऐतिहासिकता से परे मानते हैं वे ज़रूर कहेंगे कि आचार्य रामचन्द्र शुक्ल की तरह भारतेन्दु का भी दृष्टिकोण एकांगी समाजशास्त्री है। लेकिन हर कोई देख सकता है कि भारतेन्दु की बात सच है और आज के लोगों की रुचि प्राचीन काल के लोगों की रुचि से विलक्षण है।

भारतेन्दु के अनुसार लोगों की अन्तर्वृत्तियाँ भी बदलती हैं, सामाजिक रीति-नीति भी। इन दोनों को ध्यान में रखकर नाटक लिखने चाहिएँ। लिखा है, 'जिस समय में जैसे सहृदय जन्म ग्रहण करें और देशीय रीति-नीति का प्रभाव जिस रूप से चलता रहे, उस समय में उक्त सहृदय के अन्तःकरण की वृत्ति और सामाजिक रीति पद्धति इन दोनों विषयों की समीचीन समालोचना करके नाटकादि दृश्यकाव्य प्रणयन करना योग्य है।' इससे स्पष्ट है कि भारतेन्दु के लिए सहृदयता अपरिवर्तनशील नहीं है। जिस समय में जैसे सहृदय जन्म ग्रहण करें, उनके अन्तःकरण की वृत्ति के अनुसार ही नाटक रचना चाहिए। प्राचीन काल से आधुनिक काल में अन्तर्वृत्ति किस तरह बदली है, इसकी मिसाल देते हुए उन्होंने लिखा है, 'पूर्वकाल में लोकातीत असंभव कार्य की अवतारणा सभ्यगण को जैसी हृदयहारिणी होती थी, वर्तमान काल में नहीं होती।' इससे यह भी स्पष्ट होता है कि भारतेन्दु के अनुसार आधुनिक समय में लोकरुचि का झुकाव यथार्थवाद की ओर है। नाट्यकला में स्वाभाविकता की माँग करते हुए उन्होंने लिखा है, 'अब नाटकादि दृश्य काव्य में अस्वाभाविक सामग्री-परिपोषक काव्य सहृदय सभ्यमंडली को नितान्त अरुचिकर है, इसलिए स्वाभाविकी रचना ही इस काल के सभ्यगण की हृदयग्राहिणी है, इससे अब अलौकिक विषय का आश्रय करके

नाटकादि दृश्य काव्य प्रणयन करना उचित नहीं है।' अलौकिक विषयों के बदले लौकिक विषयों पर लिखने की माँग नाटकों पर ही नहीं साहित्य के अन्य अंगों पर भी लागू होती है। यहाँ हम आलोचक भारतेन्दु को साहित्य में जनता के लौकिक जीवन की प्रतिष्ठा करते देखते हैं। उनकी इस स्थापना पर उन तमाम परलोकवादियों को ध्यान देना चाहिए जो जनता के जीवन में साहित्य की विषय-वस्तु न पाकर केवल उपचेतन की तहें टटोला करते हैं।

भारतेन्दु आँख मूँदकर न तो प्राचीन पद्धति पर चलने का समर्थन करते हैं और न आँख मूँदकर उस पद्धति को ठुकराने के पक्ष में हैं। प्राचीन पद्धति सब-की-सब क्यों न ठुकरा देनी चाहिए, इसका कारण बताते हुए कहते हैं, 'जो सब प्राचीन रीति वा पद्धति आधुनिक सामाजिक लोगों की मतपोषिका होगी, वह सब अवश्य ग्रहण होंगी।' प्राचीन पद्धति पर आँख मूँदकर चलने से क्या परिणाम होगा, इसके बारे में सावधान करते हुए लिखते हैं, 'प्राचीन लक्षण देखकर आधुनिक नाटकादि की शोभा संपादन करने से उल्टा फल होता है और यत्न व्यर्थ हो जाता है।' इससे नतीजा यह निकला कि प्राचीन नियमों को युग की आवश्यकताओं के अनुसार परखकर ही अपनाना चाहिए।

सफल नाटककार बनने के लिए मनुष्य को मानव-जीवन का गम्भीर अध्ययन करना चाहिए। इसके लिए तरह-तरह के लोगों से मिलना-जुलना और उनका स्वभाव पहचानना ज़रूरी होता है। शेक्सपियर और कालिदास की लोकप्रियता का उल्लेख करने के बाद भारतेन्दु ने लिखा है, 'मानव-प्रकृति की समालोचना करनी हो तो नाना देशों में भ्रमण करके नाना प्रकार के लोगों के साथ कुछ दिन वास करे, तथा नाना प्रकार के समाज में गमन करके विविध लोगों का आलाप सुने तथा नाना प्रकार के ग्रंथ अध्ययन करे, वरंच समय में अश्वरक्षक, गोरक्षक, दास-दासी, ग्रामीण दस्यु प्रभृति नीच प्रकृति और सामान्य लोगों के साथ कथोपकथन करे। यह न करने से मानव-प्रकृति समालोचित नहीं होती। मनुष्यों की वृत्ति परस्पर जिस प्रकार अदृश्य है उन लोगों के हृदयस्थ भाव भी उसी रूप अप्रत्यक्ष हैं। केवल बुद्धिवृत्ति की परिचालना द्वारा तथा जगत् के कतिपय बाह्य कार्यों पर सूक्ष्म दृष्टि रखकर उनके अनुशीलन में प्रवृत्त होना होता है। और किसी उपकरण द्वारा नाटक लिखना झख मारना है।'

भारतेन्दु ने मानव-जीवन के अध्ययन पर जो ज़ोर दिया है, यह साहित्य के सभी अंगों के लिए सत्य है, उपन्यास और नाटकों के लिए विशेष रूप से है। हिन्दी में नाटक लिखने वालों की कमी नहीं है, फिर भी हिन्दी में नाट्य-साहित्य की कमी की शिकायत आएदिन सुनाई पड़ती है। इसका कारण यह है कि भारतेन्दु की सलाह न मानकर हमारे अनेक नाटककार दूसरे उपकरणों का सहारा लेकर झख मारते हैं।

भारतेन्दु ने 'नाटक' नाम के निबन्ध में आलोचना के कुछ मूल सिद्धान्त स्थिर किये हैं जो हमारे लिए बहुत ही मूल्यवान् हैं। उनके अनुसार मनुष्य की

वृत्तियाँ शाश्वत न होकर परिवर्तनशील हैं। परिवर्तित वृत्तियों का ध्यान रखकर नाटक लिखना चाहिए। आधुनिक काल में देश-प्रेम और समाज-संस्कार के नाटक लिखे जाने चाहिएँ। साहित्य में अलौकिक विषयों की जगह लौकिक विषयों को जगह देनी चाहिए। पुराने नियमों को युग की आवश्यकताओं के अनुसार परखकर अपनाना चाहिए। नाटक लिखने के लिए समाज का व्यापक अनुभव होना बहुत जरूरी है।

इसके अलावा 'नाटक' नाम के निबन्ध से यह भी पता चलता है कि भारतेन्दु ने पूर्व-पश्चिम के कितने नाटकों का अध्ययन किया था। उन्होंने अपना निबन्ध पांडित्य-प्रदर्शन के लिए नहीं लिखा, लेकिन हर जगह उनके गंभीर अध्ययन और पैनी सूझ-बूझ से पाठक प्रभावित हुए बिना नहीं रहता।

भारतेन्दु ने विस्तार से कवियों आदि की आलोचना नहीं लिखी, लेकिन जहाँ-तहाँ उनकी टिप्पणियों से भी उनके मूल्यांकन की विशेषता दिखाई दे जाती है। कालिदास के काव्य में चरित्र-चित्रण की स्वाभाविकता की उन्होंने प्रशंसा की है। कालिदास और शेक्सपियर दोनों को मानव-समाज का गम्भीर समालोचक दिखाया है। 'स्वर्ग में विचार-सभा का अधिवेशन' नाम के निबन्ध में भारतेन्दु ने 'दादू, नानक, कबीर प्रभृति भक्त और ज्ञानी' लोगों को देवताओं के लिबरल दल में रखा है, जिसका अर्थ है, वह सन्तों की विचारधारा को उदार मानते थे। वैष्णव कवियों की परम्परा के वह स्वयं अनुवर्ती थे, यह स्पष्ट ही है। 'जातीय संगीत' में लोकगीतों के प्रति हम उनका प्रेम देख चुके हैं। 'ईशु खृष्ट और ईश कृष्ण' नाम के लेख में जनकथाओं के दीर्घ जीवन की चर्चा करते हुए उन्होंने लिखा है, 'इन छोटे-छोटे किस्सों में एक ऐसी संजीवनी शक्ति है कि राज्य और धर्म का हेरफेर हो. जाय परन्तु यह सब छोटी-छोटी गल्प बालकों और मुग्ध स्त्रियों के मुख द्वारा एक ही रूप से अनेक सहस्र कोश तक प्रचारित रहेंगे।' सारांश यह कि भारतेन्दु साहित्य की उदार और जनवादी परम्परा के पोषक हैं।

हिन्दी में व्यंग्यपूर्ण आलोचना का सूत्रपात करने वाले भी भारतेन्दु ही हैं। भद्दे अनुवादों की चर्चा करते हुए 'नाटक' नाम के निबन्ध में उन्होंने लिखा है—

'एक आनन्द और सुनिए। नाटकों में कहीं-कहीं आता है 'नाट्येनोपविश्य' अर्थात् पात्र बैठने का नाट्य करता है। उसका अनुवाद हुआ है 'राजा नाचता हुआ बैठता है'। 'नाट्येन्नोल्लेख्य' की दुर्दशा हुई है 'ऐसे नाचते हुई लिखती है।' ऐसे ही 'लेखनी को लेकर नाचती हुई' निकट 'बैठकर नाचती हुई'।

'और आनन्द सुनिए। 'इति विष्कम्भकः' का अनुवाद हुआ है 'पीछे विष्कंभक आया।' धन्य अनुवादकर्त्ता! और धन्य गवर्नमेंट जिसने पढ़ने वालों की बुद्धि का सत्यानाश करने को अनेक द्रव्य का श्राद्ध करके इसको छापा!!!'

इस तरह भारतेन्दु ने आलोचना में ऐतिहासिक दृष्टिकोण और सोद्देश्य साहित्य-रचना के सिद्धान्त ही प्रतिपादित नहीं किये, उन्होंने निर्भीक और व्यंग्य-पूर्ण आलोचना की परिपाटी भी चलाई।

भारतेन्दु ने जब लिखना शुरू किया था, तब वह प्रायः अकेले थे। लेकिन दस साल बाद जब उनके निधन की बेला आई, तब उनके साथ देशभक्त लेखकों का समर्थ मंडल था जिसमें राधाचरण गोस्वामी, बालकृष्ण भट्ट और बालमुकुन्द गुप्त-जैसी प्रतिभा के लेखक थे। भारतेन्दु ने नई चाल की हिन्दी के लिए संघर्ष किया और उन्हें अपने जीवनकाल में ही इस संघर्ष में विजय मिली। उन्हें यह देखकर अवश्य सन्तोष हुआ होगा कि जिस भाषा और साहित्य की लीक बनाने के लिए उन्होंने ऐसा भगीरथ परिश्रम किया था, उस पर यशस्वी लेखकों का विराट् दल बढ़ता चला आ रहा है। वह सरकार के कोपभाजन बने लेकिन जनता ने उन्हें हाथोंहाथ लिया और वह सदा के लिए उसके हृदय पर आसीन हो गए।

भारतेन्दु असाधारण प्रतिभा के लेखक थे। उनकी प्रतिभा इस बात में प्रकट हुई कि उन्होंने अपने युग की आवश्यकताओं को पहचाना और पहचानकर तुरन्त ही कमर कसकर कर्मक्षेत्र में कूद पड़े। यदि अपने समाज और साहित्य की सही परिस्थितियों का उन्हें ज्ञान न होता तो उनकी प्रतिभा उनकी सहायता न कर पाती। युग एक तरफ जाता, वह दूसरी तरफ जाते।

भारतेन्दु दृढ़प्रतिज्ञ, स्वावलम्बी और आत्म-विश्वास वाले व्यक्ति थे। यदि वे अपने चारों ओर रूढ़िवादियों और पुराण-पंथियों का समूह देखकर हताश हो जाते तो वे देशभक्त लेखकों का दल संगठित न कर पाते, वह साहित्य में युगान्तर न कर पाते। वह समाज और साहित्य के पिछलगुआ होते, जमाने के पीछे घिसटते चलते, उसके सारथी बनकर नये भविष्य की ओर उसे संचालित न कर पाते।

भारतेन्दु ने मान-अपमान और संपत्ति-विपत्ति की परवाह न करके निर्भीकता से अँग्रेज़ी राज्य की आलोचना की। उत्तर भारत में वह स्वदेशी आन्दोलन के जन्मदाता हैं, भारत में विदेशी पूँजी के शोषण के सबसे पहले आलोचक हैं। उनके साहित्य का मूल-स्रोत देशभक्ति है। उन्होंने अपने साहित्य से साम्राज्य-प्रेमी और रूढ़िवादी विचारधारा का प्रभाव संकुचित किया और जनता के आत्मसम्मान और उसकी राजनीतिक चेतना को जागृत किया। अंग्रेजों और सामन्तीवर्ग के प्रचार के ठीक विपरीत उन्होंने समानता और भाईचारे की जनवादी संस्कृति की नींव रखी। उन्होंने प्राचीन संस्कृति का अन्धानुकरण नहीं किया वरन् जनहित की कसौटी पर उसे परखकर उसका मूल्य आँका और उसे विकसित किया।

भारतेन्दु की भाषा की रीढ़ तद्भव शब्दावली है। उनकी शैली के मिठास का यही रहस्य है। बोलचाल के अरबी-फारसी शब्दों का उन्होंने बहिष्कार नहीं किया लेकिन नये शब्द लेने के लिए उन्होंने संस्कृत का सहारा लिया।

भारतेन्दु ने व्यंग्य और हास्य से सरस और चुटीले निबन्ध लिखे। नाटक, कविता, उपन्यास, आलोचना, साहित्य के सभी अंगों में देशोन्नति का उद्देश्य रखकर उन्होंने नये विकास की दिशाएँ दिखाईं। भारतेन्दु के जीवनकाल में ही

पचीसों लेखक-पत्रकार कला और साहित्य के अन्य क्षेत्रों में बड़ी लगन से काम करने लगे।

भारतेन्दु ने जो कुछ लिखा, उसका सारे देश के लिए महत्त्व है। उसका विशेष महत्त्व हिन्दीभाषी जनता के लिए है। वे हमारे जातीय साहित्यकार हैं, हमारे जातीय नवजागरण के वैतालिक हैं। पश्चिमोत्तर देश की दशा कब सुधरेगी— यह चिन्ता उन्हें हमेशा रहती थी। इसलिए उनके साहित्य से शिक्षा लेकर अपनी कला और संस्कृति का विकास करना हमारा विशेष कर्तव्य है।

भारतेन्दु की परम्परा को दो तरह से तोड़ा-मरोड़ा जाता है। एक तरफ वे लोग हैं जो भारतेन्दु की नई साहित्यिक चेतना को ब्रिटिश संस्कृति की देन मानते हैं। दूसरी तरफ वे लोग हैं जो भारतेन्दु को शुद्ध रूढ़िवादी बना देते हैं। भारतेन्दु के साहित्य पर सरसरी निगाह डालने से भी मालूम हो जाएगा कि ये दोनों दृष्टिकोण कितने भ्रामक हैं।

हिन्दी से सरल और प्रचलित शब्दों का बहिष्कार न करके हमें उसके तद्‌भवरूप को निखारना चाहिए। निरुद्देश्य साहित्य की मरीचिका छोड़कर देश और जनता के गौरव और कल्याण के लिए साहित्य रचना चाहिए। प्राचीन संस्कृति का न तो अन्धे की तरह अनुकरण करके न अन्धे की तरह ठुकराकर वरन् उसका आलोचनात्मक मूल्यांकन करके उसे विकसित करना चाहिए। समूचे हिन्दी-साहित्य का विकास यथार्थवाद की दिशा में हो रहा है, यह समझकर जनता के जीवन का गहराई से अध्ययन करके हमें साहित्य के विकास में सहायता देनी चाहिए। यह सब शिक्षा हमें भारतेन्दु से मिलती है।

भारतेन्दु की मिसाल बतलाती है कि देशभक्त लेखकों का संगठन किस तरह करना चाहिए। समाज-संस्कार और देश-प्रेम के उद्देश्य लेकर जब साहित्यकार एक होंगे तभी वे कुछ कर सकेंगे, वरना रूढ़िवादियों से एका करके साहित्य का रथ पीछे ठेला जा सकता है, आगे नहीं बढ़ाया जा सकता।

भारतेन्दु ने देश की पराधीनता का मूल सूत्र पकड़ा था, विदेश को धन जाना। दुर्भाग्य से आज भी करोड़ों रुपये का मुनाफ़ा भारत से विलायत जाता है और लेखक इस बारे में चुप रहते हैं। जब तक यह क्रिया समाप्त नहीं होती, भारत का धन भारत के उद्योग-धन्धों की उन्नति ही में नहीं लगता, तब तक हम भारतेन्दु से उऋण नहीं हो सकते, जब तक हम उनकी विरासत के सही उत्तराधिकारी नहीं कहला सकते।

दस साल की छोटी-सी अवधि में भारतेन्दु के परिश्रमी जीवन से सभी हिन्दी लेखकों को प्रेरणा मिलेगी। न जाने कितने प्रतिभाशाली लेखक आज और कल करते हुए समय बिता देते हैं और हिन्दी की जितनी सेवा करनी चाहिए, नहीं कर पाते। यदि भारतेन्दु इसी तरह आलस्य और निराशा के शिकार होते तो हिन्दी-साहित्य आज की मंज़िल से कितना पीछे होता?

सन् '३७ में प्रसादजी ने हिन्दी-साहित्य की दो मुख्य धाराएँ बतलाई थीं—

एक छायावाद, दूसरी यथार्थवाद। इस दूसरी धारा का सम्बन्ध उन्होंने भारतेन्दु की राष्ट्रीय परम्परा से जोड़ा था। यह हिन्दी की स्वस्थ और शक्तिशाली परम्परा है। इसके अनुकूल विकसित होकर ही हमारा साहित्य जनता की सेवा कर सकेगा, जो इसके विरुद्ध चलेंगे, वे भारतेन्दु के विरोधियों की तरह ऐसे खो जाएँगे कि उनका नामलेवा और पानीदेवा न रह जाएगा।

आजकल हिन्दी-साहित्य पर तरह-तरह की विचारधाराओं के प्रभाव डाले जा रहे हैं। इनका उद्देश्य है कि समाज-संस्कार और देशोन्नति से हटाकर साहित्य को निर्जीव और अन्तर्मुखी बना दिया जाए। इन प्रभावों से हमें अपने साहित्य की रक्षा करनी चाहिए, उसकी जातीय विशेषताएँ पहचानना चाहिए, उन्हें पुष्पित और पल्लवित होने का अवसर देना चाहिए। इसलिए आजकल भारतेन्दु के जीवन और साहित्य के अध्ययन का विशेष महत्व है। इस अध्ययन का तात्कालिक प्रभाव वर्तमान साहित्य की गतिविधि पर पड़े बिना नहीं रह सकता। कहना न होगा, यह प्रभाव स्वस्थ और हमारी भाषा और साहित्य के लिए लाभकारी होगा।

९. युग-निर्माता भारतेन्दु

भारतेन्दु ने साहित्यिक हिन्दी को सँवारा, साहित्य के साथ हिन्दी के नए आन्दोलन को जन्म दिया, हिन्दी साहित्य में राष्ट्रीय और जनवादी तत्त्वों को प्रतिष्ठित किया। उनसे पहले साहित्य-क्षेत्र में खड़ी बोली के उस रूप का व्यापक व्यवहार कम होता था जिसे हम हिन्दी कहते हैं। ग्रियर्सन-जैसे कुछ विद्वानों ने इस धारणा का प्रचार किया था कि अंग्रेज़ों के सद् प्रयत्न से हिन्दुओं को गद्य में अपने विचार प्रकट करने के लिए हिन्दी मिली, जैसे मुसलमानों को उससे पहले उर्दू प्राप्त थी। इस धारणा को घुमा-फिराकर अनेक विद्वान् दोहराते आए हैं। उनकी समझ में भारतेन्दु हरिश्चन्द्र का हिन्दी आन्दोलन वास्तव में हिन्दुओं का सांस्कृतिक आन्दोलन था। उसने हिन्दुओं और मुसलमानों के मेलजोल से बनी हुई भाषा उर्दू का विरोध किया, एक कृत्रिम भाषा हिन्दी चलाई जिसके प्रभाव में दिन-पर-दिन अधिकाधिक जनता आती गयी।

भारतेन्दु के युगान्तकारी महत्त्व को समझने के लिए हिन्दी-उर्दू के संबंध को और हिन्दी आन्दोलन की ऐतिहासिक भूमिका को पहचानना आवश्यक है।

मुसलमानों के भारत में आने से किसी नई भाषा का जन्म नहीं हुआ। दो धर्मों के मिलने से नई भाषाओं का जन्म नहीं होता। मुसलमानों ने यूरोप पर भी आक्रमण किया था। वहाँ इस आक्रमण के फलस्वरूप नई भाषाओं का जन्म नहीं हुआ।

किसी एक धर्म के मानने वाले एक ही भाषा बोलें, यह आवश्यक नहीं है। तुर्की, ईरान और अरब के निवासी मुसलमान हैं, लेकिन उनकी भाषाएँ तीन विभिन्न परिवारों की हैं। तमिलनाडु और आन्ध्र के अधिकांश निवासी हिन्दू हैं, किन्तु उनकी भाषाएँ हिन्दी और बँगला से भिन्न कुल की हैं।

जब हम इस बात पर विचार करें कि भारत में मुसलमानों के आने से यहाँ की भाषाओं या संस्कृति में कौन-से परिवर्तन हुए, तब यह प्रश्न अवश्य करना चाहिए---ये मुसलमान कहाँ के रहने वाले थे, इनकी मातृभाषा कौन-सी थी?

दिल्ली में शासन कायम करने वाले मुसलमान न ईरानी थे, न अरब। इनमें

अधिकांश की मातृभाषा तुर्की थी। मुगल बादशाही की नींव डालने वाले बाबर की भाषा तुर्की थी। यदि तुर्की बोलने वाले मुसलमानों और भारतीय भाषाएँ बोलने वाले हिन्दुओं के सम्पर्क से एक नई भाषा का जन्म होता तो उसमें चालीस-पचास फी सदी शब्द तुर्की के होते। किन्तु उर्दू में अधिकांश अभारतीय शब्द अरबी-फारसी के हैं, तुर्की के नहीं।

तुर्कों के अलावा उत्तर भारत में पठानों की अमलदारी भी रही। इनकी मातृभाषा पश्तो थी। उस भाषा के शब्द उर्दू में नहीं के बराबर हैं। इसलिए यह समझना भ्रामक है कि उर्दू का विकास दो भाषाओं, दो धर्मों या दो संस्कृतियों के मेल से हुआ।

तुर्कीभाषी मुसलमान सांस्कृतिक दृष्टि से बहुत पिछड़े हुए थे। न केवल भारतीय साहित्य, भारतीय कला-कौशल को देखते हुए पिछड़े हुए थे, वरन् ईरान की सभ्यता और संस्कृति को देखते हुए भी पिछड़े थे। जैसे उत्तरी यूरोप के बर्बर जर्मन कबीलों ने रोम की सभ्यता का नाश किया था, वैसे ही इन बर्बर तुर्क आक्रमणकारियों ने उत्तर भारत की सभ्यता और समृद्धि का ध्वंस किया था।

वे आक्रमणकारी भारत के जिस प्रदेश में रहे, वहाँ की भाषा और संस्कृति अपनाने पर विवश हुए। उनका भारतीयकरण हुआ और एक-दो पीढ़ी के बाद वे यहाँ की जातियों के अंग हो गए।

यह स्मरण रखना चाहिए कि भारत के अधिकांश मुसलमान यहीं के मूल-निवासी हैं। उनके बाप-दादे न अरब से आये थे, न ईरान से। ऐसा नहीं था कि पश्चिमी पंजाब में बाहर से आने वाले मुसलमान बस गए और पूर्वी पंजाब उन्होंने सिखों और हिन्दुओं के लिए छोड़ दिया। ऐसा नहीं हुआ कि ब्रज, अवध, भोजपुरी क्षेत्र और पश्चिमी बंगाल का विशाल भूभाग छोड़ते हुए वे पूर्वी बंगाल में बसने आ गए और बाकी इलाका हिन्दुओं के लिए छोड़ते गए। भारत और पाकिस्तान के बहुसंख्यक मुस्लिम इलाके भूतपूर्व हिन्दुओं और बौद्धों से ही आबाद हैं। बहुत-से प्रदेशों में हिन्दुओं और मुसलमानों के सामान्य गोत्र अब तक चले आते हैं।

और भी आश्चर्य की बात देखिये। मुसलमान बहुसंख्यक हैं सिन्ध, कश्मीर, पश्चिमी पंजाब और पूर्वी बंगाल में, और हिन्दुओं-मुसलमानों के मेलजोल से मुश्तर्का ज़बान बनी दिल्ली और आगरा में! जहाँ मुसलमान बहुसंख्यक थे, वहाँ वे कोई नई भाषा न गढ़ पाए; नई भाषा गढ़ी उन्होंने वहाँ जहाँ वे अल्पसंख्यक थे।

आज आए दिन भारत के पढ़े-लिखे बाबू लोग, विशेषकर हिन्दीभाषी क्षेत्र के बुद्धिजीवी बोलचाल में जो इंग्लिस्तानी का व्यवहार करते हैं, इसका कारण यह नहीं है कि अंग्रेज़ों को इन भद्रजनों से सम्पर्क कायम करने के लिए एक नई भाषा गढ़नी पड़ रही है। अंग्रेज़ चले गये; इंग्लिस्तानी का व्यवहार होता है स्वयं भारतीयजनों में सम्पर्क के लिए।

क्या भारतीय भाषाएँ इन भद्रजनों के भाव-विचार प्रकट करने में असमर्थ हैं जो ये बोलचाल में विदेशी राष्ट्रों का व्यवहार करते हैं? नहीं, शब्द तो हैं लेकिन उनके व्यवहार में वह गौरव नहीं है जो अंग्रेज़ी शब्दों के व्यवहार में है। इसीलिए अंकलजी चाचाजी को, डैडी-ममी माता-पिता को धकेलकर भीतर घुस आए हैं।

शेरशाह के समय में फारसी के साथ हिन्दी को भी राजभाषा का दर्जा मिला था। बीजापुर-गोलकुण्डा के मुसलमानों ने फारसी को राजभाषा नहीं बनाया। कचहरियों से हिन्दी को निकाला था टोडरमल ने, मुगल बादशाहों और उनके साथ हिन्दू अभिजात वर्ग ने फारसी को अपनाया, यहाँ की भाषाओं के सहज विकास को रोका।

लगभग छह सौ साल तक दिल्ली-केन्द्र की राजभाषा फारसी रही। हिन्दी तथा अन्य भारतीय भाषाओं पर उसका प्रभाव पड़ना स्वाभाविक था। यह प्रभाव वैसे ही पड़ा जैसे आजकल अंग्रेज़ी पढ़े-लिखे लोगों की बोलचाल पर अंग्रेज़ी का प्रभाव है। ईरान सांस्कृतिक दृष्टि से विकसित देश था। अफगानिस्तान से लेकर मिस्र तक तमाम मुस्लिम देशों ने मिलकर साहित्य, विशेषकर काव्य की वैसी सेवा नहीं की जैसी अकेले ईरान ने। विश्व-साहित्य से संस्कृत, ग्रीक और फारसी का काव्य निकाल दीजिए तो उसका बहुमूल्य भाग बाहर हो जाएगा। मुसलमान कवियों में ईरानियों को निकाल दीजिए तो उनमें विश्व-महत्त्व के बहुत कम कवि बच रहेंगे। ईरान के लोगों ने अरब आक्रमणकारियों से परास्त होकर भी मुस्लिम देशों में सांस्कृतिक विजय प्राप्त की। ईरान धर्मान्धता के विरुद्ध सूफीमत का केन्द्र बना। भारत में अनेक सूफियों ने यहाँ की भाषाओं और साहित्य की अन्यतम सेवा की। भारतेन्दु ने ऐसे ही मुसलमान हरिजनों पर कोटि-कोटि हिन्दुओं के वारने की बात लिखी थी।

फारसी का प्रभाव हर जगह घातक नहीं था। ईरान की संस्कृति के अनेक तत्त्वों को यहाँ की जनता ने अपनाया। लेकिन हिन्दीभाषी क्षेत्र में बंगला, मराठी, गुजराती की तरह कुछ लोगों ने फारसी के बहुत-से शब्द ही नहीं अपनाये, अन्य भाषाओं के विपरीत उन्होंने मतरूकात का सिलसिला भी शुरू किया। अन्य भाषाओं में फारसी के शब्द आए, घुल-मिलकर एक हो गए। किसी भारतीय भाषा ने प्रचलित शब्दों को छोड़कर उनकी जगह फारसी शब्द भरने की नीति नहीं अपनाई। हिन्दी क्षेत्र के कुछ कवियों ने अपने शब्द छोड़कर केवल फारसी के शब्दों का व्यवहार उचित समझा। इस तरह धरती, आकाश, वन, पर्वत, देश, सूरज, आँख, पेड़, नदी, तालाब आदि सैकड़ों शब्द काव्य के लिए अनुपयुक्त समझे जाने लगे। सभी उर्दू साहित्यकारों ने अपनी सभी रचनाओं में इस तरह के सभी शब्दों को नहीं छोड़ दिया। हिन्दी-उर्दू की क्रियाएँ और सर्वनाम जब एक हैं तब बहुत-से बुनियादी शब्दों का सामान्य होना स्वाभाविक ही था। किन्तु यह सच है कि उर्दू में मतरूकात का सिलसिला चला और बहुत-से हिन्दी शब्द अछूत

समझकर दूर कर दिये गए। यह सिलसिला दसवीं, ग्यारहवीं, बारहवीं, तेरहवीं, चौदहवीं, पन्द्रहवीं, सोलहवीं, सत्रहवीं सदी में नहीं चला जब मुसलमानों को एक विशेष सम्पर्क-भाषा की ज़रूरत हो सकती थी। यह सिलसिला चला अठारहवीं सदी के अन्त में और मज़बूत हुआ उन्नीसवीं सदी में।

मतरूकात के दो पहलू हैं। एक तरफ तो बोलचाल के बहुत-से शब्द गँवारू समझकर छोड़े गये, दूसरी तरफ उच्च सांस्कृतिक शब्दावली के लिए केवल अरबी-फारसी से शब्द उधार लिये गए। बँगला, मराठी, तेलगू आदि भाषाओं के विपरीत उर्दू में सांस्कृतिक शब्दावली के लिए संस्कृत का तिरस्कार होता रहा, अधिकतर अरबी से शब्द लेने का आग्रह रहा।

उर्दू में जितने अरबी शब्द अंग्रेज़ी राज में आये, उतने मुसलमानों के राज में नहीं। उर्दू अलग ज़बान है, धर्म के आधार पर भी कौमें या भाषाएँ बनती हैं, ये मत अंग्रेज़ी राज में प्रचारित किये गए, मुसलमानों के शासनकाल में नहीं।

भारत की सभी भाषाएँ—सिंधी को छोड़कर—ऐसी वर्णमाला, ऐसी लिपि का व्यवहार करती हैं जो हिन्दी की लिपि और वर्णमाला से मिलती-जुलती हैं। भारत की सभी भाषाएँ—उर्दू को छोड़कर—पूर्वी बंगाल के मुसलमानों की बँगला समेत—अपनी सांस्कृतिक शब्दावली मुख्यत: संस्कृत के आधार पर निर्मित करती हैं।

बिहार, उत्तर प्रदेश और मध्य प्रदेश की जनता अपनी सांस्कृतिक आवश्यकताएँ किस तरह पूरी करती? समस्त भारतीय भाषाओं की लीक पर चलकर या उस लीक को छोड़कर, फारसी लिपि अपनाकर, मतरूकात का सिलसिला मानकर, संस्कृत शब्दावली का बहिष्कार करके?

यदि पटना, उज्जैन, दिल्ली के बीच विशाल त्रिकोण में हिन्दी आंदोलन न चलाया जाता, यदि यहाँ फारसी लिपि और फारसी-अरबी से शिष्ट शब्द लेने की नीति को मान लिया जाता, तो इसका प्रभाव यहीं की जनता के नहीं समस्त भारतीय जनता के सांस्कृतिक विकास के लिए घातक होता। बँगला, मराठी, तेलगू के साथ कदम मिलाकर आगे बढ़ने के बदले विशाल हिन्दी-भाषी क्षेत्र उन्हें पीछे ठेलता, उनकी प्रगति में बाधक बनता, उनके सहज विकास को रोकता।

भारतेन्दु हरिश्चन्द्र का यह युगांतकारी महत्त्व है कि उन्होंने अपने प्रदेश की सांस्कृतिक आवश्यकताओं को पहचाना। उन्होंने हिंदी के लिए संघर्ष किया, सामाजिक-सांस्कृतिक जीवन में उसका व्यवहार सुदृढ़ किया, मतरूकात का सिलसिला खत्म करके उन्होंने शिष्ट हिन्दी को उसी मार्ग पर बढ़ने को प्रेरणा दी जिस पर बँगला-मराठी आदि भाषाएँ पहले से बढ़ रही थीं।

यदि उर्दू सचमुच हिन्दुओं और मुसलमानों के मेल से बनी हुई भाषा होती तो कोई शक्ति हिन्दी आन्दोलन को सफल न बना सकती थी। फौज, पुलिस, कचहरी—हर तरफ़ उर्दू की पूछ थी। अंग्रेज़-सरकार अल्पसंख्यकों की रक्षा के ही लिए भारत में बनी हुई थी। शासन का बल, जनता का बल, फिर थोड़े-से हिन्दू

सम्प्रदायवादी उर्दू का क्या बिगाड़ लेते ?

हिन्दी हमारे जातीय जीवन के लिए आवश्यक थी। विशाल हिन्दी प्रदेश का सांस्कृतिक विकास उर्दू के माध्यम से संभव न था। सन् १९:८ में जब स्वर्गीय ख्वाजा हसन निज़ामी ने कुरानशरीफ़ का हिन्दी में अनुवाद प्रकाशित कराया तो उन्होंने भूमिका में बताया कि उत्तर भारत के अधिकांश मुसलमान हिन्दी जानते हैं, उर्दू नहीं; उन्हीं के लाभ के लिए उन्होंने उस प्रसिद्ध धर्मग्रंथ का हिन्दी अनुवाद कराया था।

भारतेन्दु ने जो हिन्दी आंदोलन चलाया, वह केवल हिन्दुओं के हित में नहीं था, वह मुसलमानों के हित में भी था, ठीक वैसे ही जैसे बंकिमचंद्र और रवीन्द्रनाथ की बँगला-सेवा बंगाल के मुसलमानों के हित में भी थी।

भारतेन्दु हरिश्चन्द्र और उस युग के अनेक लेखकों ने उर्दू के विरुद्ध बहुत-कुछ लिखा है। इसमें बहुत-सी कटु बातें हैं, वाद-विवाद का तीखापन है। लेकिन इस बात को न भूलना चाहिए कि भारतेन्दु-युग के बहुत-से लेखक न केवल उर्दू जानते थे, वरन् उर्दू में रचनाएँ भी करते थे। श्री रामशंकर व्यास ने लिखा था कि भारतेन्दु को अनीस का काव्य विशेष प्रिय था। वह 'रसा' नाम से स्वयं उर्दू में शायरी करते थे। १७ सितंबर १८७२ की 'कविवचन-सुधा' में एक उर्दू पत्र निकालने के बारे में यह विज्ञापन छपा था—

"कासिद !

सातएँ दिन आवैगा ! !

नये हितकारी और विचित्र समाचार कहैगा ! ! !

यह एक साप्ताहिक उर्दू पत्र निकलैगा इसमें अनेक हित की, नये उद्‌गार की, साम्प्रत समयानुसार लोकबुद्धि की और अनेक शुभ समाचार की बातें रहैंगी— यह पत्र बहुत उत्तम बड़े २ पृष्ठों में स्वच्छ अक्षरों में छपैगा मूल्य १०) वार्षिक।

हरिश्चन्द्र

उद्यमकर्ता।"

भारतेन्दु का एक लम्बा निबन्ध है जिसका शीर्षक है, 'खुशी'। श्री ब्रजरत्न दास द्वारा संपादित 'भारतेन्दु ग्रन्थावली' के तीसरे खंड में यह निबन्ध संकलित है। इसकी शैली इस प्रकार की है—

"जिनकी तबीयत तहकीकात की तरफ रुजूअ है और जो लोग हर शय और फेल का सबब और नतीजा दरयाफ़्त करने की ख्वाहिश रखते हैं और यह भी जानना चाहते हैं कि इस दुनिया में ज़िन्दगी की हालत में इंसान को किस चीज़ की ज़्याद: ज़ुरूरत है उन पर यह बात बखूबी रौशन होगी कि इस क़िस्म के खयालों को तहज़ीब के कायदों के पैरो रहकर दलीलों से सुलझने में और बसबूत कामिल इस अम्र का तस्फिय: करने में कैसे वक्त दरपेश होते हैं।"

कहना न होगा कि भारतेन्दु ने अपने नाटकों या लेखों में उर्दू के प्रचलित शब्दों का बराबर प्रयोग किया है और शुद्ध हिन्दी चलाने का यत्न नहीं किया।

भारतेन्दु के गद्य की एक विशेषता यह है कि उसमें जनपदीय शब्द का धड़ल्ले से व्यवहार होता है। उनके कलात्मक गद्य की विशेषता यह है कि उसमें ब्रजभाषा की मिठास है। हिन्दीभाषी क्षेत्र में मैथिल, भोजपुरी, अवधी आदि अनेक जनपदीय बोलियाँ बोली जाती हैं। यहाँ की जातीय भाषा के लिए—उस भाषा के लिए जो विभिन्न जनपदों की शिष्ट भाषा के रूप में विकसित हो—यह आवश्यक था कि वह इन बोलियों के नज़दीक हो, उन शब्दों का व्यवहार करे जो इन बोलियों में सामान्य हैं। उर्दू में एक कमजोरी यह थी कि वह इन बोलियों से दूर जा पड़ी थी। ब्रज, अवधी और मैथिल में समृद्ध साहित्य था। आधुनिक हिन्दी साहित्य ने सूर, तुलसी और कबीर की साहित्यिक परम्परा को अपनाया, उर्दू अधिकतर उससे दूर रही। ब्रज, अवधी और मैथिल के सैकड़ों शब्द भारतेन्दु की रचनाओं में तो मिलते हैं। उर्दू में उनका प्रयोग नहीं होता। भारतेन्दु के समय से अब तक हिन्दी ने इतनी शक्ति से और इतने वेग से प्रगति की, इसका बहुत बड़ा कारण जनपदीय बोलियों तथा पुराने हिन्दी साहित्य से उसका सम्बन्ध है।

यहाँ हिन्दी और उसकी बोलियों के सम्बन्ध को अच्छी तरह समझ लेना चाहिए। यदि भोजपुरी स्वतंत्र भाषा है, हिन्दी की बोली नहीं है, तो भारतेन्दु ने अपनी मातृ भाषा में गद्य न लिखकर उसका भारी अहित किया। यदि भोजपुरी हिन्दी की बोली है तो उन्होंने जातीय भाषा हिन्दी के विकास में योग देकर भोजपुरी जनता का भारी हित किया।

सामन्ती व्यवस्था के गर्भ में जैसे-जैसे व्यापार बढ़ता है, विनिमय के नए केन्द्र स्थापित होते हैं, वैसे-वैसे विभिन्न जनपदों में सामान्य जातीय भाषा के व्यवहार के लिए भी ज़मीन तैयार होती है। पूँजीवाद के नये आर्थिक सम्बन्धों से किसी नई भाषा का जन्म नहीं होता, इन सम्बन्धों से किसी जनपदीय बोली का अन्तर्जनपदीय व्यवहार संभव होता है। हमारे यहाँ यह प्रक्रिया पूरी हुई खड़ी बोली के माध्यम से। विनिमय-केन्द्रों में स्वभावतः अनेक जनपदों के लोग एकत्र होते हैं, वे अपने घरों में जनपदीय बोलियों का व्यवहार करते हैं, अन्य जनपदों के लोगों से सम्पर्क कायम करने के लिए एक सामान्य शिष्ट भाषा का व्यवहार करते हैं।

हिन्दी क्षेत्र में ऐसे ही विनिमय-केन्द्रों में एक था बनारस। भारतेन्दु के समय में यहाँ केवल भोजपुरीभाषी न रहते थे, अनेक जनपदीय बोलियाँ बोलने वाले लोग वहाँ सिमट आए थे। इनके शिष्ट व्यवहार का माध्यम थी हिन्दी। बनारस भोजपुरी क्षेत्र में है, इसलिए शहर की शिष्ट भाषा भी भोजपुरी थी, यह सोचना भ्रामक है।

२ अक्तूबर १८७२ की 'कविवचन-सुधा' में भारतेन्दु का निबन्ध छपा था। 'हिन्दी भाषा' बनारस के लोगों की बोली के बारे में उन्होंने लिखा था, 'इस बनारस में जो बनारस के पुराने रहवासी हैं उनके घर में विचित्र-विचित्र बोलियाँ बोली जाती हैं जैसा पुरबियों की बोली तो आइला-बजाइला प्रसिद्ध ही है परन्तु

यहाँ के पुराने निवासी कसेरे लोग 'बाटः' शब्द का बहुत प्रयोग करते हैं, जैसा 'आवत हइ' के स्थान पर 'आवत बाटी' 'का करत हौवः वा का करलः' के स्थान पर 'का करत वाट्यः वा बाटो वा बाटः'।

शिष्ट व्यवहार की भाषा के बारे में उन्होंने लिखा है, 'जो हो यह तो सिद्धान्त है कि जो यहाँ के शिष्ट लोग बोलते हैं वह परदेसी भाषा है और यहाँ पश्चिम से आई है।'

इस प्रकार घर में जनपदीय बोलियाँ, शिष्ट व्यवहार के लिए शहर की भाषा हिन्दी—यह काम भारतेन्दु के सामने स्पष्ट था। उन्होंने गद्य में कोई कृत्रिम भाषा नहीं चलाई, साहित्य में उसी भाषा को प्रतिष्ठित किया जो सामाजिक विकास-क्रम में हिन्दीभाषी क्षेत्र में जातीय भाषा के रूप में फैल रही थी।

भारतेन्दु की हिन्दी का सम्ब्रन्ध जनपदीय बोलियों से क्या था, यह समझ लेने पर उसे संस्कृतनिष्ठ कहने की नौबत न आएगी। कुछ विद्वानों के सामने खड़ी बोली के साहित्यिक रूप में केवल फारसी, अरबी या संस्कृत से शब्द लेने का प्रश्न महत्त्वपूर्ण होता है। वे जनपदीय बोलियों तथा सूर, तुलसी आदि की शब्दावली से उसका सम्बन्ध भूल जाते हैं। वे स्वयं संस्कृत शब्दों का गलत-सही प्रयोग करके अवगढ़ भाषा लिखते हैं और भारतेन्दु को भी संस्कृतनिष्ठ हिन्दी का प्रचारक कहते हैं।

'हिन्दी भाषा' वाले निबन्ध में भारतेन्दु ने हिन्दी की पाँच शैलियों का उल्लेख किया है। पहली में 'संस्कृत के शब्द बहुत हैं', दूसरी में 'संस्कृत के शब्द थोड़े हैं', तीसरी में 'शुद्ध हिन्दी', चौथी में 'किसी भाषा के शब्द मिलने का नेम नहीं है' और पाँचवीं में 'फारसी शब्द विशेष हैं।' इन पर अपना मत प्रकट करते हुए उन्होंने लिखा है कि 'नम्बर २ और ३ लिखने के योग्य हैं।'

भारतेन्दु ने उस शैली को आदर्श नहीं माना जिसमें संस्कृत के शब्द बहुत हों। 'शुद्ध हिन्दी' को उन्होंने इस शैली से अलग माना है। उन्होंने शुद्ध हिन्दी का नमूना यह दिया है।

'पर मेरे प्रीतम अब तक घर न आये क्या उस देश में बरसात नहीं होती या किसी सौत के फेर में पड़ गए कि इधर की सुध ही भूल गए। कहाँ तो वह प्यार की बातें कहाँ एक संग ऐसा भूल जाना कि चिट्ठी भी न भिजवाना। हा! मैं कहाँ जाऊँ, कैसे करूँ मेरी तो ऐसी कोई मुँहबोली सहेली नहीं कि उससे दुखड़ा रो सुनाऊँ कुछ इधर-उधर की बातों से ही जी बहलाऊँ।'

भारतेन्दु का आग्रह जितना तद्भव रूपों के लिए है, उतना तत्सम रूपों के लिए नहीं है। उपर्युक्त वाक्यों का शब्दचयन ब्रज-भाषा-काव्य की शब्दावली के बहुत निकट है। संस्कृतनिष्ठ हिन्दी में 'माधुर्य' है तो हरिश्चन्द्र की 'शुद्ध हिन्दी' में 'मिठास' है।

भारतेन्दु गद्य के श्रेष्ठ कलाकार हैं। उनका-सा गद्य बहुत कम लोग लिख पाए हैं। उन्होंने गद्य लिखने में बराबर प्रयोग किये हैं, अनेक तरह की शैलियों को

सँवारा है। भव्य मूर्ति-विधान से युक्त, उदात्त गुणवाली, तत्सम शब्दों से अलंकृत उनके गद्य की कवित्वपूर्ण शैली का एक नमूना यह है, 'जो सूर्य उदय होते ही पद्मिनीवल्लभ और लौकिक वैदिक दोनों कर्मों का प्रवर्तक था, जो दोपहर तक अपना प्रचंड प्रताप क्षण क्षण बढ़ाता गया, जो गगनांगन का दीपक और काल सर्प का शिखामणि था, वह इस समय परकटे गिद्ध की भाँति अपना सब तेज गँवाकर देखो समुद्र में गिरा चाहता है।' (सत्य हरिश्चन्द्र)

इससे भिन्न प्रसाद-गुण-युक्त तद्भव रूपों के प्रयोग से सरस, भारतेन्दु की सहज गद्य शैली यह है, 'इसकी चितवन कलेजे में से चित को जोराजोरी निकाले लेती है। इसकी सहज शोभा इस समय कैसी भली मालूम पड़ती है। अहा! इस कपड़े से जो पानी की बूँदें टपकती हैं वे ऐसी मालूम होती हैं मानो भावी वियोग के भय से वस्त्र रोते हैं। काजल आँखों से धो जाने से नेत्र कैसे सुहावने हो रहे हैं, और बहुत देर तक पानी में रहने से कुछ लाल भी हो गए हैं।" (कर्पूरमंजरी)

बालमुकुन्द गुप्त ने भारतेन्दु के लिए लिखा था कि वे तेज, तीखे और बेधड़क लेखक थे। ये गुण गुप्तजी के हिस्से में खास तौर से थे; इसलिए भारतेन्दु का तेज और तीखा गद्य उनको विशेष प्रिय था। हिन्दी में वैज्ञानिक ग्रन्थों का नितांत अभाव है, ऐसा कहने वालों को फटकार बताते हुए २६ सितम्बर, १८७३ की 'कविवचन-सुधा' में भारतेन्दु ने लिखा था, 'बहुत लोग गाल बजाकर कहते हैं कि हिन्दी हो जाने से विज्ञान के पढ़ने-पढ़ाने में विघ्न हो जावेगा क्योंकि हिन्दी भाषा में इतने थोड़े शब्द हैं कि वैज्ञानी भावना उसके द्वारा प्रकाश नहीं हो सकती है पर हम उसका यही उत्तर देते हैं कि कोई बात बिना युक्ति के प्रामाणिक नहीं हो सकती है हिन्दी के शत्रु बरबस यह भी कह सकते हैं कि इस संसार में ऐसे भी मनुष्य होते हैं जिन्ह के चार सींग होते हैं पर इसको बुद्धिमान न मानेगा क्यौंकि इसका कुछ प्रमाण नहीं है पर उनके इस कहने पर भी हिन्दी में वैज्ञानी शिक्षा नहीं हो सकती है कोई नहीं मानेगा जब तक कि अपने साध्य के लिए प्रबल प्रमाण न देंगे यों तो अपनी कलम है और अपना कागज।

भारतेन्दु-युग का साहित्य अपने व्यंग्य और हास्य के लिए प्रसिद्ध है। इस साहित्य में निबन्ध की विधा सबसे ज़्यादा विकसित है। चित्रमय वर्णनवाली बिनोदपूर्ण शैली का एक नमूना यह है, 'जामेवाले गरमी के मारे जामे के बाहर हुए जाते थे पगड़ीवालों को पगड़ी सिर का बोझ सी हो रही थी और दुशाले और कमखाब की चपकन वालों को गरमी ने अच्छी भाँति जीत रखा था। सबके अंगों से पसीने की नदी बहती थी मानो श्रीयुत को सब लोग आदर से अर्घ्य पाद्यं देते थे।

हरिद्वार, लखनऊ, जबलपुर आदि के संस्मरणात्मक यात्रावृत्तान्तों, 'कुछ आपबीती, कुछ जगबीती' जैसे कथाप्रसंगों में उनकी शैली एकदम बोलचाल के शब्दों से रची हुई है। 'भारतवर्ष की उन्नति कैसे हो सकती है?' (बलियावाला व्याख्यान), नाटक आदि निबन्धों में उनके गंभीर विवेचनात्मक गद्य के दर्शन होते

हैं। विवेचन में गंभीरता है, अस्पष्टता नहीं। नाटकों में पात्रों की बातचीत न केवल शैली के विचार से कई तरह की है वरन् भाषा और बोली के विचार से उसमें अनेक स्थानीय भेद दिखायी देते हैं।

भारतेन्दु के गद्य की परम्परा में प्रतापनारायण मिश्र और बालमुकुन्द गुप्त जैसे उस युग के लेखकों के अलावा प्रेमचन्द, उग्र, निराला (देवी, चतुरी चमार, बिल्लेसुर बकरिहा, चमेली, कला के विरह में जोशी बन्धु वाले निराला), अमृतलाल नागर, नागार्जुन जैसे लेखक आते हैं। जिस व्यक्ति ने भारतेन्दु के गद्य का सावधानी से अध्ययन नहीं किया, वह हिन्दी की प्रकृति को पहचान नहीं सकता।

शुक्लजी ने भारतेन्दु-युग के लेखकों के बारे में बहुत सही लिखा था, 'उनकी हिन्दी, हिन्दी होती थी। वे अपनी भाषा की प्रकृति को पहचानने वाले थे।'

शुक्लजी के बाद हिन्दी आलोचना ने भारी प्रगति कर ली है। अब पहले की तरह साहित्य का सतही विवेचन नहीं होता; आलोचक सतह से नीचे गहरे पानी पैठते हैं और फिर उठने का नाम नहीं लेते।

श्री शिवदानसिंह चौहान हिन्दी के प्रसिद्ध और गंभीर आलोचक हैं। अपनी पुस्तक 'हिन्दी गद्य साहित्य' की भूमिका में उन्होंने शुक्लजी के युग-विभाजन की कृत्रिमता प्रकट करते हुए लिखा है, "यह विभाजन कृत्रिम और स्वेच्छाचारी है और अधिक-से-अधिक गद्य-साहित्य की इतिवृत्ति का परिचय पाने में सहायक हो सकता है, उसके इतिहास को समझने में नहीं।"

हिन्दी में इतिवृत्तिवाद की बाढ़ आ गई थी। शुक्लजी लिखने बैठे इतिहास; लिख गए इतिवृत्त। उनसे कुछ पहले आये आचार्य महावीर प्रसाद द्विवेदी। वह तो इतिवृत्तात्मकता की साक्षात् प्रतिमा ही थे। हिन्दी साहित्य के इतिहास-लेखक का काम अभी तक अधूरा पड़ा है, इन इतिवृत्तिवादियों के कारण। जिन लोगों ने शुक्लजी का अनुसरण न किया, उन्होंने—चौहानजी के शब्दों में—'हिन्दी गद्य-साहित्य के विकास को और भी स्वेच्छचारी ढंग से भारतेन्दु-युग, द्विवेदी-युग, प्रसाद-युग और वर्तमान-युग—इन चार युगों में बाँट दिया। आज का युग व्यक्तिपूजा के विरुद्ध जेहाद का युग है लेकिन, हिन्दी-लेखक इतने पिछड़े हुए हैं कि 'हिन्दी में व्यक्ति-केन्द्रित युगों की बाढ़-सी आ गई है।' हिन्दी गद्य-साहित्य पर चौहानजी के इस अनमोल ग्रंथ का ऐतिहासिक मूल्य यह है कि उन्होंने युगों की सीमा-रेखाएँ खत्म करके पूरी शताब्दी के साहित्य को एक ही युग का साहित्य घोषित कर दिया है। ठीक भी है। साहित्य कम, युग ज्यादा। अपनी हीनभावना पर पर्दा डालने का एक तरीका। चौहानजी ने ठीक ही सवाल किया है कि 'हिन्दी का मुश्किल से एक शताब्दी का गद्य-साहित्य कितने युगों का भार वहन कर सकेगी।'

शुक्लजी और हिन्दी के समस्त इतिहास-लेखकों के युग-विभाजन का खंडन करके चौहानजी ने शताब्दी-व्यापी युग-निर्माण किया है; इस कार्य का महत्त्व

उन्हीं के शब्दों में इस प्रकार है, "हिन्दी गद्य-साहित्य के काल-विभाजन की समस्या का यह समाधान जिस प्रकार उसके इतिहास-लेखन को एक-सूत्रता और तारतम्यता प्रदान कर सकता है, उसी प्रकार एक और भ्रम से उसकी रक्षा कर सकता है।" एक और भ्रम यह है कि 'शुक्लजी ने अपने इतिहास में प्रत्येक काल के यथासंभव प्रत्येक कवि का नाम गिनाकर और उसकी कविताओं में से उद्धरण देकर' विवेचन की इति कर दी है। इससे पाठक अनुमान कर सकते हैं, इतिहास-लेखन पर शुक्लजी का कितना घातक प्रभाव पड़ा है। नाम-सूची इतिहास-लेखन नहीं है। पहले तो रक्षा हुई इस भ्रम से। उसके बाद हाथ लगी एकसूत्रता और इतिहास की तारतम्यता। काल-विभाजन की समस्या का यह विभाजनहीन समाधान किसे न रुचेगा ?

वैसे पाठकों की अपरिपक्व बुद्धि का ध्यान रखते हुए चौहानजी जब-तब भारतेन्दु या द्विवेदी-काल का उल्लेख भी कर देते हैं। मैथिलीशरण गुप्त की चर्चा करते हुए 'हिन्दी साहित्य के अस्सी वर्ष' नामक पुस्तक में (जिसमें 'हिन्दी गद्य साहित्य' की सामग्री भी शामिल है) चौहानजी ने लिखा है, 'इनकी कविता में भारतेन्दुकालीन या द्विवेदीकालीन इतिवृत्तात्मक कविता की शुष्कता नहीं है' (पृ० ४७)। इसी तरह अन्य पृष्ठों पर 'भारतेन्दुकालीन दृष्टिकोण' (पृ० ५३), 'भारतेन्दुकालीन कवि' (पृ० ५६) आदि का उल्लेख मिल जाएगा। एक जगह मोटे बड़े टाइप में 'छायावादी युग' (पृ० ६१) भी छपा हुआ आप देख सकते हैं। अन्य पुस्तकों में भी उन्होंने इसी उदार नीति से काम लिया है। 'प्रगतिवाद' नामक उनके सुप्रसिद्ध ग्रन्थ में 'भारतेन्दुकाल से लेकर द्विवेदी-काल तक की इतिवृत्तात्मक कविता' (पृ० २५) का उल्लेख है। इस पुस्तक में एक निबन्ध का शीर्षक है, 'द्विवेदी काल से हिन्दी पत्रकार-कला का विकास'।

उनकी एक महत्त्वपूर्ण कृति है 'साहित्य की समस्याएँ' (जिसमें 'प्रगतिवाद' की सामग्री शामिल है)। इससे उन्होंने प्रेमचन्द से पहले के एक युग की चर्चा की है। 'उस युग में समाज-सुधार की दृष्टि से कथाओं और उपन्यासों में सामाजिक समस्याओं का आकलन तो होने लगा था, लेकिन वह काफी उथला और सतही था'। इसके बाद आया प्रेमचन्द का युग और इसके बाद काफ़ी तेज़ी से आया तीसरा युग, जिसका लेखक अपनी 'प्रतिभा और क्रांतिकारी दृष्टिकोण' के बावजूद 'अपने युग के साथ वह तादात्म्य और सामंजस्य स्थापित नहीं कर पाया जो रवीन्द्र, शरत, इकबाल और प्रेमचन्द सहज ही कर पाए थे।'

इस बहुयुगीन चर्चा के बावजूद यह तो मानना ही होगा कि कम-से-कम 'हिन्दी गद्य साहित्य' की भूमिका में नाना युगों का ध्वंस करके, उनकी सीमारेखाएं मिटाकर चौहानजी ने शताब्दी-व्यापी साहित्य के इतिहास को तारतम्यता प्रदान की है। यदि अपनी स्थापना के विरुद्ध उन्होंने भारतेन्दु-काल या द्विवेदी-काल या छायावाद-युग की चर्चा की है तो इसे उनकी सहज उदारता समझना चाहिए कि उन्होंने अपने पाठकों के कुसंस्कारों का बराबर ध्यान रखा है।

जहाँ तक नाम गिनाकर इतिहास-लेखन की इति करनेवाले भ्रम का सम्बन्ध है, चौहानजी ने एक ही पृष्ठ पर ब्रजनंदन सहायक अवधनारायण, चतुरसेन शास्त्री, विश्वंभर शर्मा 'कौशिक', पाण्डेय बेचन शर्मा 'उग्र', चंडीप्रसाद हृदयेश, प्रतापनारायण श्रीवास्तव, राधिकारमणप्रसाद सिंह, मन्नन द्विवेदी, जी० पी० श्रीवास्तव, वृन्दावनलाल वर्मा, भगवतीप्रसाद वाजपेयी, ऋषभचरण जैन कृपानाथ मिश्र, जैनेन्द्रकुमार, इलाचंद्र जोशी और गोविन्दवल्लभ पन्त के नाम (तथा उनके मुख्य ग्रंथों के नाम भी) गिना दिए हैं। यहाँ भी मैं कहूँगा कि उन्होंने शुक्लजी तथा अन्य हिन्दी इतिहासकारों की जो बेधड़क आलोचना की है, उसका ऐतिहासिक महत्त्व कभी कम नहीं हो सकता।

यहाँ तक तो हुई काल-विभाजन और इतिहास-लेखन की बात। अब देखिये भारतेन्दु के बारे में चौहानजी ने कैसी-कैसी ज्ञानवर्द्धक मौलिक उद्भावनाएँ प्रस्तुत की हैं।

भारतेन्दु से पहले :

'अवधी और ब्रज की काव्य-परंपरा हिन्दू संस्कृति की प्राचीन काव्य-परंपराओं की उत्तराधिकारिणी बन गयी। यह हिन्दू जातीयता की नवचेतना का परिणाम था।' (प्रगतिवाद, पृ० ३१५)

रामभक्ति, कृष्णभक्ति और रीतिकाव्य की परंपराएँ 'हिन्दू-संस्कृति से प्रेरित-पोषित विचारधाराएँ हैं।' 'ये काव्य-धाराएँ हिन्दू जातीयता के नवोन्मेष की प्रतीक हैं। इनकी छन्द-रचना, ध्वनिव्यंजना तक, 'हिन्दू आर्य संस्कृति से प्रभावित और निरूपित हैं। सूरदास और तुलसीदास के समय से भारतेन्दु-काल तक ब्रज और अवधी की काव्य-परंपरा में यह विचारधारा ही सर्वप्रथम बनी रही।'

भारतेन्दु का नाम खड़ी-बोली हिन्दी के प्रसार और विकास के साथ जुड़ा हुआ है। इसका कारण यह है कि 'हिन्दू जातीयता और तदनन्तर हिन्दू राष्ट्रीयता ने अपनी जाग्रति, संगठन और विकास के लिए खड़ी बोली हिन्दी के द्वारा अपना मार्ग प्रशस्त किया।'

चौहानजी ने भारतेन्दु का ऐतिहासिक महत्त्व इस बात में देखा कि उन्होंने हिन्दू राष्ट्रवाद की अनिवार्यता पहचानी और हिन्दी के प्रचार और प्रसार से उसे सशक्त और समर्थ बनाया। हिन्दू राष्ट्रवाद क्यों अनिवार्य है इसका गंभीर विश्लेषण करते हुए उन्होंने भारतीय इतिहास पर यह नई रोशनी फेंकी थी, 'वस्तुतः हमारे देश के ऐतिहासिक विकास-क्रम की ही यह विशिष्टता है कि राष्ट्रीय चेतना ने हिन्दू राष्ट्रवादिता और मुस्लिम राष्ट्रवादिता का रूप ग्रहण किया।'

चौहानजी ने ये सब बातें तब लिखी थीं जब भारत के विभाजन का आन्दोलन चल रहा था। भारत के स्वाधीन होने के बाद 'हिन्दी साहित्य के अस्सी वर्ष' में उन्होंने लिखा, 'भारतेन्दु और उनके समकालीन लेखक हिन्दी और हिन्दू

जाति के उद्धार के लिए आन्दोलन करनेवाले देश-प्रेमी पत्रकार और प्रचारक ही अधिक थे, कवि और साहित्यकार कम।'

भारतेन्दु और उनके साथी लेखकों ने जो साहित्य-सेवा की, वह हिन्दू जाति के उद्धार के लिए। चौहानजी का दृष्टिकोण बदला नहीं है। वह भारतेन्दु को हिन्दू राष्ट्रवादी मानते थे, अब भी मानते हैं। अन्तर इतना ही है कि पहले उनके साहित्य के सतहीपन की आलोचना न करते थे, अब इस दिशा में अधिक मुखर हो गए हैं। भारतेन्दु ने खड़ी बोली में भी कविताएँ कीं लेकिन 'निर्जीव तुकबन्दियाँ ही बन पड़ीं।' कहा जाता है कि भारतेन्दु ने साहित्य में राष्ट्रीयता की भावधारा प्रवाहित की। लेकिन चाहे ब्रजभाषा में लिखा हो, चाहे खड़ी बोली में, लिखने वाले चाहे भारतेन्दु हों चाहे उनके और कोई साथी, यह राष्ट्रीय कविता कविता नहीं बन पाई। चौहानजी ने राष्ट्रीयता का विश्लेषण करने के बाद राष्ट्रीय कविता पर इस तरह नज़र सानी की है, 'ब्रजभाषा या खड़ी बोली में भारतेन्दुकालीन लेखकों ने सामाजिक विषयों पर जो पद्यात्मक रचनाएँ कीं उन्हें कविता की कोटि में नहीं रखा जा सकता।'

चाहे गद्य हो चाहे पद्य, इसके लिखनेवाले थे सब 'मीडियोकर'। 'इनमें से कोई भी असाधारण प्रतिभा का साहित्यकार नहीं था। सभी साधारण प्रतिभा के लोग थे, साहित्यकार से अधिक सुधारक-प्रचारक और हिन्दी आन्दोलनकारी थे।'

वास्तव में असाधारण प्रतिभा जैसी कुछ इस युग के लेखकों को प्राप्त हुई है, वैसी भारतेन्दु या उस युग के लेखकों को प्राप्त हुई होती, तो हिन्दी साहित्य के इतिहास को लेकर इतनी माथापच्ची करने की नौबत न आती। ये हिन्दी की जड़ ही काट देते। न रहता बाँस, न बजती बाँसुरी। असाधारण प्रतिभा का लेखक ही लिख सकता है कि भारतीय इतिहास की विशिष्टता है हिन्दू राष्ट्रवाद का विकास; और फिर इतिहासकारों को उनके साम्प्रदायिक दृष्टिकोण के लिए फटकार भी सकता है। चौहानजी ने अस्सी वर्ष वाली पुस्तक में लिखा है, 'हमारे इतिहासकार अब तक स्वयं अपने साम्प्रदायिक संस्कारों के कारण भारतेन्दु-कालीन लेखकों की इस संकीर्णता को परिस्थितिजन्य और उचित ठहराकर गौरवान्वित कर आए हैं। वे उनकी हिन्दूवादिता को राष्ट्रीयता का सच्चा रूप सिद्ध करते रहे हैं।'

चौहानजी ने सच्ची राष्ट्रीयता के दर्शन उर्दू साहित्य में किए हैं और उर्दू साहित्य का सम्बन्ध मुसलमानों से जोड़ा है। सन् ४७ से पहले हिन्दू और मुस्लिम राष्ट्रवाद की चर्चा करते हुए उन्होंने उर्दू को मुसलमानों की भाषा कहा था ('उर्दू की भावभूमि हिन्दी से सर्वथा भिन्न है। उसकी विचारधारा, दृष्टिकोण, भावधारा मुस्लिम संस्कृति से निरूपित है।' प्रगतिवाद, पृ० ३२०) उसी तरह वह अब भी उर्दू को मुसलमानों की भाषा कहते हैं, लेकिन मुस्लिम लेखकों की रचनाओं में राष्ट्रीयता का सच्चा रूप देखते हैं। भारतीय इतिहास पर फिर नयी रोशनी

फेंकते हुए उन्होंने मुस्लिम-उर्दू-साहित्य में सच्ची राष्ट्रीयता के अभ्युदय का कारण बतलाते हुए लिखा है कि सन् '५७ के संघर्ष में मुसलमानों ने सबसे आगे बढ़कर भाग लिया था। नतीजा यह कि 'उर्दू साहित्य में ग़ालिब से लेकर इकबाल तक सभी ने किसी-न-किसी ढंग से अंग्रेज़ी शासन के विरुद्ध स्वर ऊँचा किया और अंग्रेजी साम्राज्यवाद के मुकाबले में खड़े होने के लिए भारतीय एकता पर ज़ोर दिया। ऐसी कोई व्यापक राष्ट्रीय भावना भारतेन्दु-युग के लेखकों में नहीं मिलती।' बेशक इन लेखकों ने हिन्दू समाज की कुरीतियाँ दूर करने में योग दिया, लेकिन 'चूंकि ये महानुभाव मूलतः प्रचारक और पत्रकार थे, इसलिए उनका रचा साहित्य भी सामाजिक आन्दोलन की संकीर्णता से आक्रान्त है, स्थायी मूल्य का उसमें शतांश भी नहीं है।···प्रतिभा की स्वल्पता के साथ-साथ भारतेन्दु-युगीन लेखकों की विचार पूंजी भी स्वल्प थी।' इतना घटिया प्रचार-साहित्य रचने पर भी चौहान जी ने भारतेन्दु का नाम अपनी पुस्तक में दर्ज कर दिया, इसे उनकी सहज उदारता के अलावा और क्या कहा जा सकता है!

वैसे चौहानजी को प्रचार-साहित्य या लोक-साहित्य या आल्हा या नौटंकी से परहेज़ नहीं है। उन्होंने 'भारत की जननाट्यशाला' नाम का निबन्ध लिखा था। इसमें देश-विदेश के अनेक नाटक-आन्दोलनों की चर्चा है। केवल भारतेन्दुकालीन नाटकों की चर्चा नहीं है। इसमें चीन-जापान युद्ध के समय चीन की जन-नाट्यशाला के आन्दोलन और चीनी नाटकों की चर्चा करते हुए उन्होंने लिखा है, 'इन नाटकों में उच्च कला का अभाव रहता है, लेकिन उनकी कला इसी में निहित है कि वे आज चीन की विशाल मूक जनता की कल्पना में जीवन की सम्भावनाओं की एक नई दुनिया बसा रहे हैं, उनमें आजाद रहने का निश्चय भर रहे हैं।'

चीनी नाटकों में उच्च कला का अभाव था, लेकिन उनकी कला इसी में निहित थी कि वे कल्पना में सम्भावनाओं की एक नई दुनिया बसा रहे थे। इधर भारतेन्दु-कालीन लेखकों में न व्यापक राष्ट्रीय चेतना थी, न उच्च कोटि की कला।

भारत में जन-नाट्यशाला के लिए रामलीला से लेकर स्वांग और भँड़ैती तक अनेक नाट्य-रचनाओं पर विचार करने के बाद उन्होंने नौटंकी चुनी और लिखा 'मेरा विचार है कि इनमें से नौटंकी का विकास कर हम उसे राष्ट्रीय जन-नाट्यशाला का रूप दे सकते हैं।' नौटंकी गनीमत लेकिन भारतेन्दु युग का साहित्य? तोबा!

भारतेन्दु ने एक पाप यह किया कि भोजपुरिये होकर खड़ी बोली हिन्दी में साहित्य रचा, हिन्दी का प्रचार किया। धन और प्रशंसा के लोभ से उन्होंने अपनी मातृभाषा की सेवा का मार्ग छोड़कर विजातीय भाषा हिन्दी की सेवा करना शुरू किया। उनकी देखादेखी आज तक ब्रज, अवध, भोजपुरी क्षेत्र, मिथिला और बुन्देलखण्ड के सैकड़ों लेखक धन-लाभ या यश-लाभ के लिए खड़ी बोली हिन्दी में ही साहित्य-रचना करते रहे हैं।

जुलाई १९६५ की 'आलोचना' में चौहानजी ने बताया है कि जैसे डॉ०

मुल्कराज आनन्द की मातृभाषा अंग्रेज़ी नहीं है यद्यपि वह अंग्रेज़ी में लिखते हैं, वैसे ही यशपाल की मातृभाषा हिन्दी नहीं है यद्यपि वह हिन्दी में लिखते हैं। 'इस दृष्टि से उनकी और डॉ० मुल्कराज आनन्द की स्थिति में विशेष फ़र्क़ नहीं है। यह बात भारतेन्दु से लेकर मोहन राकेश तक की नई पीढ़ी के निन्यानवे फी सदी हिन्दी लेखकों और हिन्दी आन्दोलन के सुभट योद्धाओं के बारे में भी सच है।'

चौहानजी ने कुछ नम्रता और कुछ उदारता के वशीभूत होकर लिखा है 'अपनी मातृभाषाओं के प्रति अपनी उपेक्षा को हम मातृघात कहें या नहीं, यह तो मैं नहीं जानता।' किन्तु सच बात तो कहनी ही चाहिए, इसलिए भारतेन्दु से लेकर मोहन राकेश तक की हिन्दी सेवा का रहस्य उन्होंने उद्घाटित कर दिया है। हिन्दी सेवा 'अर्थ, यश-लाभ और देशभक्ति के रूप में प्रसिद्धि पाने का नुस्खा साबित हुई'। यह नुस्खा कितना कारगर है, इसका प्रमाण यह है कि स्वयं श्री शिवदानसिंह चौहान, जो मातृघात और मातृरक्षा का भेद बहुत अच्छी तरह जानते हैं, अपनी भाषा में एक पंक्ति न लिखकर खड़ी बोली हिन्दी को ही अपने निबन्धों से समृद्ध करते रहे हैं।

यदि चौहानजी की बात मानी जाए तो हिन्दी के सभी लेखकों को हिन्दी लिखना बन्द कर देना चाहिए। कारण यह कि खड़ी बोली का उर्दू रूप ही लोगों की मातृभाषा है हिन्दी रूप नहीं। यह अस्सी साल की हिन्दी, जिसे लोगों ने राष्ट्रभाषा बना दिया है, न कहीं बोली जाती है, न सुनी जाती है। इस पर भी हिन्दी के अन्धप्रेमी उर्दू को हिन्दी की शैली कहते हैं। यदि खड़ी बोली का कोई रूप गली-महल्लों में बोला जाता है तो वह उर्दू है हिन्दी नहीं। संविधान के विधायक भी खूब थे ! विधाता की तरह—लिखत सुधाकर लिखिगा राहू। अस्सी साल की कृत्रिम हिन्दी को राष्ट्रभाषा बना गए जबकि खड़ी बोली का अकृत्रिम सहज रूप मिलता है उर्दू में !

'आलोचना' के उपर्युक्त अंक में सम्पादकीय रूप से अपना महत्त्वपूर्ण मत प्रकट करते हुए श्री शिवदानसिंह चौहान ने लिखा है, 'कुल जमा अस्सी-नब्बे साल पुराने खड़ी बोली के इस संस्कृत-निष्ठ साहित्यिक रूप को, जिसे ही संविधान ने 'हिन्दी' के नाम से स्वीकारा है, अभी नगरों के अन्दर भी अधिकतर परिवारों और गली-महल्लों में पूरी तरह रमने, रसने का समय नहीं मिला। इसलिए माँ के घुटनों पर बैठकर हममें से किसी ने हिन्दी नहीं सीखी, जिस तरह कि अधिक पुरानी 'शैली' (!) उर्दू को दिल्ली, लखनऊ, हैदराबाद आदि अनेक सांस्कृतिक केन्द्रों के बच्चे हजारों हिन्दू और मुसलमान परिवारों में पुश्त-दर-पुश्त से अपनी माताओं की गोद में ही सीखते आए हैं।'

अब यह अलग बात है कि लोग अब भी हिन्दी को राष्ट्रभाषा बनाने की रट लगाए हुए हैं और अपनी मातृभाषाएँ छोड़कर उसी में अपनी प्रतिभा का चमत्कार दिखाते जाते हैं। लेकिन आलोचक सच कहने से क्यों चूके ? कोई बात माने चाहे न माने। बारह साल में घूरे के दिन भी फिरेंगे। कभी तो लोग आँखों में आँसू

भरके कहेंगे, हिन्दी में एक बेलिंस्की यार्चानिशेव्स्की था लेकिन हाय, उसके जीते-जी हमने उसकी कद्र न जानी।

खैर, कीजिए मातृघात लूटिए धन और यश, लेकिन कम-से-कम इतिहास को तोड़िये मरोड़िये, तो मत। आप लोग सूर और तुलसी को हिन्दी का कवि क्यों कहते हैं? जैसे साम्राज्यवादी भावना से प्रेरित होकर आप आज अवधी, ब्रज, भोजपुरी को स्वतन्त्र भाषाएँ नहीं मानते, वैसे ही इनके पुराने साहित्य को हिन्दी साहित्य में समेटकर आप कृत्रिम ढंग से हिन्दी का गौरव बढ़ाते हैं, उसे राष्ट्रभाषा बनाने के लिए। हिन्दी साहित्य और सूरदास? हिन्दी भाषा और तुलसीदास? भला बताइये, इनमें परस्पर कौन-सा सम्बन्ध है?

'हिन्दी साहित्य के अस्सी वर्ष' की ऐतिहासिक भूमिका में हिन्दी साहित्य के इतिहासकारों को सावधान करते हुए श्री शिवदानसिंह चौहान ने लिखा है, "हमारी दृष्टि में हिन्दी साहित्य के इतिहास में केवल खड़ी बोली में रचा गया हिन्दी साहित्य ही परिगणित होना चाहिए।" लोग हिन्दी साहित्यकारों में सूर-तुलसी आदि को क्यों शामिल कर लेते हैं? इसलिए कि 'राष्ट्रभाषा पद की प्रतिद्वन्द्विता में उर्दू के मुकाबले में खड़ी बोली हिन्दी का दावा मंजूर कराने के लिए उसकी प्राचीनता और व्यापकता प्रमाणित करने के हेतु ही अनेक प्रवादों का जन्म हुआ था।'

हिन्दी को राष्ट्रभाषा बनाने के उत्साह में साहित्य के इतिहासकार 'एक ही पुस्तक में भावुकतापूर्वक' अनेक भाषाओं और बोलियों का साहित्य संकलित कर देते हैं। इन इतिहासकारों की 'भावुकता हिन्दी की परम्परा को दीर्घतम और विशालतर दिखाने में व्यस्त हो जाती है।' ये विद्वान् 'एक स्वेच्छाचारी तर्क-पद्धति से, अथवा कहें अपने उच्छ्वास से, मात्र से' ब्रजभाषा को साहित्य रचना के लिए वर्जनीय ठहराते हैं, और 'खड़ी बोली को, जिसमें सिद्ध-काव्य, संत-काव्य, वीर-काव्य, भक्ति-काव्य या रीति-काव्य आदि की कैसी भी प्राचीन परम्परा का नितांत अभाव था और जिसमें अठारहवीं शताब्दी के अन्त तक या कहें उन्नीसवीं शताब्दी के उत्तरार्ध तक साहित्यिक दृष्टि से उल्लेखनीय गद्य या पद्य की कोई मौलिक रचना नहीं मिलती, उसे आधुनिक चेतना की वाहक होने की एकान्त सामर्थ्य रखने वाली भाषा मान लेते हैं।' ऐसी खड़ी बोली हिन्दी राष्ट्रभाषा बना दी गई है! लोग कहते हैं कि हिन्दी राष्ट्रभाषा इसलिए होनी चाहिए कि उसे बोलने और समझने वालों की संख्या बहुत बड़ी है। चौहानजी ने इस भारी भ्रम का खंडन कर दिया है। उन्होंने लिखा है, 'यह स्पष्ट होना चाहिए कि हिन्दी (खड़ी बोली) किसी जन-बल पर राष्ट्रभाषा नहीं बनी, बल्कि ऐतिहासिक संयोग और दिल्ली के आसपास की भाषा होने के कारण ही।'

खैर, संयोग की बात, हिन्दी राष्ट्रभाषा बन गई, लेकिन हिन्दी साहित्य के इतिहास में तो सूर-तुलसी-कबीर की चर्चा न होनी चाहिए। इस तरह के इतिहास लिखे ही नहीं जाते, पढ़ाये भी जाते हैं। इससे राष्ट्र की भारी हानि होती है।

चौहानजी के शब्दों में 'इतिहास-लेखन की यह परम्परा अनैतिहासिक और स्वेच्छाचारी है। इसके पीछे ऐतिहासिक दृष्टिकोण का अभाव है। एक प्रकार से यह पद्धति ही एक संकीर्ण सामन्ती दृष्टिकोण का पोषण करती है, साहित्य के विद्यार्थियों में जनवादी दृष्टिकोण का विकास नहीं करती। जिस तर्कजाल का आश्रय लेकर हमारे इतिहासकार अपने दृष्टिकोण की इतनी असंगतियों को एक सूत्र में पिरोते हैं, वह अबौद्धिक और भावनाजन्य है, और हीनभावना और संकीर्णता को जन्म देता है। दुर्भाग्य से अब तक हमारे सभी इतिहासकार अतर्क्य भाव से इस अवैज्ञानिक दृष्टिकोण को ही अपनाते आये हैं' इत्यादि। सारांश यह कि हिन्दी साहित्य के इतिहासकारों की अवैज्ञानिकता की सीमा नहीं है, उनकी भावुकता, अबौद्धिकता और संकीर्णता की जितनी ही भर्त्सना की जाए कम है।

चौहानजी ने न खड़ी बोली के साहित्य का इतिहास लिखा है, न ब्रज, अवधी या मैथिल के साहित्य का। लेकिन उन्होंने अन्य इतिहास-लेखन के उम्मीदवारों का रास्ता साफ कर दिया है। लोगों ने समझ रखा है कि ब्रज, अवधी में अब तुलसी-सूर की कोटि के कवि पैदा ही न होंगे। 'कल इनमें कोई दूसरा चन्द, सूर या तुलसी या विद्यापति पैदा होकर हमारे इतिहासकारों के इतने यत्न और अध्यवसाय से तैयार किए गोरखधन्धों को छिन्न-भिन्न नहीं कर डालेगा, इसकी संभावना से कैसे इन्कार किया जा सकता है?' इन भावी सूर-तुलसी विद्यापति का मार्ग सुगम बनाने के लिए चौहानजी ने पहले ही वीरतापूर्वक इतिहास को छिन्न-भिन्न करने का काम शुरू कर दिया है। हिन्दी के लेखक ऐसे जड़ हैं कि 'खड़ी बोली हिन्दी में किसी विचार को सुन्दर-सुष्ठ, शैली में व्यक्त करने के लिए उन्हें चाहे सिर के बाल नोंच-नोंचकर उपयुक्त शब्दों को खोजना पड़ जाता हो, पर वे अपनी मातृभाषा में गद्य न लिखेंगे।

'हिन्दी साहित्य के अस्सी वर्ष', 'हिन्दी गद्य साहित्य', 'साहित्य की समस्याएँ' जैसी परिश्रम से लिखी पुस्तकें देखकर पूर्ण विश्वास हो जाता है कि एक-एक विचार को सुन्दर-सुप्त शैली में व्यक्त करने के लिए लेखक ने सिर के अनेक बाल नोंचे होंगे। यह क्रिया बुरी नहीं है, यदि इससे हिन्दी साहित्य के इतिहास का दरवाज़ा कम-से-कम सूर और तुलसी के लिए बन्द हो जाए। आज जबकि 'खड़ी बोली हिन्दी को ही प्रोत्साहन दिया जा रहा है', जब प्रतिभासम्पन्न साहित्यकार 'बाह्य प्रलोभनों के कारण अपनी मातृभाषाओं में न लिखकर खड़ी बोली हिन्दी की ओर खिंचते हैं', इतिहास-लेखन की वैज्ञानिक पद्धति का प्रतिपादन अत्यन्त महत्त्वपूर्ण कार्य है।

चौहानजी इतिहास लिखने में नहीं, इतिहास निर्मित करने में विश्वास करते हैं। उनकी धारणा है कि इन अहिन्दी भाषाओं में—ब्रज, अवधी आदि में—'गद्य साहित्य के निर्माण की संभावना भी पैदा की जा सकती है।' इस संभावना को पैदा करने के लिए उन्होंने एक योजना भी बना डाली है। उन्होंने विश्वविद्यालयों को चेतावनी दी है कि जिन भाषा-भाषियों के खून-पसीने की कमाई से हिन्दी

विभाग चलाए जा रहे हैं, उनकी भाषाओं की उन्नति की ओर भी विश्वविद्यालय ध्यान दें। उन्हें अपने-अपने क्षेत्रों में जनपदीय भाषाओं के अलग-अलग विभाग खोलने चाहिए। शोध-छात्रों को सुविधा होनी चाहिए कि वे अपने थीसिस ब्रज, अवधी या भोजपुरी में भी लिख सकें। इस प्रकार मातृ-भाषाओं में गद्य लिखा जाएगा और तब आगे चलकर कोई अवधि गद्य के अस्सी वर्ष-जैसी पुस्तक भी लिखेगा। जब तक वह गद्य नहीं लिखा जाता और जब तक उस अलिखित गद्य का इतिहास नहीं लिखा जाता, तब तक इन दमित-पीड़ित भाषाओं के पुराने साहित्य का ही उद्धार होना चाहिए। यदि हिन्दी साहित्य के इतिहास में सभी को समेटने के बदले अवधी, ब्रज आदि का अलग इतिहास लिखा जाए तो साहित्य से बहिष्कृत मातृ-भाषाओं के असंख्य कवियों का पता चल जाए। ये असंख्य कवि उन मातृ-भाषाओं में अपना अप्राप्य साहित्य रचते रहे हैं जो आज ही नहीं वीर-काव्य, सन्त-काव्य आदि के समय में भी साहित्य से बहिष्कृत रही हैं।

चौहानजी ने लिखा है, "इस प्रकार जब उत्तर मध्य भारत की विभिन्न भाषाओं और बोलियों के सुसम्बद्ध इतिहासों का अनुसंधान और प्रणयन हो जाएगा, उस समय हम देखेंगे कि किसी भाषा-भाषी को अपमानित और लज्जित होने का अवसर नहीं रहेगा। वीर-काव्य, संत-काव्य, भक्ति-काव्य, रीति-काव्य या आधुनिक युग में साहित्य की मुख्य धारा से बहिष्कृत मातृ-भाषाओं के असंख्य कवि अपनी-अपनी भाषा-साहित्य के इतिहास में गौरवपूर्ण स्थान पाएँगे, और उनमें अपनी भाषाओं को उन्नत और विकसित करने की प्रेरणा जगेगी। तुलसीदास तब हिन्दी साहित्य के इतिहास में नहीं, अवधि साहित्य के इतिहास में अपने सजातियों के साथ स्थान ग्रहण करेंगे।"

जिन मातृ-भाषाओं में न वीर-काव्य रचा गया, न संत-काव्य, न भक्ति-काव्य, न रीति-काव्य, फिर भी जिनमें असंख्य कवियों की रचनाएं मौजूद हैं—भारतेन्दु की-सी तुकबंदियाँ नहीं, उच्च कोटि की रचनाएँ जिनसे उनके बोलने वाले अपमानित और लज्जित न हों, उनका यह अपूर्व ज्ञान, उनके अप्राप्य कवियों का यह प्रथम परिचय वैज्ञानिक इतिहास में लेखन की श्रेष्ठ उपलब्धि है। अब रह गया गद्य साहित्य। चौहानजी के कहने से कश्मीरी गद्य साहित्य रचा जाने लगा—"मेरे सुझाव पर कुछ लेखक ने कश्मीरी में कहानी, नाट्य और निबन्ध लिखे"—तब अवधि या ब्रज में उनके कहने से लोगों ने अभी तक गद्य नहीं लिखा, इसका एक ही कारण हो सकता है कि स्वयं चौहानजी ने अभी तक अपनी मातृ-भाषा को अपने गद्य का माध्यम नहीं बनाया। जिस दिन वे ऐसा न करेंगे, उस दिन का उल्लेख ब्रजभाषा गद्य के भावी इतिहास में, स्वर्णाक्षरों में न होगा, यह कौन कह सकता है?

भावी इतिहास का जब तक निर्माण हो तब तक निर्मित इतिहास का वैज्ञानिक लेखन आरम्भ हो जाना चाहिए। तुलसीदास का नाम हिन्दी साहित्य के इतिहास से काटकर अवधि साहित्य के इतिहास में दर्ज कर देना चाहिए। इस

कार्य में कुछ कठिनाइयाँ अवश्य हैं। तुलसीदास ने भी धन अथवा यश के प्रलोभन से अपनी मातृभाषा अवधी छोड़कर बहुत-सी रचनाएँ ब्रज भाषा में कीं। हर शुभ कार्य में कुछ कठिनाइयाँ होती ही हैं। उन्हें धैर्य से दूर करना चाहिए, वैज्ञानिक इतिहास-लेखन से घबड़ाकर भागना न चाहिए। ब्रज, अवधी आदि का इतिहास लिखते समय कवियों को दो वर्गों में बाँट देना चाहिए। एक में वे हों जिनकी मातृभाषा सचमुच ब्रज या अवधी हो और दूसरे में वे जो मातृघात करके धन या ख्याति के प्रलोभन से मातृभाषा को त्यागकर दूसरों की भाषा में साहित्य रचने लगे थे। इस प्रकार 'रामचरितमानस' की चर्चा अवधी के विशुद्ध सेवकों के प्रसंग में होगी, 'विनयपत्रिका', 'कवितावली' आदि की चर्चा मातृघाती कवियों के प्रसंग में। भूषण, मतिराम, पद्माकर रत्नाकर आदि ब्रजभाषा के अधिकांश कवियों की गणना इन मातृघातियों में ही होनी चाहिए। इन्हीं के साथ जायसी, रहीम, रसखान आदि मुसलमान कवियों का नाम आयेगा जिन्होंने उर्दू से मातृघात करके ब्रज या अवधी में रचनाएँ कीं।

कबीर-जैसे कुछ कवियों के लिए तरह-तरह के दावे होंगे। इन कवियों की भाषा कभी खड़ी, कभी अवधी, कभी ब्रज, कभी भोजपुरी, कभी सधुक्कड़ी होती है। भावी इतिहासकार भाषा के अनुसार इनके पदों का विभाजन करेंगे जिससे वैज्ञानिक इतिहास-लेखन में सुगमता हो। श्रीधर पाठक आदि खड़ी बोली के ऐसे कवि भी हैं जो एक ही कविता में, कभी-कभी एक ही पंक्ति में, ब्रजभाषा और खड़ी बोली की खिचड़ी पकाते हैं। यदि इनकी मातृभाषा ब्रज हो तो मातृभाषा के विशुद्ध साहित्य में कविता के उतने ही अंशों की चर्चा होनी चाहिए जो ब्रज में लिखे गए हैं। शेष कविता की चर्चा मातृघाती साहित्य के प्रसंग में होनी चाहिए। भावी इतिहास-लेखकों की कठिनाई का अनुमान न करके कवियों के पितामहों ने जब तक कवि-पिताओं के अन्य जनपदीय विवाह कर दिए थे। चूंकि सवाल मातृभाषा का है, इसलिए किसी कवि के पिता का चाहे पता न भी चले, उसकी माँ के जनपद का पता ज़रूर होना चाहिए। इसके बिना कवि की वास्तविक मातृभाषा का ज्ञान नहीं हो सकता। जब विश्वविद्यालयों के मातृभाषा विभाग यह सब अनुसन्धान कर लेंगे, तभी मालूम होगा कि किसी कवि ने अपनी कविता की भाषा माँ के घुटनों पर बैठकर सीखी थी या दूसरों से सुन-सुनकर या किताबें पढ़कर। ब्रज या अवध में पैदा होने से ही किसी की मातृभाषा ब्रज या अवधी नहीं हो जाती, देखना यह चाहिए कि उनकी माँ किस जनपद की थी और घर में पिता की बोली का चलन था या माँ की बोली का। अन्त में यह कहना भी जरूरी है कि हर मातृभाषा के साहित्य का इतिहास उसी भाषा में लिखा जाना चाहिए। इस तरह अनेक मातृ-भाषाओं का गद्य साहित्य भी सहज ही समृद्ध हो जाएगा।

एक कठिनाई और रह गयी। अवधी, ब्रज, बुंदेलखण्डी का इतिहास तो लिखा जा सकता है, लेकिन अवध में कई अवधी, ब्रज में कई ब्रज; बुंदेलखण्ड में कई

बुंदेलखण्डी बोली जाती हों तो ? 'प्रगतिवाद पुस्तक' के परिशिष्ट २ में चौहानजी ने मातृ-भाषाओं के जनपदों की एक सूची दी है। उसका महत्त्व समझकर उन्होंने 'साहित्य की समस्या' नामक पुस्तक में भी उसे दिया है। इस सूची के अनुसार दिल्ली राजधानी है, हरयाना जनपद की और यहाँ की भाषा है, हरियानी, इसलिए खड़ी बोली—विशेषकर खड़ी बोली हिन्दी—के इतिहास में दिल्ली के लेखकों की गिनती न होनी चाहिए। उनकी गिनती हरियानी साहित्य के इतिहास में हो सकती है, बशर्ते कि उन्होंने हरियानी में साहित्य लिखा हो। मेरठ राजधानी है कुरु जनपदों की। यहाँ की भाषा है कौरवी। शायद यह खड़ी बोली का दूसरा नाम है। खड़ी बोली के विशुद्ध सेवकों में केवल मेरठ ज़िले के लेखकों की गिनती होनी चाहिये। इसी प्रकार लखनऊ राजधानी है अवध की, लेकिन इलाहाबाद राजधानी है वत्स जनपद की। इलाहाबादी लेखकों की गिनती न अवधी के साहित्यकार में होगी, न शुद्ध खड़ी बोली के सेवकों में। इस तरह के इतिहास-लेखन में जहाँ कुछ कठिनाइयाँ उत्पन्न होंगी, वहाँ बहुत-सी कठिनाइयाँ अप्रत्याशित रूप से दूर भी हो जाएँगी। हिन्दी साहित्य से इलाहाबादियों को निकाल दीजिये, देखिये, इतिहास का बोझ कितना हलका हो जाता है।

जो भी हो, हिन्दी के इतिहास में अधिकांश संख्या होगी मातृघातियों की। ९९ फीसदी हिन्दी-लेखकों की मातृभाषा हिन्दी नहीं है, इसलिए हिन्दी-साहित्य का इतिहास वस्तुतः मातृघातियों के साहित्य का इतिहास है। इनमें भी दो वर्ग किए जा सकते हैं, पहले में वे लेखक होंगे जो अवध, ब्रज आदि हिन्दी के नज़दीकी जनपदों के हैं। दूसरे में वे जो दूर के प्रदेशों के हैं, यानी जिनकी माताएँ तमिल, तेलुगु या मराठी बोलती थीं जैसे रांगेय राघव, बालकृष्णराव और प्रभाकर माचवे।

इतिहास-लेखन की इन सब समस्याओं से घबड़ाने की ज़रूरत नहीं है। चौहानजी सिद्धान्त-प्रतिपादन में कठोर हैं, लेकिन पाठकों के अज्ञान का विचार करके वे अपना व्यवहार काफी लचीला रखते हैं। वे कब किस उपन्यास को हिन्दी का सर्वश्रेष्ठ उपन्यास घोषित कर देंगे, यह सिद्धान्तों पर नहीं, परिस्थितियों पर निर्भर है। ऊपर हम देख चुके हैं कि काल-विभाजन की पुरानी परिपाटी का खंडन करके भी वह उसी का अनुसरण करते हुए भारतेन्दु-काल, द्विवेदी-काल और छायावाद-युग की चर्चा करते रहे हैं। उसी प्रकार वे सूर, तुलसी को हिन्दी साहित्य से निकालकर उन्हें उसके इतिहास में शामिल भी करते रहे हैं। अवध, ब्रज आदि को स्वतन्त्र जातियों की निवास-भूमि कहते हुए वे उन सबको एक ही हिन्दी-क्षेत्र के अन्तर्गत भी मानते रहे हैं।

'राष्ट्रीय साहित्य के निर्माण की समस्या' नामक निबन्ध में उन्होंने भारतेन्दु को दूसरा और कबीर को पहला युग-प्रवर्तक माना है, 'अर्थात् हिन्दी-क्षेत्र को दृष्टि में रखकर हम कह सकते हैं कि भारतीय रिनेसां के प्रवर्तक कबीर हैं, भारतेन्दु नहीं।' (साहित्य की समस्याएँ, पृ० २७)

'साहित्य के इतिहास की समस्या' नामक लेख में उन्होंने बताया है कि इतिहासकार के सामने यही समस्या नहीं है कि ऐतिहासिक परिस्थितियों के प्रसंग में साहित्य की प्रवृत्तियों को परखे 'बल्कि उसके सामने यह समस्या भी है कि वह —यदि हिन्दी साहित्य की सीमा में ही रहे तो—चन्द, कबीर, जायसी, सूर, तुलसी, केशव, बिहारी, देव, पद्माकर, घनानन्द, मतिराम, भूषण आदि प्रमुख भक्त और रीतिवादी कवियों तथा राष्ट्रीय जागरण-युग के भारतेन्दु' आदि की वास्तविक महत्ता उद्‌घाटित करे 'कि किस प्रकार वर्ग-समाज के इन प्रह्लादों ने वर्ग-समाज की विशिष्ट परिस्थिति-जन्य विचार-सीमाओं में आबद्ध रहते हुए भी' ऐसे चित्र अंकित किए हैं जिनका कलात्मक सौंदर्य, अर्थ-गाम्भीर्य, और उदात्त मानववादी नैतिक अन्तःस्वर वर्तमान जीवन की विडंबनाओं से संघर्ष करने वाले पाठक को प्रेरणा, स्फूर्ति, आशा और नयी अन्तर्दृष्टि प्रदान करते हैं।

(उप०, पृ० २३)

ध्यान देने की बात है कि 'हिन्दी साहित्य की सीमा में ही रहें तो', इस साहित्य की परिधि के भीतर तुलसी, सूर, बिहारी, मतिराम आदि सभी खिंचे चले आते हैं। इसीलिए मानना होगा कि जब तक विश्वविद्यालयों में मातृभाषा विभाग अपना अनुसन्धान-कार्य पूरा न कर लें, तब तक हमें सूर और तुलसी को हिन्दी-कवियों में गिनने का अधिकार है, जब तक हम उनकी चर्चा हिन्दी साहित्य के इतिहास में कर सकते हैं और भारतेन्दु-युग से उनका सम्बन्ध भी जोड़ सकते हैं। भारतेन्दु के नाम के साथ उनके युग को जोड़ना भी ऐसा बुरा नहीं है। आखिर अंग्रेज़ एलिज़ावेथ और विक्टोरिया के साथ विशेष युगों को जोड़ते ही हैं। स्वयं चौहानजी ने 'विक्टोरियन काल में पूंजीवाद के ह्रास-युग' की चर्चा की है (प्रगतिवाद, पृ० ८६)। यदि राजारानियों के गौरव को ध्यान में रखकर युगों का नामकरण हो सकता है तो भारतेन्दु ने क्या बिगाड़ा है? साहित्यकारों का दर्जा राजा-रानियों से तो बड़ा ही है। इसके अलावा भारतेन्दु के समकालीन लेखकों की जैसी भक्ति इनमें थी, वैसी भक्ति इंग्लैंड के साहित्यकारों की विक्टोरिया में नहीं थी। इसलिए भारतेन्दु-काल या भारतेन्दु-युग की चर्चा क्षम्य समझी जानी चाहिए।

फ्रांस का पुराना साहित्य प्रोवाँसाल भाषा में है, जिसका आधुनिक फ्रांसीसी से लगभग वैसा ही सम्बन्ध है जैसा खड़ी बोली हिन्दी से ब्रज भाषा का। प्रोवाँसाल साहित्य का उल्लेख फ्रांसीसी साहित्य के इतिहास में ही होता है। चौसर से पहले के कवि और लेखक जिस भाषा का व्यवहार करते थे उसका सम्बन्ध आधुनिक अंग्रेज़ी से लगभग वैसा ही है जैसा अपभ्रंशों का हिन्दी से। इन कवियों और लेखकों की चर्चा भी अंग्रेज़ी साहित्य के इतिहास में होती है। स्वयं चौसर की अंग्रेज़ी सत्रहवीं सदी में ही लोगों के लिए इतनी कठिन हो गयी थी कि ड्राइडन ने उसकी रचनाओं का अनुवाद करना ज़रूरी समझा था। यानी चौदहवीं सदी की अंग्रेज़ी का अनुवाद सत्रहवीं सदी की अंग्रेज़ी में किया गया। ब्रिटिश जनता के लिए

चौसर की तुलना में कबीर, सूर, तुलसी, मीरा आदि के गीत यहाँ की जनता को कितने प्रिय हैं, इस पर चौहानजी उचित समझें तो विचार कर सकते हैं। चौसर का नाम अंग्रेज़ी साहित्य के इतिहास में आदर के साथ अंग्रेज़ी काव्य के जनक के रूप में लिया जाता है। स्कॉटलैण्ड के कवि बर्न्स की अधिकांश रचनाएँ स्कॉट्स में हैं। हिन्दी का साधारण पाठक—लखनऊ और आगरा का पाठक—जितनी आसानी से विद्यापति की पदावली समझ लेता है, उतनी आसानी से औसत अंग्रेज़ पाठक बर्न्स को 'आउल्ड लैंग ज़ाइन' नहीं समझ पाता। बर्न्स के काव्य की चर्चा भी अंग्रेज़ी साहित्य के हर इतिहास में मिलेगी। यूनान के आदि-कवि होमर के महाकाव्य आयोनियन भाषा में हैं जिनका अफलातून या अरस्तू की भाषा से वैसा ही सम्बन्ध है जैसा अवधी का ब्रजभाषा से। फिर भी आज तक किसी ने यूनानी साहित्य के इतिहास से होमर का नाम निकाल देने की कल्पना नहीं की। इसलिए हिन्दी साहित्य के इतिहास में यदि सूर और तुलसी का नाम लिखा जाता है तो यह अपराध क्षम्य समझना चाहिए।

ब्रज, अवधी, खड़ी बोली आदि की शब्द-सम्पत्ति इतनी सामान्य है, उनकी भाषाशास्त्रीय समानताएँ इतनी ज्यादा हैं, कि इनमें रचना करने वाले कवि सहज ही अपने जनपद के बाहर भी प्रसिद्धि पा लेते हैं। सूरदास की रचनाएँ कभी ब्रज तक सीमित नहीं रहीं। 'रामचरितमानस' का प्रचार अवध तक सीमित नहीं रहा। कबीरदास समूचे हिन्दी-क्षेत्र पर छाये रहे। इन कवियों को विभिन्न जनपदों के किसानों और कारीगरों ने अपनाया। वे नगरों की जनता के भी प्रिय कवि रहे। उन्होंने एक सामान्य संस्कृति के सूत्रों में विशाल हिन्दी-क्षेत्र की जनता को बाँध लिया। हिन्दी साहित्य का इतिहास इसी जनता के साहित्य का इतिहास है। जो मुसलमान बाहर से यहाँ आए, वे यहीं के हो गए; जो अपना धर्म बदलकर मुसलमान बने थे वे तो यहाँ के थे ही। इस्लाम का उर्दू से कोई भी आध्यात्मिक सम्बन्ध नहीं है। जिस प्रदेश में जो मुसलमान रहते हैं, वे वहीं की भाषा बोलते हैं। उनकी संस्कृति भी प्रादेशिक और भारतीय है जैसे अन्य धर्मवालों की। राजनीतिक कारणों से साम्प्रदायिक भेद-भाव को साम्राज्यवादी लेखक बहुत बढ़ा-चढ़ाकर प्रस्तुत करते रहे हैं। हर प्रदेश की श्रमिक जनता एक है, उसके धर्म अनेक हैं; किन्तु उसकी भाषा एक, उसकी संस्कृति मुख्यत: एक है।

पूँजीवादी सम्बन्ध जैसे-जैसे दृढ़ होते हैं, वैसे-वैसे उन जनपदों का अलगाव दूर होता है जिनकी सीमाएँ सामन्ती युग में निर्धारित हुई थीं। यह ऐतिहासिक प्रक्रिया हर जाति के निर्माण में देखी जा सकती है। स्वभावत: विनिमय-केन्द्रों में अनेक जनपदों के लोग एकत्र होते हैं। उनकी बोलियों का प्रभाव जातीय भाषा के विकास पर पड़ता है। ब्रजभाषा और खड़ी बोली भौगोलिक और भाषाशास्त्रीय दृष्टि से इतनी निकट हैं कि खड़ी बोली पर ब्रजभाषा का प्रभाव पड़ना अनिवार्य था। इसी प्रभाव को देखकर मुहम्मद हुसेन आज़ाद-जैसे लेखकों ने कल्पना की थी कि उर्दू की उत्पत्ति ब्रजभाषा से हुई है। विभिन्न जनपदों की बोलियाँ और वहाँ की

लोक-संस्कृति एक-दूसरे के इतने निकट हैं कि ब्रजभाषा में ब्रज से बाहर वालों ने जितनी रचनाएँ की हैं, उतनी ब्रज क्षेत्र वालों ने नहीं। यही कारण है कि अवध और भोजपुरी क्षेत्र के अधिकांश भारतेन्दु-कालीन लेखक गद्य तो खड़ी बोली में लिखते थे और पद्य ब्रजभाषा में। जब श्रीधर पाठक आदि ने खड़ी बोली में रचनाएँ कीं तो स्वभावतः उनकी भाषा में बहुत-से ब्रजभाषा के रूप आ गए। भारतेन्दु के गद्य में बहुत-से रूप पूर्वी क्षेत्रों के हैं, बहुत-से ब्रजभाषा के। शिष्ट भाषा को अपना सर्वमान्य टकसाली रूप निश्चित करने में समय लगता है। उर्दू में लखनऊ और दिल्ली के प्रयोगों का भेद प्रसिद्ध है।

भारतेन्दु ने खड़ी बोली के हिन्दी रूप को संवारकर हमारी जाति की सांस्कृतिक आवश्यकताएँ पूरी कीं। इस हिन्दी के कारण यहाँ की जनता भी अन्य प्रदेशों के साथ संस्कृति की एक सामान्य दिशा में बढ़ने में समर्थ हुई। भारतेन्दु के साहित्य में परम्परागत सांस्कृतिक धाराओं के साथ नये युग की राष्ट्रीय और जनवादी संस्कृति की धाराएँ आ मिलीं। उनके विचारों में असंगतियाँ हैं, लेकिन जो लोग हिन्दी-उर्दू साहित्य का विकास हिन्दू और मुस्लिम राष्ट्रवाद से सम्बद्ध करते रहे हैं और वैज्ञानिक दृष्टि के नाम पर सूर और तुलसी का नाम ही हिन्दी साहित्यके इतिहास से काट देने पर तुले हुए हैं, उनके विचारों की 'तारतम्यता' के मुकाबले में भारतेन्दु-युग की असंगतियाँ नगण्य हैं।

०००